TON PETIT LOOK

GUIDE POUR UNE VIE ADULTE (GENRE) ÉPANOUIE

Carolane et Josiane Stratis

TON PETIT LOOK

GUIDE POUR UNE VIE ADULTE
(GENRE) ÉPANOUIE

cardinal

TON PETIT LOOK

Guide pour une vie adulte (genre) épanouie

Carolane Stratis et Josiane Stratis

Textes : Carolane Stratis et Josiane Stratis

Direction artistique et design graphique : Marie Leviel et Maha Rabiyi

Illustrations : Mathilde Corbeil et Marie Leviel

Collaboration aux textes : Théo Dupuis-Carbonneau, Marie-Hélène Goulet, Camille Perreault, Jessica Garneau, Marie-Eve Jarry, Annie Nonyme, Géraldine Zaccardelli, Anne-Sophie Bordeleau, Myriam Daigneault-Roy, Marie Darsigny, Valérie D'Auteuil, Jessica Delorme, Catherine Théroux, Marie-Ange Zibi, Audrey Bujold, Gabrielle-Lisa Collard, Sonia Ghaya, Vanessa Giguère, Roxanne Guérin, Catherine Létourneau, Jeremie Romain, Marie-Ève Saucier, Caroline Scott, Alex Viens

Révision : Flavie Léger-Roy et Marie-Ève Boulanger-Desbiens

Correction : David Rancourt et Marie Guarnera

Directrice à l'édition : Emilie Villeneuve

Directrice à la production : Noémie Graugnard

Publié par :
Les Éditions Cardinal inc.
5333, avenue Casgrain, bureau 1206
Montréal (Québec) H2T 1X3
editions-cardinal.ca

Dépôt légal : 2015

Bibliothèque et Archives nationales du Québec

Bibliothèque et Archives Canada

ISBN : 978-2-924155-95-0

Nous reconnaissons avoir reçu l'aide financière du gouvernement du Québec – Crédit d'impôt remboursable pour l'édition de livres et Programme d'aide à l'édition et à la promotion – SODEC.

Financé par le gouvernement du Canada
Funded by the Government of Canada | Canada

cardinal

ISBN : 978-2-924155-95-0
Imprimé au Canada

Table des matières

4

PARCE QUE T'AS ASSEZ COLLÉ À LA MAISON

5

LE CASH : VENEZ ICI, IL FAUT QU'ON SE PARLE

6

CUISINER, C'EST SIMPLE DE MÊME

7

DU BON MANGER POUR VOTRE CERVEAU

8

LES «PETITS» DÉFIS DE LA VIE

9

LA VRAIE VIE VIRTUELLE

10

ÇA VA BEN À' *SHOP*

11

SEINS, VULVE, VAGIN, PÉNIS, C'EST ICI QUE ÇA SE PASSE

12

LOVE : POUR LE LOL ET POUR LE PIRE

13

ÇA VA BEN ALLER

Préface

Bonjour à vous. Ici Béatrice Martin, alias Cœur de pirate, auteure-compositrice-interprète, mais aussi amie des petits animaux et des jeunes qui traversent des périodes difficiles. Et quoi de plus difficile que le passage à l'âge adulte ? Je me le demande encore aujourd'hui.

Dans ma jeunesse lointaine (! ?), trouver des informations sur la vie des adultes consistait à regarder dans les rubriques sexualité du magazine *Adorable*, ainsi qu'à discuter avec des amis sur l'heure du lunch à l'école. Bref, il n'y avait pas grand-chose. En plus, mes parents esquivaient mes questions (les parents font souvent ça).

Mon enfance et mon adolescence furent des périodes bizarres et remplies de solitude. Une fois adulte, je me suis finalement retrouvée dans mon élément, mais j'ai appris sur le terrain. J'ai vécu des situations parfois merveilleuses, parfois beaucoup moins, mais surtout, j'avais encore des questions.

J'aurais aimé avoir de l'aide. J'aurais aimé qu'on me dise les vraies affaires. J'aurais aimé qu'on m'explique comment trouver le bon soutien-gorge ou comment faire pour apprendre à s'accepter comme on est. C'est pas facile, grandir.

Mais un livre comme celui qui vient de s'ouvrir devant vos yeux peut aider à répondre aux vraies questions. Même à celles que vous n'oseriez pas poser à Google.

Je suis mère d'une fille, et cette fille-là va devenir grande. Je sais que je pourrai lui parler de plusieurs choses, mais que je ne pourrai pas l'aider à tout coup.

Je me dis que ce livre nous aidera vraiment à grandir plus facilement toutes les deux.

Ensemble.

BÉATRICE MARTIN, ALIAS CŒUR DE PIRATE

Introduction

Avertissement : ça se peut que vous trouviez l'introduction un peu lourde. Mais si vous nous avez déjà lues, ça ne devrait pas vous surprendre tant.

Donc. Pendant qu'on écrivait ce livre, on s'est un jour retrouvées dans le stationnement d'une église à boire une bière. Pas que nous fréquentions régulièrement ce lieu de culte, surtout pas pour boire dans le parking. On s'est plutôt ramassées là parce qu'on voulait s'éloigner un peu du salon funéraire où une amie du cégep reposait (en paix qu'y disent) après s'être enlevé la vie. On avait décidé de se mettre à l'écart pour pleurer un peu entre amies, histoire d'essayer d'exprimer comme on pouvait nos émotions face à cette mort incompréhensible.

En discutant avec les filles, on s'est rendu compte de l'étendue du mal-être qui avait pu nous habiter toutes à l'aube de l'âge adulte, un mal-être qui, pour notre amie, avait été visiblement ingérable. Forcément, ces pensées nous ont habitées un peu beaucoup et on en est venues au constat suivant : ados, on ne nous avait pas averties que la vie n'allait pas être un long fleuve tranquille. Personne ne nous avait vraiment parlé des défis qu'on allait rencontrer, de ce que ça impliquait, pour de vrai, de devenir adulte.

* * *

Parce qu'on aime plus que tout partager nos expériences pour essayer d'aider, on a décidé de rédiger ce guide avec l'aide de nos collaboratrices. On a pensé bien humblement que si on avait eu ça entre les mains il y a quelques années, la *ride* aurait peut-être été un peu moins *rough*. Parce qu'à la base, même si ce n'est pas normal de se haïr, apprendre à s'aimer c'est quand même compliqué.

Quand on a démarré *Ton Petit Look* en 2010, avec Marie Darsigny, on avait la prétention de « parler de mode pour vrai ». De dire les vraies affaires, t'sais. Au fil des mois, nous nous sommes vite rendu compte que LA MODE, ça englobait pas mal plus de choses que juste des vêtements. Quand nous parlions, quand nous critiquions, nous avions l'intention de faire réagir les lecteurs et... Ça marchait ! Cette communication-là est rapidement devenue plus que précieuse, parce qu'elle nous a ouvertes sur une foule de réalités différentes.

Puis, un jour, Marie-Hélène Goulet a pris la relève de Marie. Grâce à son écoute et à ses aptitudes à relativiser un paquet d'affaires, elle nous a aussi permis de grandir et nous a aidées à mettre des mots justes sur des émotions qui se cachaient à l'intérieur de nous. Elle a fait de nous de meilleures personnes, mais aussi, des rédactrices plus aguerries, parce qu'encore plus *real*.

Et lorsque *Ton Petit Look* a été acquis par Newad, on s'est mutées en vraies « madames » avec des vraies responsabilités pis *toutte*. On est officiellement devenues des professionnelles dans notre métier.

C'est rare qu'une grosse compagnie donne une tape dans le dos à une petite gang de blogueuses et leur donne en prime carte blanche sur le contenu. C'est comme avoir des parents qui veillent sur toi, qui te font confiance et qui te disent que ça va ben aller. Et c'est ça aussi, au final, qu'on avait envie de vous exprimer : que ça va ben aller.

C'est vraiment sans prétention qu'on dit ça, mais si ce livre peut servir à montrer que parfois la beauté du monde et la nôtre se révèlent à l'issue d'expériences poches, s'il peut aider ne serait-ce qu'une personne à se sentir mieux et à mieux comprendre les défis qui viennent en *package* avec la vie adulte, eh ben, on n'aura pas fait ça pour rien. Ben, on sait que c'est *cool* écrire un livre et que ce n'est jamais pour rien, mais vous comprenez ce qu'on veut dire, han ?

CAROLANE ET JOSIANE STRATIS

À toutes les personnes qui pensaient
qu'on avait juste un ti-blogue... pas vrai !

À Dolly, Arthur, Fab et Sebou.

1

TON PETIT LOOK
Guide pour une vie adulte (genre) épanouie

POURQUOI VOTRE CORPS EST BEN CORRECT

« To all those people who make women feel bad about the way they look and the bodies they have, kiss my fat ass ! »

— Tyra Banks (*« À tous ceux qui font en sorte que les femmes n'aiment pas leur apparence et leur corps, je dis : "Embrassez mes grosses foufounes." »*)

Prendre une distance avec ce que les médias présentent

PAR CAROLANE STRATIS

Josiane et moi sommes deux ferventes défenseures de la diversité corporelle. Jeunes adultes, nous avions été sidérées par la méchanceté de l'industrie de la mode à l'égard du poids des femmes.

À l'époque, nos hanches étaient encore bien cachées sous nos jeans taille basse et nous étions déjà « trop grosses » pour jouer les mannequins à l'école de mode. Une chance que nous avions d'autres *issues* à l'époque(!), car ça aurait pu nous affecter davantage et pour longtemps. Ça a l'air grave dit de même, mais l'esprit de certaines filles peut partir en peur pour moins que ça.

En vieillissant, et avec l'arrivée du blogue dans ma vie, je me suis souvent demandé qui voulait que ce soit *ces* corps-là qui soient représentés dans les médias. Qui fixait comme ça des objectifs impossibles à atteindre? C'était plus ou moins en même temps que la création de la Charte québécoise pour une image corporelle saine et diversifiée. J'ai vu l'industrie lancer la balle aux lectrices en disant que c'étaient elles qui voulaient ce genre de modèle. J'ai vu des lectrices faire le même genre de remarques aux grandes marques et aux médias. Au bout du compte, ce n'était la faute de personne et personne n'amorçait de changement.

Avec les années, sur *Ton Petit Look*, nous avons fait des efforts considérables pour parler de diversité corporelle et d'acceptation de soi. Dès fois, ça prend juste un changement dans la façon dont on parle de soi pour se donner le petit coup de pied dont on avait besoin pour s'accepter. Pour nous, ça a toujours été plus payant de prêcher et prôner la diversité, autant en matière de pages vues que de bon karma.

Avec le temps, les compagnies et les médias ont commencé à se mettre en mouvement. Des magazines comme le *Elle Québec* engagent parfois des mannequins de taille *plus*, comme si de rien n'était (parce que ça ne devrait pas être un événement hors du commun). On commence à comprendre que ça fait du bien de se voir représentées par des personnes qui nous ressemblent.

Si vous avez dans votre entourage un pro de la retouche, demandez-lui un jour de vous tirer le portrait et d'y faire des modifications. Vous allez voir que ça fait plus peur qu'autre chose et que c'est très difficile de se reconnaître une fois le travail terminé. Et la prochaine fois que vous envierez le corps d'un mannequin, pensez à votre expérience et vous vous rappellerez que la réalité est forcément moins lumineuse que la version retouchée.

Vous avez le droit de ne pas consommer les médias qui vous dérangent. Vous avez le droit de leur dire quand ils dépassent la limite. Votre voix est importante, car c'est littéralement votre consommation de ces médias qui met du beurre sur leurs toasts! ■

Être grosse et s'aimer

Comment j'ai fait, genre

PAR GABRIELLE-LISA COLLARD

Je suis grosse. Pas grosse comme dans «faut vraiment que je perde 5 livres pour l'été», grosse pour vrai. J'existe chaque jour dans un corps controversé qu'on remarque, commente et déteste parfois. Avant même de me connaître, on a une opinion de moi. On dira ce qu'on voudra : vivre comme ça, ça change quelqu'un.

Ce n'est pas mon corps qui me dérange. C'est le message qu'il envoie à ceux qui ne savent pas grand-chose et qui jugent trop vite.

J'imagine que j'aurais été ben résistante à l'hiver y a quelques décennies. J'aurais survécu longtemps sur les patates pendant les grands froids. J'aurais pu porter plein d'enfants. Mais le monde est différent aujourd'hui, pis il semble que mon corps n'est pas fait pour lui. Oui, je devrais faire plus de sport. Oui, je devrais manger moins. Comme presque tout le monde. Moi, je sais que je ne passe pas ma vie à brailler dans un pot de crème glacée. Je mange des légumes pis je bois des *smoothies* au kale avec des graines de chia pis toutte. Pas de poulet frit au *bucket* jamais, promis.

Malgré tout, les gens pensent qu'ils me connaissent en se basant sur mon corps. Ils pensent que j'suis paresseuse, déprimée, gloutonne. Ce n'est pas mon corps qui me dérange. C'est le message qu'il envoie à ceux qui ne savent pas grand-chose et qui jugent trop vite. Leur avis ne devrait pas compter tant que ça, mais les choses sont ce qu'elles sont et je suis encore, toujours (et présentement) en train de me justifier.

Si vous me ressemblez, vous savez très bien de quoi je parle. Les regards obliques au resto. Les compliments sur votre «beau visage». Les matantes qui «s'inquiètent de votre santé». Les vêtements pas faits pour vous. Les sorties à la piscine. Les banquettes trop étroites. Ça ne finit jamais. Je ne dis pas que le monde devrait être réinventé en fonction de la largeur de mes fesses ; je dis simplement qu'il n'y a rien de confortable ou d'accueillant pour quelqu'un comme moi.

J'ai beaucoup souffert d'avoir le métabolisme que j'ai. J'étais déjà ronde au primaire, même si ma mère était grano et que les céréales sucrées et autres Pizza Pochettes ne rentraient jamais dans ma maison. Inutile de vous dire que j'ai été victime d'intimidation chaque jour de ma vie à l'école. Je ne faisais pourtant rien de mal, au fond. Il semble que je sois juste... faite comme ça. Oui, je pourrais changer. Et honnêtement, je devrais. Mais il faut d'abord et avant tout que je fasse la paix avec le fait que pour avoir l'air de ce dont bien des gens ont l'air par défaut, je vais devoir y dévouer ma vie. Travailler dix fois plus fort pour le même résultat. Ne penser qu'à ça, jour et nuit, et transformer complètement mon existence. Sans doute pour le mieux, à long terme, mais surtout pour le chiant, dans l'immédiat. Pour ma santé, oui. Mais honnêtement, complètement honnêtement, je le ferais surtout pour les autres. Pour avoir la paix. Pour pouvoir vivre ma vie tranquille. Être une femme est assez difficile comme ça, sous la pression incessante d'être parfaite. Être une femme obèse, croyez-moi, ça gosse à la puissance mille.

C'est vrai que c'est injuste. Je ne vois pas en quoi mon corps devrait déranger qui que ce soit, mais je ne changerai pas les autres. En attendant, ma job, c'est de m'aimer telle quelle. J'ai l'air de ça, pis c'est tout. Je vais aimer férocement mon corps aujourd'hui et pour toujours. Si je décide un jour de le changer, ça sera justement PARCE QUE je l'aime. Jamais le contraire. Ce n'est pas en se haïssant qu'on a envie de prendre soin de soi. Le *fat-shaming*, qu'il vienne d'en dedans ou d'en dehors, ça ne fait fondre aucun gras. Ça fait juste fondre l'amour-propre.

J'ai travaillé fort pour apprendre à aimer mon corps, sa circonférence, sa forme, sa texture, ses limites. Remarquez que je ne parle pas de ses « défauts ». Ce n'est pas un hasard.

J'ai compris qu'une industrie entière s'enrichit sur le dos de nos complexes et, des fois, c'est comme si le monde entier conspirait à nous empêcher d'être nous-mêmes. Bien dans notre peau. Parce que se dire qu'on n'est jamais assez grande, assez mince, assez boulue, assez lisse ou assez jeune, c'est une façon de nous affaiblir, de nous contrôler, de nous prendre notre argent, de nous forcer à nous contenter de moins que ce qu'on mérite. Plus vite on fait un beau gros *fuck you* à tout ça, plus vite on se donne le droit d'être heureuse. Et c'est heureuse qu'on attire le succès, l'amour, le désir et toutes ces choses qu'on s'est laissé convaincre qu'on ne méritait pas. Parce que les grosses n'y avaient pas droit.

Cette barrière-là, je vous le promets, est dans votre tête. Quand on s'aime, les autres suivent. Simple comme ça. Les gens décents, ceux qui valent qu'on les aime, s'en foutent pas mal de notre poids.

Ça a l'air niaiseux, mais au fond, c'est vraiment ça le point : mon corps c'est mon corps. J'en ai un pis c'est celui-là. C'est tout. Je peux le haïr autant que j'veux, il est là, jusqu'à la fin. Et j'ai besoin de lui. Reste que tous les jours, je dois me convaincre que j'ai le droit d'exister telle quelle, n'en déplaise aux gens qui ont les priorités à la mauvaise place.

J'ai commencé par faire un effort pour cesser d'investir de l'énergie à détailler tous mes défauts et à me comparer aux autres. Il m'arrivait de me lever le matin pis de passer 10 minutes à me regarder dans le miroir en me disant que j'avais l'air d'un clown fondu, de Claude Blanchard un lendemain de brosse, d'un cul de singe, d'une poupée Bout d'Chou qu'on aurait laissée au soleil trop longtemps, du monstre de pizza dans *Spaceballs*; on s'entend-tu que c'est là un assez mauvais usage de ma créativité ? C'est ça mon point. On est bien plus que notre enveloppe. Mais notre enveloppe, elle mérite notre respect. Comme nous, elle fait de son mieux. La détester activement tous les jours est une dépense inutile d'énergie. Parce qu'une fois le monologue interne terminé,

Il m'arrivait de me lever le matin pis de passer 10 minutes à me regarder dans le miroir en me disant que j'avais l'air d'un clown fondu [...]

ben t'as l'air de la même chose. Pis faut que tu continues ta journée. Il y a des choses bien pires que d'être grosse. Faut en revenir un moment donné.

La deuxième étape, tout aussi importante, c'est d'arrêter de critiquer le corps des autres. On ne devrait juste pas le faire. Jamais. Les gens ont l'air de ce dont ils ont l'air, comme nous. Ils n'ont pas choisi leur corps. Leur apparence ne nous concerne pas. Elle n'a aucun impact sur notre vie. Ce n'est pas IMPORTANT.

Pis la troisième, c'est d'apprendre à se crisser de l'opinion de la société. Si on n'était pas grosses, *anyway*, elle nous trouverait un autre défaut. Oui, la pression extérieure existe, mais on est capable d'en faire abstraction. On fait ça tout le temps, ignorer des trucs pour être plus heureux. Si t'es capable de faire abstraction du fait que plus de la moitié de la Terre naît, crève de faim et meurt dans des conditions atroces, t'es capable de ne pas absorber toute la pression de l'industrie de la mode qui te dit que t'es pas assez mince.

Le corps n'est pas qu'un outil de séduction, un objet à modifier ou un truc pour faire plaisir aux autres. C'est notre maison, notre moyen de transport, notre mode de communication. C'est par lui qu'on ressent le plaisir et de lui dont on dépend pour vivre. Ce n'est pas un boulet qui te ralentit. C'est TOI.

La base, je pense, c'est tout simplement ça : c'est pas vraiment important combien tu pèses. C'est certain que ça a un impact sur la perception des autres. Mais passé le premier regard, ce n'est pas ça qui compte. Ce n'est pas ça qui rend heureux, pas ça qui te garde au chaud la nuit, pas ça qui va être là pour toi quand tu vas être vieille. Un corps, t'en as juste un. Grand, vieux, mince, moelleux ; c'est le tien et il a une date d'expiration. Lui faire la guerre ? *Ain't nobody got time for that.* ■

Pourquoi votre corps est ben correct

PAR JOSIANE STRATIS

Je m'appelle Josiane Stratis, j'ai vingt-neuf ans et je trouve que mon corps est ben correct. Ben oui, mes seins ont perdu du volume depuis la naissance de mon fils et ils se sont pointés ailleurs que vers le ciel. Je pourrais faire tenir un crayon en dessous. J'ai chaud quand j'ai pas de brassière et ça fait des boutons de chaleur (Ark). J'ai aussi un petit ventre qui fait qu'on me demande une fois par semaine si je suis encore enceinte. Merci *guys*, mais comptez sur moi pour l'annoncer avec une belle image sur Facebook quand ça va arriver. *#JePenseKlout.*

Reste que la plupart du temps, je trouve mon corps correct. Pas nécessairement le meilleur, pas nécessairement le plus beau. Il existe une espèce de rapport de performance qui voudrait que tout le monde se trouve LE PLUS beau, mais moi, j'ai choisi le «correct». Comme ça, je n'ai pas à me sentir mal si parfois, je m'aime moins. Je ne pars pas de trop loin!

Ça peut sembler négatif dit comme ça, mais le fait de se trouver correct est vachement plus réaliste je trouve.

Mais vous pouvez *focusser* sur ce qui est plus que correct. Vous avez de belles jambes? Il suffit de les mettre en valeur de la façon qui vous convient le mieux. Je me trouve sexy en collants opaques noirs. Demandez-moi pas pourquoi, c'est de même. Je me trouve vraiment *cute* quand je mets un chandail en dentelle aussi. Ce sont mes petits trucs et c'est très possible que les vôtres soient différents.

La seule chose que je vous déconseille de faire, c'est de chercher l'approbation de votre apparence dans le regard des autres. Je sais, c'est plus facile à dire qu'à faire, mais voici un truc: choisissez une poignée de personnes qui ont une opinion importante pour vous et faites fi du reste. Comment? Littéralement en rejetant les commentaires non désirés. Pis tout de suite à part de ça.

JE ME SENS
~~GROSSE~~
BEN CORRECTE.

Entre l'adolescence et l'âge adulte, le corps change beaucoup. C'est souvent à ce moment-là que les filles capotent.

Rejeter un commentaire peut être aussi rapide que de dire « J'aime ça, le fromage, et tes insécurités alimentaires n'ont pas de prise sur moi ». Ou de répondre « Même si tu me trouves grosse, ben je suis vraiment heureuse comme je suis ». Ou de lâcher un « OMG, MERCI ! Moi qui pensais être *cute*, je vais juste arrêter de vivre parce que je corresponds pas à ce que tu voudrais que je sois ! » (et de partir en faisant semblant de pleurer). *Snap* !

J'aime aussi mettre la pression des autres dans leur face. Si on commente une photo de moi sur Instagram en disant que je suis laide, je prends une capture d'écran et je la mets sur Facebook. Pas que j'ai envie de me faire dire que je suis belle (même si ça fait plaisir), mais juste pour montrer à la face du monde comment certaines personnes se permettent de juger. Et ne me dites pas que ça fait partie de la *game* d'être « connue ». Ça fait partie de la *game* de personne.

Ce qui est difficile, c'est de rejeter les commentaires de son chum ou de sa blonde, ou encore des membres de sa famille. Quoique ça peut aussi être plus facile de les rejeter selon votre relation avec eux. Je me souviens que mon père me disait souvent que je mangeais beaucoup trop de fromage. Que ça allait me faire des grosses fesses et une bedaine. Je ne disais absolument rien. Maintenant, par contre, j'ai compris que je fais bien ce qui me tente. Et j'ai compris aussi que son poids à lui le dérangeait pas mal plus que mon poids à moi. Ha ! L'effet miroir des fois.

J'aime aussi rejeter l'idée de se prendre en main. Littéralement, ça me fait vraiment rire, quand je m'imagine me prendre avec mes mains. Il y a quelque chose de tellement pernicieux là-dedans. Vous voulez faire du sport ? OK. Parfait. Mais faites-le pour être en forme et pas pour maigrir. Et comme dirait l'autre(!) : un cœur heureux est un cœur en santé !

Entre l'adolescence et l'âge adulte, le corps change beaucoup. C'est souvent à ce moment-là que les filles capotent. Je me souviens avoir porté du 24 de pantalon pendant tout mon secondaire et plus loin encore. Jusqu'au jour où j'ai porté pour la première fois des 27, puis des 29. Outre le fait que ça me faisait de la peine parce que mes jeans avaient coûté cher, j'essayais de résister en portant des pantalons trop serrés. Résultat ? J'ai une déviation du bassin et j'ai deux coches dans les hanches parce que je n'ai pas laissé assez de place pour qu'elles poussent. Ça m'écœure d'y penser maintenant. Toute ma vie, je vais avoir des répercussions parce que je voulais donc ben rester une petite fille.

Il faut pas avoir peur de voir votre corps vieillir, c'est le seul que vous avez. À la place, il faut en profiter chaque jour (ben, vous pouvez prendre des congés des fois). Il faut comprendre qu'il y a une industrie au grand complet qui pense que c'est mieux de vous faire sentir comme de la crotte. Qui se dit : « Tiens, on a jamais dit que les femmes pouvaient être complexées par ça, alors on va inventer un produit pour le corriger et on va faire des sous. » Ça a l'air exagéré de même, mais non.

Votre corps est correct. C'est tout. Répondre à des standards ne vous rendra pas plus heureuse. Jamais. Parce qu'il y aura toujours quelque chose qui clochera, une nouvelle affaire à la mode à détester. Je vous le garantis. ■

La beauté qui fait du bien

Une métaphore sur le vernis à ongles

PAR CAROLANE STRATIS

Le culte de la beauté a le dos large. Les médias l'associent souvent à une industrie nocive et superficielle. J'ai longtemps été du même avis jusqu'à ce que je tombe en dépression. L'une des choses qui m'ont le plus aidée à prendre du mieux est le vernis à ongles. Ça a l'air niaiseux, mais vous allez comprendre assez vite.

Je ne mangeais plus, par manque d'intérêt. Je ne prenais pas soin de moi, au sens littéral du terme. Ce n'est pas que je me laissais aller. Je me laissais sombrer. « Tomber. » Je ne me lavais plus, je ne me brossais plus les dents et je buvais en sacrement. Je voulais mourir, mais je ne trouvais juste pas la bonne façon de le faire.

Puis, un jour, j'ai décidé d'en finir ! Au lieu de me tuer, je suis allée chercher de l'aide. J'ai déménagé. J'ai arrêté de boire de l'alcool. J'ai passé une semaine à Paris chez une amie. J'ai arrêté l'université juste avant la fin de session, sous ordre de mon médecin. Je ne faisais plus rien. Je dormais. Beaucoup. Je me couchais tard et je me levais tard. Je n'avais pas d'horaire, rien à faire sauf mes deux rencontres avec la psychologue chaque semaine. Je ne voyais pas souvent mes amies, ça m'épuisait de devoir leur parler, expliquer, raconter, renoncer, etc.

J'avais commencé à me faire les ongles, parce que je ne les rongeais plus depuis le début de l'année. Je n'étais pas bonne et je partais de zéro dans mes habiletés au pinceau. Le *nail art* commençait à être à la mode. Je passais tout mon temps sur Pinterest à regarder des tutoriels. Ça avait l'air facile. Les blogueuses internationales ont le don, avec leurs belles photos et leur nombre limité d'étapes, de vendre du rêve qui prend la forme d'un dégradé de pastel à *offwhite*. Moi, j'étais super poche, mais j'aimais ça.

J'aimais ça parce que je n'étais pas capable de sortir de chez moi. J'aimais ça parce que ça demandait de la concentration et que je ne croyais plus en avoir. J'aimais ça parce que le délai d'exécution était court et les résultats immédiats. De toute façon, si c'était trop laid, je prenais des boules de coton, des cotons-tiges, mon *remover* et le tout s'effaçait facilement. Il n'y avait pas de conséquences, je pouvais même le faire avec des amies si je voulais. C'était le pied.

Mieux j'allais, moins le vernis prenait de place dans ma vie, pour progressivement disparaître quasi complètement de ma routine, une fois la maladie contrôlée. Chaque fois que je mets du vernis, l'odeur particulière me rappelle le chemin que j'ai parcouru et la place qu'a prise le vernis à ongles dans ma guérison.

La beauté qui fait du bien, c'est ça. Et ça existe. ■

Prendre soin de soi

PAR JOSIANE STRATIS

Haaaaaa ! Au *top* de la liste des expressions que je déteste, il y a : prendre soin de son corps. Pas que je sois contre l'idée de prendre soin de soi, mais on justifie pas mal d'attentes irréalistes de la société avec ce concept. Aussi, je trouve souvent que c'est une façon d'imposer ses valeurs et ses attentes à une autre personne.

Ça vous est sûrement déjà arrivé : vous parlez avec une personne plus vieille que vous (disons dans la cinquantaine) et elle vous dit qu'elle se maquille et se coiffe parce qu'elle aime prendre soin d'elle. Ça va faire un peu binaire, mais si on choisit un look plus naturel, ça veut dire qu'on ne veut pas prendre soin de soi ? Pfff...

Même chose pour l'alimentation. Si vous ne mangez pas de poutine parce que vous voulez prendre soin de votre corps, c'est vraiment *cute* et bravo ; mais c'est pas ça prendre soin de son corps. Prendre soin de soi, c'est plutôt apprendre à se faire plaisir et à être heureux en mangeant, à ne pas se limiter et à faire confiance à son gros bon sens. Une barre tendre, c'est OK, douze, c'est peut-être un peu intense. Un jus vert, si vous aimez ça, c'est cool, mais si vous prenez que ça, c'est trop. Et c'est pas parce que vous tripez sur les brocolis que votre voisin doit en intégrer dans son alimentation.

Je pense qu'il faut changer le discours du corps en apprenant à parler pour soi et pas pour les autres. C'est difficile, je le conçois, de se rendre compte qu'on ne peut pas décider de la manière dont les autres vivent leur vie. Prendre soin de soi, c'est, je crois, prendre soin de son mental en premier. Ensuite, c'est réussir à prendre du temps pour faire ce qu'on aime, ce qui nous fait nous sentir bien. Ça peut aussi bien être de prendre un bain que d'aller courir trois fois par semaine.

En ce qui concerne l'idée de « prendre soin » de sa peau, de se maquiller et tout le tralala, c'est la même chose. Si vous êtes bien à seulement laver votre peau avec de l'eau, ne pas vous maquiller et laisser vos cheveux sécher à l'air libre, c'est parfait comme ça. Par contre, c'est moche de dénigrer les attitudes contraires aux vôtres. Il y a des personnes qui voient le maquillage comme un exutoire. Comme une possibilité de s'améliorer. Vous ne savez pas ce que ces personnes-là ont vécu dans leur vie ni l'impact que la maquillage peut avoir sur elles.

Dans le fond, l'important, c'est vraiment de trouver un moment pour se demander ce qui nous fait nous sentir bien et pourquoi. Comme ça, on prend soin de soi... Juste pour soi ! Ah ! ■

Changer la façon de parler de son corps

PAR JOSIANE STRATIS

Ça ne faisait pas trop longtemps que j'avais accouché. Disons quelques mois. J'étais dans une soirée de blogueuses et je devais trouver des jeans qui me faisaient. J'en ai essayé une paire, j'ai demandé une taille au-dessus et l'affaire était ketchup.

Je ne vous apprendrai rien – ou peut être quelque chose – en vous disant que le marketing est pas mal insidieux.

Ma balance affichait encore 30 livres de plus qu'avant ma grossesse alors il y avait des bonnes chances que je ne porte pas la taille que je pensais porter au départ. Quelques filles présentes dans le magasin discutaient.

— Ark, as-tu vu comment j'ai un gros cul là-dedans ?

— Ha ! Ha ! On dirait que tu pèses 200 livres.

— Le 24 me fait vraiment comme si j'avais des cuisses de cheval.

Ça paraît violent quand on le lit comme ça, mais mis à part moi, personne ne s'indignait de leurs commentaires. Je ne me suis pas empêchée de leur dire que 1. leur cul était ben correct ; 2. la mauvaise coupe d'un pantalon n'a rien à voir avec la façon dont leur corps est formé ; et 3. il y a ben du monde qui aspire à avoir leur taille, et en disant qu'elles sont grosses à qui mieux mieux, elles participent à renforcer les différents discours qu'on se permet d'avoir sur le corps de la femme.

Je sais, je suis lourde quand, en pleine séance de shopping, je dis qu'il faut changer la vision du corps de la femme. Je vous promets que je peux aussi être très agréable en boutique.

Comment on fait pour que ça change ?

Premièrement, ce serait bien d'arrêter de parler du poids des autres comme si on demandait à tout un chacun ce qu'il veut manger pour souper. La forme du corps des autres ne vous regarde pas et c'est réciproque. C'est la clé pour que la forme de votre corps ne soit pas de leurs affaires non plus. Ce n'est vraiment pas facile à faire. Mais ça se fait. Graduellement. Puis un jour vous allez finir, comme moi, par faire la morale dans les cabines d'essayage (ou pas).

Voyez-vous, je crois qu'il faut refuser de faire de la diversité un *statement*. C'est pas spécial de montrer un corps différent de ce qu'on présente dans les médias. C'est juste normal. On dit que le poids moyen des femmes est de 145 livres. Faut pas s'étonner ni applaudir quand une femme plus ronde est prise en photo. Il faut en demander plus. Plus de formes différentes.

Je ne vous apprendrai rien – ou peut être quelque chose – en vous disant que le marketing est pas mal insidieux. Ce que l'industrie veut en général, c'est vous faire sentir assez mal pour que vous achetiez des choses. Ou pire encore que vous vous sentiez assez bien pour penser que vous êtes spéciale de posséder une affaire ou une autre. L'acceptation de la forme de votre corps n'est pas censée être un cadeau, c'est censé être normal, parce que tout le monde est différent.

Enlevez le mot *défaut* de votre vocabulaire quand vous parlez de votre corps. Un nez imposant, ce n'est pas un défaut. Des petits yeux, ce n'est pas un défaut. C'est votre perception qui fait défaut.

Pour donner une idée de la violence des mots qu'une personne autour de vous emploie pour parler d'elle-même, dites-les à votre tour. « C'est vrai que tu as un gros cul. » La personne va assurément être fâchée. Après, dites-lui que vous trouvez ça aussi violent quand elle parle comme ça d'elle-même.

Pour donner une idée de la violence des mots qu'une personne autour de vous emploie pour parler d'elle-même, dites-les à votre tour. « C'est vrai que tu as un gros cul. »

Quand vous essayez des vêtements, c'est la faute du vêtement s'il ne tombe pas comme vous voulez. Pas de votre corps. Tous les corps ont des formes et les vêtements sont faits pour s'ajuster sur un mannequin de couture. Il y aura toujours une coupe qui répondra de façon plus adéquate à vos attentes.

Essayez aussi des vêtements à votre taille. Et si ça ne fait pas, ça se peut. Ça arrive à tout le monde – *tout le monde* – de tomber sur un vêtement qui ne lui va pas.

Arrêtez de vous cacher. Apprenez à apprécier votre corps. Essayez de vous surprendre (Ha ! Ha !) en enfilant quelque chose que vous n'auriez jamais porté. Le pire qui peut arriver, c'est que vous n'aimiez pas ça. Et vous allez moins dépenser !

Surtout, refusez qu'on remette en cause votre droit d'exister, le droit de votre corps, de certaines parties de votre corps à être exposées, sous prétexte que vous ne répondez pas à la norme. Ce n'est pas parce qu'une personne a des insécurités qu'elle doit vous les faire subir aux autres.

Prenez la parole publiquement et dites votre malaise lorsqu'une personne parle du poids d'une autre. C'est aussi une belle façon de changer les choses.

Vous êtes humaine, les autres le sont aussi, mais les plus *nice* humains sont ceux qui sont heureux avec leurs choix, avec leur corps et avec ce qu'ils sont. ■

Diagnostiquer son orthorexie et sa bigorexie

PAR CATHERINE LÉTOURNEAU

Je n'ai jamais eu de problème d'image quand j'étais adolescente. J'étais loin d'être parfaite, mais ça ne m'avait jamais affectée. « Jeune et insouciante », qu'ils disent. Puis, quand j'ai quitté le nid familial, j'ai développé une obsession pour mon apparence.

Tout a débuté à un moment où ça allait mal avec mon copain du moment. Je voulais à tout prix perdre du poids. Je comptais les calories, faisais beaucoup d'exercice : je voulais être parfaite. Je me disais que si j'étais parfaite physiquement, on ne se laisserait pas : n'est-ce pas ce que les hommes veulent, une blonde sublime ? Il n'aurait pas besoin d'aller voir ailleurs, car je serais la plus belle. Évidemment, ça ne marche pas comme ça et nous nous sommes séparés. Comme pour reprendre vie, je me suis mise à sortir, à boire et à manger souvent au restaurant avec mes amis, chose que je contrôlais rigoureusement avant, mais que je me suis permise à ce moment-là. J'ai repris les livres perdues.

C'est comme ça que j'ai commencé à vivre des montagnes russes.

La plupart du temps, je m'imposais une discipline sévère. Le contrôle de ma routine était sécurisant. J'ai su plus tard que la soif de contrôle, peu importe d'où elle tire sa source, est l'un des facteurs psychologiques typiques des troubles alimentaires. De temps en temps, j'étouffais en tentant de respecter toutes ces règles, alors j'envoyais promener ma routine. Avec cedit laxisme venait toujours un lot élevé de culpabilité et de remords. « Profiter de la vie » n'était pas agréable pour moi, car c'était synonyme de perte de contrôle.

Puis, mon obsession s'est aggravée à la suite d'un événement... heureux. J'ai rencontré un gars qui en valait la peine. Pour lui (et pour moi), je voulais devenir une meilleure version de moi-même. J'ai donc décidé d'entreprendre un programme d'entraînement et d'alimentation destiné aux modèles de culturisme. Le retour à la rigueur me faisait du bien. Plus d'heures d'entraînement, une planification plus serrée des repas, plus de suppléments alimentaires, plus de bonheur.

La transformation de mon corps me rendait euphorique. Spécialement mes nouveaux abdos, symbole de ma réussite. Je scrutais constamment chaque muscle, chaque pli. Pour que ma transformation soit optimale, j'ai décidé inconsciemment de bousculer ma vie sociale : je ne sortais plus parce que je ne voulais pas boire (synonyme de consommation de calories inutiles), je ne voulais pas me coucher tard parce que je m'en serais beaucoup trop voulu de manquer un entraînement, et pas de restaurant, car tout aliment transformé était le démon pour moi. De toute façon, mes amis ne comprenaient pas. À ce moment, la perte de contrôle était synonyme de grande anxiété.

Je m'étais convaincue que je faisais tout ça au nom d'une meilleure santé. Pour moi, un trouble alimentaire, ça voulait dire être maladivement maigre. Mais moi, je n'étais pas maigre, j'étais en forme! J'avais des muscles et un taux de gras d'Olympien. Je m'étais lancé un défi et je ne voulais pas que quelqu'un puisse mettre en doute ma volonté de réussir.

Mon cerveau a voulu refaire un tour de montagnes russes quelque temps plus tard. Un soir où j'étais seule, j'ai mangé une boîte de barres tendres au complet, car je n'en pouvais plus. Cette image de désespoir est gravée en moi à jamais. Je me rappelle qu'après coup, j'avais tellement honte de moi que je suis allée purger tout ça. J'ai tellement pleuré, à m'en faire éclater les veines des yeux. Pour moi, c'était un échec d'avoir flanché pour un aliment non sain.

Je sais maintenant que cette obsession de changer ma composition corporelle était un mélange d'orthorexie et de bigorexie. Quand j'y repense, mon histoire soulève plusieurs indices rattachés à un trouble alimentaire.

Si vous :

- Contrôlez de manière extrême votre environnement (style de vie, alimentation, exercice physique) et qu'une perte de contrôle vous affecte de manière considérable;
- Avez honte de vous, éprouvez de la culpabilité si vous dérogez au style de vie que vous vous êtes imposé;
- Vous valorisez fortement par votre apparence et vous sentez affecté ou affectée dans votre estime personnelle;
- Centrez votre mode de vie sur l'atteinte d'objectifs physiques;
- Réduisez vos activités sociales;
- Avez une peur maladive de grossir;
- Avez des comportements purgatifs ou restrictifs.

Vous êtes peut-être atteint d'un trouble de conduite alimentaire. Mais sachez que vous n'avez pas à subir l'angoisse et l'anxiété liées à ces comportements.

Personnellement, j'ai eu la chance d'avoir une personne de confiance qui m'a fait réaliser mon trouble et m'a encouragée à consulter un psychologue afin de comprendre la source de ces comportements. N'hésitez pas à aller chercher de l'aide en rompant l'isolement et en parlant à une personne de confiance de vos sentiments et de ce que vous vivez. L'organisme ANEB Québec peut aussi vous aider à aller chercher les ressources nécessaires à votre guérison.

Voici des comportements qui peuvent vous aider à vous sentir mieux :

- Faire des activités sociales;
- S'autoriser à ne pas faire d'activité physique, sans culpabiliser;
- Se valoriser par des activités autres que celles reliées à son physique;
- Retrouver le plaisir dans son alimentation et se permettre de manger selon ses envies;
- Vivre le moment présent sans anticiper les événements à venir;
- Reconnaître ses qualités, accepter ses défauts et se permettre de ne pas être parfait;
- Ne pas se comparer aux autres;
- Accorder moins d'importance aux réseaux sociaux et à leur effet pervers sur le «paraître».

Si une personne de votre entourage présente des agissements attribuables à un trouble alimentaire, n'hésitez pas à lui faire savoir que vous êtes là pour elle, que vous ne la jugez pas, que vous êtes inquiet pour elle et qu'elle peut vous faire confiance. Il est difficile de s'en sortir seul et cette personne a besoin de vous. Aidez-la à admettre son problème et à confronter ses idées.

Le rétablissement peut être laborieux, mais il est possible de s'en sortir et d'atteindre un bien-être personnel. Soyez patient, compréhensif et célébrez chaque petite victoire. ■

Comment j'ai appris à aimer mes vergetures

(*aka* mes lignes de guerrière)

PAR MYRIAM DAIGNEAULT-ROY

Vers la fin de l'adolescence, j'ai souffert d'anxiété. Pour réussir à survivre à l'attaque de l'envahisseur, je me suis fait prescrire un beau petit cocktail. J'ai commencé à prendre des antidépresseurs et des anxiolytiques. Mon estime personnelle était bien cachée dans son terrier en attendant des jours meilleurs.

Les médicaments ont fait ralentir mon métabolisme et je mangeais un peu tout ce qui pouvait me faire oublier la douleur que je ressentais au creux de mon ventre. J'ai pris beaucoup de poids un peu trop rapidement et ELLES sont apparues. L'empreinte de ma courageuse bataille contre mon mal-être.

Mes vergetures.

À l'époque, je lisais beaucoup de magazines. Il va sans dire qu'AUCUN d'entre eux ne laissait paraître les vergetures, cicatrices ou toutes ces autres choses que certains appellent « imperfections ». J'avais vraiment honte de mon corps. J'ai tout essayé. Des crèmes miracles aux remèdes de ma grand-mère, mais en vain. Jusqu'à ce qu'un jour, je décide que j'en avais marre. Perdre mon temps à détester ce corps, mon corps, c'était trop absurde. Il fallait que j'arrive à accepter ces marques.

Surtout qu'à cette époque, j'ai compris que je n'étais vraiment pas la seule à avoir des vergetures. La puberté, les grossesses et bien d'autres événements parent le corps des filles et des garçons de lignes de vie. Mais à l'ère de Photoshop, on efface tous ces petits détails de notre vécu, eux qui nous rendent beaux et uniques.

Mon amoureux, incroyablement doux, m'a beaucoup aidée dans ce processus. Il embrassait mon ventre, le caressait et me faisait sentir belle et entière. D'autres m'ont aussi complimentée sur mon physique même s'ils avaient vu mon ventre et ses vergetures. Pourquoi me trouvaient-ils belle et pas moi ? J'ai pris confiance en moi et en mes lignes de guerrière. Je me suis même amusée avec des amis et amies à photographier mon corps nu. Grâce à la magie de l'objectif, j'ai réalisé à quel point je trouvais que mes vergetures donnaient une couleur unique au tableau de mon *body*.

Par contre, je dois avouer que le regard des autres, lorsqu'il est cruel, peut désintégrer ma belle confiance en moi. C'est parfois difficile de se battre contre des années de gavage à l'idéal de beauté tel que proposé par les magazines. Heureusement, des initiatives comme le *#LoveYourLines* sur Instagram, qui montrent de magnifiques personnes et leurs vergetures, changent peu à peu les mentalités.

Je sais qu'il me reste encore du chemin à faire pour accepter ces lignes qui racontent mon histoire. Par contre, je me suis récemment acheté un bikini, chose que je ne me permettais plus de porter depuis mes seize ans. Cet été, mes vergetures et moi, nous serons les reines de la plage ! ■

Comment se guérir de l'automutilation, un jour à la fois

PAR MYRIAM DAIGNEAULT-ROY

La première fois que je me suis coupée, j'avais quatorze ans. J'implosais. J'étais une adolescente modèle et je devais continuer à l'être. Je souriais et excellais le jour. J'entaillais mes jambes et mes bras avec un compas le soir venu.

J'étais une championne olympique au jeu de la cachette. Je savais où me couper et avec quoi le faire pour que rien ne paraisse. Je savais quoi porter pour masquer mes cicatrices.

Le regard des autres était vraiment important pour moi. Les jugements véritables ou imaginés me causaient une douleur insoutenable. Ironiquement, je croyais que me faire du mal était comme une sorte de protection. Mon « patronus » *weird*. Personne ne pouvait me faire plus souffrir que moi-même. La douleur devenait prévisible.

Au fil des années, cette peur au ventre s'est un peu estompée. Au cégep, j'allais bien et j'avais confiance en moi. Je n'utilisais l'automutilation que dans les cas extrêmes de mal-être. Par contre, vers l'âge de vingt ans, je me suis mise tranquillement à sombrer dans la dépression. Je suis retournée dans mes anciens *patterns*. Sauf que cette fois, j'avais l'impression d'avoir plus à perdre.

Un jour, je suis allée trop loin. Je me suis tailladé les poignets assez profondément. J'étais tellement ancrée dans la dépression et l'automutilation que j'avais l'impression de devoir m'infliger une douleur physique extrême pour rivaliser avec celle qui sévissait dans ma tête. Je ne pouvais plus vraiment voiler mes blessures. Mon père a vu mes poignets. Je suis allée faire un séjour à l'hôpital des nids de coucous.

J'ai compris que si je voulais guérir de mon mal de vivre, je devais me faire du bien. Se faire mal ne fait pas de bien.

J'ai commencé à rencontrer une psychologue. J'ai compris que si je voulais guérir de mon mal de vivre, je devais me faire du bien. Se faire mal ne fait pas de bien. Aussi, je me suis confiée. Je me suis trouvé des alliés dans mon combat contre l'automutilation. Lorsque j'avais envie de me faire du mal, j'appelais mon chum et je lui parlais. Mon ami Dominic et moi avions aussi fait un pacte. Lorsque l'envie de me couper était trop envahissante, je pouvais me réfugier chez lui.

Lorsque j'avais trop envie de me couper, je dessinais un papillon à l'endroit où je l'aurais fait. Sur ses ailes, j'écrivais le nom de quelqu'un pour qui je savais que je comptais. Quétaine peut-être, mais efficace pour moi.

Je suis fière de dire que ça fait maintenant un an et demi que je ne me suis pas coupée. J'ai découvert que je devais être ma propre alliée. Je dois dire que ce n'est pas toujours *easy breezy* dans ma tête. Il y a des cicatrices cachées un peu partout sur mon corps pour me la rappeler. Il m'arrive encore d'avoir envie de me faire du mal quand ma montagne russe d'émotions repart de plus belle.

Mais je ne suis plus seule. Et je suis forte. ■

Se trouver laide

parce que c'est chic?

PAR CAROLANE STRATIS

J'ai vieilli, j'ai envié les filles qui étaient plus belles que moi et un jour, j'ai réalisé que ce que ça me prenait pour survivre, c'était des connaissances, de l'empathie et une belle personnalité.

Avant que ça devienne la mode (et je ne dis surtout pas ça pour me sentir spéciale), je me trouvais correcte. Quand j'avais une discussion avec mes amies sur les parties de notre corps qu'on trouvait donc ben laides et que mon tour venait, je pointais toujours mes pieds en disant que je trouvais que mes orteils étaient la moins belle partie de mon corps. Mon subterfuge fonctionnait à chaque fois, les filles étaient certaines que je détestais mes orteils même si je ne l'avais techniquement pas dit.

Je trouve mon corps correct. Je le trouve correct parce que ce n'est pas bien vu de dire que je trouve que je suis belle. Je ne suis pas belle parce que mon nez est petit, que mes yeux sont grands, bleus, entourés de cils qui ne finissent plus de finir, que ma bouche est charnue et que la symétrie de mon visage fait pâlir tout le monde d'envie. Parce que je corresponds aux standards. Non. J'ai un nez un peu trop large, des petits yeux avec des cernes tatoués en dessous, une bouche normale et un visage pas parfait. Je ne suis pas belle selon les standards établis et ce qui me rend belle, c'est de m'en foutre. Je m'en fous et ça fait qu'y a des jours où je ressens le besoin de me maquiller et d'autres, pas pantoute. La plupart du temps, le désir de prendre cinq minutes de plus pour dormir l'emporte sur le besoin de me badigeonner le visage.

Habituellement, à ce moment de mon plaidoyer, je me fais souvent couper pour me faire dire : « Ouain, mais on le sait ben avec ta belle peau… » ou une variation sur le même thème. J'ai l'habitude alors je raconte :

Au secondaire, je me suis fait dire les pires choses. J'étais trop mince, je n'avais pas assez de seins. Mes parents n'avaient pas les moyens de m'habiller *fancy* et en plus j'avais une sœur jumelle. Pendant les deux premières années, on se faisait couramment dire qu'on aurait mieux fait de se suicider.

J'ai vieilli, j'ai envié les filles qui étaient plus belles que moi et un jour, j'ai réalisé que ce que ça me prenait pour survivre, c'était des connaissances, de l'empathie et une belle personnalité (+ 1 parce que je suis drôle). Oui, je me maquillais davantage dans ce temps-là, mais plus les années ont passé, plus le maquillage a pris le bord et plus ma personnalité a pris le dessus.

Je ne suis pas parfaite. Je ne le serai jamais. Des fois, il m'apparaît un bouton sur la joue ou mes cernes prennent une couleur vraiment intense. Des fois, je les couvre et je me fais dire que je suis belle, que j'ai l'air en forme et tout. Chaque fois, je réponds que ça me donne juste envie de ne plus me maquiller, comme ça on arrêtera de m'en parler lorsque je le fais. Mon petit masque de *make-up* serait relégué aux oubliettes.

On dit souvent pour *cheerer up* une personne que la beauté est à l'intérieur. Bon, littéralement, l'intérieur d'un corps, c'est pas super beau et c'est assez sanglant. Par contre, la beauté est vraiment dans les yeux de ceux qui nous regardent, dans notre attitude et dans les choix qu'on fait. C'est bon de se dire que c'est impossible de plaire à tout le monde, mais vraiment possible de nous plaire à nous.

DES TRUCS POUR S'ACCEPTER*

PAR JOSIANE STRATIS

1. Demandez-vous pourquoi vous n'aimez pas cette partie-là de votre corps. Est-ce parce que vous vous comparez aux autres ? Parce qu'on vous a déjà niaisée ?

2. Comment pourriez-vous le tourner à votre avantage ? Par exemple, avec mes petits seins, je ne suis pas obligée de porter de brassière. Imaginez comment je n'ai pas chaud l'été. *Wink wink.*

3. Apprenez à vous regarder nu. Chez moi, on était six, ce n'est clairement pas avec deux toilettes que je pouvais prendre plaisir à me regarder nue. J'ai appris à le faire tard. Ça peut être fait de façon aussi simple que quand vous êtes dans le bain. Ça vous apprend comment votre corps est fait.

4. Rappelez-vous que la perfection, c'est dans la tête. La perfection, c'est répondre à des standards que vous n'avez pas choisis.

5. Avoir un corps qui répond aux standards de beauté n'est pas une façon d'être heureux. Point final. Parce qu'il y aura toujours quelque chose pour vous rendre malheureux par rapport à votre apparence.

6. Donnez, revendez ou recyclez vos vêtements trop petits. Ça ne sert tellement à rien de garder une paire de jeans au cas où elle pourrait vous faire encore. Au pire, gardez un ou deux morceaux en souvenir pour le montrer à votre famille plus tard. LOL.

7. Achetez des vêtements à votre taille, qui vous font bien, sans vous occuper du chiffre. Chez moi, j'ai autant des trucs *small* que *x-large.* Parce que j'aime bien être à l'aise dans ce que je porte. Et personne ne voit mes étiquettes.

8. Votre corps, c'est votre corps. Si une amie vous dit que tel truc lui va bien à elle, et que vous savez pertinemment que le simple fait de l'essayer va vous faire sentir mal, refusez. Vous portez ce que vous aimez. *Quatre filles et un jeans,* c'est un livre et ça se peut pas.

9. Ce n'est pas parce que la forme de votre corps est différente que vous ne pouvez pas porter un vêtement. Faites juste le prendre à votre taille (dans la mesure où c'est possible). Au pire, faites-le. Au pire : *fuck y'all,* pas besoin d'avoir ce vêtement pour être à la mode.

10. Il y a 99,99 % des chances que peu importe la forme de votre corps, une robe ligne A ou une robe portefeuille vous fasse bien. C'est comme une forme de robe magique. Ça aurait dû s'appeler *Quatre filles et une robe portefeuille en tissus stretch,* le livre. ■

* Si, malgré tous ces trucs (de grand-mère), vous ne vous sentez toujours pas bien, il existe beaucoup de ressources pour vous aider. Ça peut être un psychologue comme ça peut être un rendez-vous avec une styliste personnelle qui va vous aider à magasiner. Mais vous avez déjà tout pour vous aimer. Il suffit de vous laisser une chance d'être vous.

2

TON PETIT LOOK

Guide pour une vie adulte (genre) épanouie

LA BEAUTÉ EST DANS LES YEUX DE CELUI QUI REGARDE. GENRE TOI.

« La beauté, comme la laideur, détonne, règne, crève les yeux, se dilate dans l'espace des yeux pour aller au-delà du visible, chez les dieux. La beauté royaume. La laideur exil. Ça souligne à gros traits, ça hurle ses poumons à la face du monde. Ça magnétise tout ce qui bouge à la ronde. Mais la beauté ou la laideur, on s'y habitue, à force, on s'y soumet jusqu'à s'en détourner. »

— Nelly Arcan, *Burqa de chair*

De bonnes habitudes pour avoir une belle peau

PAR JOSIANE STRATIS

Je trouve ça important de prendre le temps de m'occuper de ma face. C'est la seule que j'ai.

Et comme l'industrie de la beauté essaie de me vendre des crèmes contre le vieillissement depuis toujours, je me dis qu'il vaut mieux prévenir que guérir.

Voici de bonnes habitudes à prendre :

EXFOLIER SA PEAU

La peau se régénère tous les vingt-huit jours. Si vous ne voulez pas que votre peau ressemble à un serpent qui mue, mieux vaut l'exfolier une fois par semaine.

BIEN S'HYDRATER LA PEAU ET LE CORPS EN BUVANT DE L'EAU

Ça ne sert à rien de vous acheter les meilleures crèmes si vous ne vous hydratez pas convenablement. Deux litres d'eau par jour, c'est LA BASE de toutte.

BIEN S'ALIMENTER

C'est plate han, mais ce qu'on mange a une incidence sur tout le reste, même sur l'aspect de votre peau. Il faut manger assez de vitamines, et ce, par le biais d'une alimentation variée pour que votre peau ait toutte le kit nécessaire pour briller par elle-même.

NE PAS FUMER DE CIGARETTES

Quand je fumais, ma peau était plus terne. Je ne voulais pas me l'avouer parce que j'aimais ça, fumer la cigarette. Mais force est d'admettre que ma peau est vraiment plus éclatante maintenant. *Take that*, nicotine.

BIEN DORMIR

Quand j'étais plus jeune, je croyais que la crème « contour des yeux » m'aiderait à être moins cernée. Mais le vrai secret pour avoir moins de cernes, c'est d'adopter une routine de sommeil plus saine, comme j'ai pu le constater par moi-même. C'est plate de réaliser que, parfois, les trucs les plus efficaces sont aussi les plus simples !

FAIRE ATTENTION AU SOLEIL ET À LA POLLUTION

Certaines personnes associent un teint bronzé à un teint en santé, MAIS C'EST FAUX. Au contraire, le soleil et la pollution abîment la peau profondément et la font vieillir plus vite. Et il n'y a rien de pire que d'avoir le cancer pis de mourir, han ? Évitez le soleil le plus possible et, sinon, protégez-vous bien des rayons UVA et UVB en tout temps : été et hiver, comme par temps couvert. Vous me remercierez plus tard !

SUER ET FAIRE DU SPORT

Avez-vous déjà remarqué que votre peau est vraiment plus belle quand vous faites du sport ou quand vous allez au spa ? C'est que la job de votre peau, c'est de réguler votre chaleur corporelle. Quand vous avez chaud, vos pores expulsent de la sueur pour rafraîchir votre corps. Ça permet aussi de bien la nettoyer. MAGIE. Votre corps est une machine. ■

Comment connaître son type de peau

PAR JOSIANE STRATIS

C'est important de bien se connaître, tant mentalement que physiquement. Et connaître votre type de peau, c'est une très belle façon de ne pas dépenser votre argent pour rien en achetant des cosmétiques qui ne sont pas faits pour vous. Bien prendre soin de votre peau va aussi vous permettre de la garder en santé plus longtemps. C'est une double façon d'économiser ! Ha !

Aussi, c'est normal de ne pas TOUJOURS avoir le même type de peau. Vos hormones peuvent vous jouer des tours et vous pouvez passer d'une peau sèche à grasse quand les saisons changent.

PEAU SÈCHE

Votre peau tire ? Vous avez envie de vous mettre de l'huile dans la face plusieurs fois par jour ? Vous avez mal à la peau quand vous passez de l'intérieur à l'extérieur ? Vous avez de la peau sèche au toucher ? Ha, ha ! Voilà. Vous avez la peau sèche. Essayez de faire attention à votre exposition au soleil et aux longs bains chauds, et pensez à hydrater votre peau avec un produit adapté. Aussi, buvez de l'eau ! C'est super important.

PEAU GRASSE

Vos pores sont tellement dilatés que vous pourriez y cacher des choses ? Vous brillez plus que les vampires au soleil dans *Twilight* ? Vous avez toujours la sensation que votre peau est grasse ? TADAM, elle l'est ! Ce n'est pas parce que votre peau est grasse que vous devez l'assécher. Le truc, c'est de trouver un hydratant qui vous permettra de ne pas produire trop de sébum. Les masques d'argile aident aussi beaucoup.

PEAU MIXTE

En lisant les deux descriptions, vous étiez comme « OMG ! C'est moi ». Vous ne savez plus où vous placer. Votre zone T est grasse et le reste est comme le Sahara ? Vous avez la peau mixte. Il y a des produits adaptés, mais mon petit secret, c'est d'appliquer des produits différents selon la région de mon visage !

PEAU SENSIBLE

En plus de votre type de peau, vous pouvez avoir une peau sensible ou pas. Généralement, c'est facile de savoir si votre peau est sensible parce qu'elle va réagir à un tout ou à un rien ! Faites attention à ce que vos produits contiennent et assurez-vous d'éviter les réactions allergiques. ■

La routine idéale pour dorloter sa peau

PAR JOSIANE STRATIS

J'ai toujours pris ma douche le matin. Bon. Peut-être pas toujours, mais d'aussi loin que je me souvienne, je préfère me laver le matin. Surtout depuis que j'habite avec mon chum, en cas de *wink wink*.

Chaque matin, je ne me pose pas de question et je me lave le visage sous la douche. En sortant, je me sèche et je m'hydrate le visage, je me brosse les dents et j'applique un soin solaire, histoire de ne pas pogner de cancer de la peau. Simple de même. Un jour, comme je suis blogueuse, des gentilles personnes m'ont expliqué à quel point ma vie était toute croche, parce que ma routine matinale était aussi poche que du pain blanc avec de la margarine pour déjeuner. Qu'est-ce que j'ai fait sous l'influence de mes pairs ? J'ai changé ! Je dois aussi avouer que ces filles avaient un peu raison.

LE MATIN

Il faut se laver le visage parce que pendant la nuit, notre face sécrète du sébum. Vous pouvez vous nettoyer avec un savon doux si vous ne prenez pas de douche ou même vous rincer le visage avec de l'eau. Ensuite, vous pouvez mettre un sérum si vous avez des besoins particuliers avant d'appliquer de la crème hydratante ou de l'huile sèche pour vous assurer que votre peau ne tire pas. Vous pouvez aussi mettre une crème « contour des yeux » si vous voulez. C'est PRIMORDIAL de mettre un écran solaire, même s'il ne fait pas beau. Ensuite, vous pouvez vous maquiller ou pas.

C'est important de toujours se laver le visage le soir. Et de se démaquiller.

LE SOIR

C'EST IMPORTANT DE TOUJOURS SE LAVER LE VISAGE LE SOIR. Et de se démaquiller. Savez-vous combien de microsaletés, de poussières et de pollution se ramassent dans votre face ? ARK. Vous ne voulez pas de ça sur votre oreiller, c'est moi qui vous le dis. Ensuite, il suffit d'appliquer une crème de nuit ou de vous gâter avec un soin ultra-hydratant afin d'aider votre peau à se régénérer. Habituellement, je mets une huile sur mon visage le soir parce que personne ne me voit luire dans le noir. J'applique aussi un soin « contour des yeux » parce que l'hydratation, c'est un atout majeur pour contrer le vieillissement de la peau.

UNE FOIS PAR SEMAINE

Comme la peau est pas mal toujours en train de se refaire une belle peau (eh oui, j'ai osé le jeu de mots), il est important de s'exfolier le visage ou de faire un gommage minimum une fois (maximum deux fois) par semaine. Afin d'affiner le grain de peau, vous pouvez aussi vous faire un masque d'argile hebdomadaire ! ■

Recettes *DIY* de

produits de beauté

PAR JOSIANE STRATIS

Vous vouliez devenir chimiste cosmétique pour inventer LA nouvelle crème pour le visage, mais vous avez finalement choisi les études littéraires ? Qu'à cela ne tienne ! Vous pouvez maintenant expérimenter à la maison en faisant vos propres produits de beauté ! YÉ !

EXFOLIANT DE BASE AU SUCRE

- 2 c. à soupe de sucre granulé
- 4 c. à thé d'huile d'olive (ou de toute autre huile végétale neutre)

Exfolier doucement la peau avec ce mélange. Il se conserve à température ambiante. Ajouter du zeste de citron, d'orange ou de lime pour mettre un peu plus de couleur.

BEURRE CORPOREL

- 1 ½ tasse d'huile de coco
- 3 c. à soupe de miel
- Zeste d'agrume

Mélanger tous les ingrédients au batteur électrique. Le mélange doit être utilisé à l'intérieur d'une semaine. On peut réduire les quantités si la recette dépasse nos besoins !

MASQUE POUR LE CUIR CHEVELU

- 1 avocat mûr
- 10 gouttes d'huile d'argan
- 2 c. à thé de miel
- Quelques gouttes d'huile essentielle de théier

Mélanger le tout et l'appliquer sur le cuir chevelu. Laisser quelques minutes, puis bien laver les cheveux avec un shampoing doux.

LAIT POUR UN BAIN À LA ROSE

- 1 ½ tasse de lait en poudre
- ½ tasse de sel d'Epsom
- Quelques gouttes d'huile essentielle de rose
- Pétales de rose séchés
- Colorant alimentaire rouge (facultatif)

Mélanger tous les ingrédients (sauf les pétales de rose) avec le colorant. Ajouter les pétales de rose et transvider le tout dans un bocal. Le mélange se garde longtemps dans un contenant hermétique. Mettre ¼ de tasse de mélange par bain.

SHAMPOING SEC

- ½ tasse de fécule de maïs
- Quelques gouttes de votre huile essentielle préférée
- 1 cuillère à thé de cannelle ou de cacao non sucré pour colorer (si vous n'êtes pas sensible aux odeurs)

Mélanger le tout. Appliquer en saupoudrant sur la racine des cheveux. Personnellement, je le mets le soir quand je sais que je dois sauter un lavage, mais ça fait un peu de résidus sur l'oreiller. Si vous l'appliquez le matin, laissez agir quelques minutes, puis brossez vos cheveux pour enlever l'excédent.

NETTOYANT À PINCEAUX DE MAQUILLAGE

- 1 c. à soupe d'huile d'olive
- 1 c. à soupe de savon à vaisselle

Dans une assiette, mélanger l'huile d'olive et le savon à vaisselle. Tourner doucement les poils des pinceaux dans l'assiette. Rincer abondamment. Manier les pinceaux afin de leur redonner leur forme initiale et laisser sécher à plat. ■

Recettes *DIY* de masques

PAR CAROLANE STRATIS

Quand j'étais enfant, je me plaisais déjà à me badigeonner le corps de glaise ou de boue quand j'en trouvais à la plage d'Oka. C'est sûrement pour cette raison que j'ai la peau aussi douce! Ça, ou parce que je bois beaucoup d'eau. On s'en reparle.

Votre garde-manger, votre frigo et tout autre endroit contenant votre nourriture (votre chambre? votre lit?) regorgent d'éléments intéressants pour vous badigeonner le visage. Faire des masques maison est non seulement très le *fun*, mais c'est aussi assez économique. Surtout quand vous prenez des ingrédients que vous avez déjà sous la main!

Voici mon truc pour être sûre de ne pas vous lancer dans de folles dépenses: fouillez dans votre réfrigérateur ou votre garde-manger, trouvez des aliments qui semblent intéressants pour faire des masques et *googlez* « MASQUE + *DIY* + INGRÉDIENTS ». Il y a de fortes chances que vous trouviez une recette ou des contre-indications. Veillez à bien vous renseigner sur plusieurs sites pour les effets et à vérifier que vous n'avez pas d'allergie ou d'intolérance à la mixture.

MASQUE AU THÉ VERT

- 1 sachet de thé vert en poche
- 1 c. à soupe de miel

Couper la poche de thé. Mouiller avec un peu d'eau. Ajouter le miel. Mélanger. Appliquer sur le visage, laisser agir 15 minutes et rincer.

MASQUE *PEEL OFF* MAISON

- 1 blanc d'œuf
- 1 c. à soupe de gélatine
- 2 c. à soupe de lait

Battre un peu le blanc d'œuf et le mélanger avec la gélatine et le lait. Remuer constamment à feu doux, jusqu'à la dissolution complète de la gélatine. Transférer dans un plat et attendre que ça refroidisse un peu. Appliquer le mélange et attendre de 20 à 30 minutes. Décoller en partant du bas du visage. Rincer ce qui reste à l'eau tiède, puis appliquer de l'eau froide pour resserrer les pores.

MASQUE À L'ARGILE BENTONITE

- 1 c. à soupe de poudre d'argile bentonite
- 4 gouttes d'huile essentielle de théier
- Eau

Mettre la poudre d'argile dans un bol et ajouter les gouttes d'huile de théier. Ajouter de l'eau et brasser jusqu'à ce que la consistance soit pâteuse. Se badigeonner le visage et attendre que la mixture sèche avant de l'enlever avec de l'eau.

MASQUE À LA FRAISE

- 4 à 5 belles fraises, lavées et équeutées
- 2 c. à soupe de yogourt nature
- 1 c. à soupe d'huile d'olive
- 2 c. à soupe de miel
- Des flocons d'avoine

Écraser les fraises, puis ajouter les autres ingrédients en s'assurant que le mélange est assez homogène. Épaissir avec l'avoine et appliquer sur le visage. Laisser agir pendant 20 minutes, puis rincer. ■

Les bases du maquillage selon Jean-François Casselman-Dupont

PAR CAROLANE STRATIS

J'ai rencontré Jean-François dans un événement de blogueuses et j'ai été *flabbergastée* par son talent. Un gars qui se maquille et qui le fait bien, c'est vraiment génial. Il a commencé à se maquiller dans sa chambre, avant de le faire publiquement, grâce à des vidéos sur Internet. C'est maintenant une sommité sur YouTube et il maquille même des vedettes telles que Karine Vanasse et Marie-Mai. C'est donc la personne idéale à qui poser des questions de base… pour comprendre la base!

Quelle est la routine idéale pour que le maquillage tienne la route toute la journée?

Pour le teint, si vous voulez un maquillage qui tient une bonne partie de la journée, il faut utiliser une base. Ça aide le maquillage à s'agripper à la peau et sa durée de vie sera prolongée de plusieurs heures.

Pour ce qui est de la poudre, je vous conseille d'y aller mollo. Il n'y a rien de pire que de trop se poudrer le visage. Ça donne un look *cakey* et votre peau aura l'air sèche très rapidement. Poudrez très légèrement au besoin.

Je suggère fortement d'appliquer une base sur les yeux également. Selon moi, c'est encore plus important que pour le teint. Ça va empêcher le maquillage de se loger dans les plis et donner plus d'intensité à vos ombres à paupières.

C'est quoi la base du *contouring* (genre: niveau Kardashian moins 10 000)?

La clé, c'est vraiment de travailler avec les traits de VOTRE visage et de ne pas vous laisser emporter par ce qui est irréaliste. Si vous voulez vraiment ressembler au clan Kardashian, demandez-vous si c'est réellement possible. Je ne connais pas beaucoup de gens qui ont accès à autant de temps, de produits et de professionnels pour y arriver.

Ensuite, il faut se concentrer sur les traits que vous voulez accentuer versus ceux que vous voulez alléger. Pour le contour (qui sert à sculpter), je suggère une poudre bronzante qui ne tire pas trop sur l'orange et dont le fini est mat.

Pour ce qui est des traits que vous voulez accentuer, je suggère une poudre au fini semi-mat avec un peu d'éclat. Il existe des palettes faites spécialement pour le *contouring*. Elles contiennent des teintes de *contour* et des teintes de *highlight*. Plus la palette propose de nuances, plus vous avez de chances d'avoir un *match* assuré!

Comment connaître le type de couvrance dont j'ai besoin côté fond de teint ?

Cette décision est vraiment personnelle et tout dépend de votre confort. Il ne faut surtout pas oublier pourquoi vous utilisez le maquillage et ce que vous voulez en retirer.

Je suggère de commencer avec un fond de teint ou une BB crème avec une couvrance légère à moyenne. Après, si vous désirez plus de couvrance, on y retourne, par touches, avec un peu de correcteur. L'important, c'est que ça reste confortable, naturel et, je le rappelle, pas obligatoire pour se sentir bien dans sa peau.

C'est quoi l'histoire avec le cache-cernes ? Quelle est la formule pour ne plus avoir l'air fatigué ?

Il faut s'assurer de trouver le bon produit pour le genre de cernes que vous avez. Certains sont causés par le manque de sommeil, d'autres par l'hyperpigmentation de la peau, etc. La plupart du temps, un seul produit est nécessaire : un cache-cernes d'une à deux nuances plus pâles que votre teint.

L'utilisation du correcteur combiné au cache-cernes s'applique plus aux oiseaux de nuit qui ne dorment pas assez et qui sont plus sujets à l'hyperpigmentation. C'est donc plus efficace pour les cernes qui sont dans les teintes de mauve et de bleu. Pour un résultat optimal, il faut faire une correction de couleur adéquate AVANT d'appliquer le cache-cernes. Une petite quantité d'un correcteur saumon tirant un peu sur l'orangé va annuler la teinte bleu-mauve des cernes. Ensuite, vous pouvez appliquer une fine couche de cache-cernes par-dessus. Encore une fois, choisissez une teinte d'une à deux nuances plus claires que votre teint afin de créer un effet lumineux.

Plusieurs personnes ont le dessous des yeux très secs après avoir appliqué un cache-cernes et ça crée une tension pas super confortable. Mon truc pour éviter ça, c'est de mélanger un peu de crème hydratante ou de sérum au produit avant de l'appliquer.

Est-ce qu'on met le fond de teint avant ou après le cache-cernes ?

C'est vraiment un choix personnel. Je préfère appliquer mon cache-cernes après mon fond de teint afin que le dessous de mes yeux soit bien illuminé.

Comment faire pour ne pas avoir des cils en mottons ?

Si vous appliquez plus qu'une couche de mascara, je suggère d'attendre que le produit soit bien sec avant d'ajouter une couche. Ensuite, il faut toujours passer un peigne dans les cils pour bien les séparer.

Et si je veux mettre le paquet, je fais comment ?

Je suggère toujours de mettre l'accent sur un trait en particulier. Si vous misez sur les yeux, je conseille une bouche plus neutre et vice-versa. Peu importe où vous choisissez de mettre l'accent, le teint doit être le plus parfait possible. Je vous garantis que presque n'importe quel maquillage sera fabuleux si l'application du fond de teint a été bien faite.

Quelles sont les erreurs les plus courantes ?

L'oubli des sourcils ! Parce qu'eux aussi ont besoin d'amour. Que ça soit une touche de crayon/ombre à paupières pour mieux les dessiner ou un peu de gel pour les fixer en place, il ne faut pas les oublier. Ça aide beaucoup à équilibrer le maquillage des yeux et du teint.

Une autre erreur courante, c'est de trop poudrer ! Il n'y a rien de pire pour avoir l'air embaumé ! Oui, la poudre aide à contrôler l'excès de sébum et à fixer le maquillage, mais ça ne veut pas dire qu'il faut poudrer jusqu'à ce que ça craque. Je suggère souvent de poudrer légèrement et de traîner le compact avec soi pour les retouches, si nécessaire.

Comment devrait-on se démaquiller ?

Il existe plusieurs façons et une multitude de produits pour se démaquiller : les laits, les huiles, les savons, les lingettes, etc. Encore une fois, c'est un choix personnel qui dépend des goûts, du budget et du type de peau.

La clé, c'est de bien démaquiller en évitant de tirer ou de maltraiter la peau. Même s'il y a plusieurs produits qui sont « sans rinçage », je suggère quand même de nettoyer sa peau après s'être démaquillé, pour s'assurer que celle-ci est 100 % propre. Il faut terminer avec un hydratant pour rééquilibrer, et voilà !

Peux-tu me donner 3 ou 4 trucs pour les nuls en maquillage ?

- C'est toujours plus facile d'arranger quelque chose quand il y a moins de maquillage que trop.
- Plus vous vous entraînez, meilleures et meilleurs vous serez.
- Soyez réalistes.
- Se maquiller devrait être plaisant. Cela ne devrait JAMAIS être une condition pour se sentir bien dans sa peau. ■

Est-ce nécessaire de prendre une douche (ou plus) par jour?

*** Attention, ce propos pourrait créer une polémique mondiale.**

PAR CAROLANE STRATIS

Je connais des gens qui prennent une douche le matin ET le soir. Je pense sincèrement que c'est trop.

L'année dernière, j'ai fait un test. J'ai décidé de ne plus prendre de douche chaque jour. J'ai délibérément évité de parler de ma démarche pour voir si les gens de mon entourage allaient s'en rendre compte par eux-mêmes. J'avais tout de même des règles d'hygiène de base pour ne pas passer pour une crottée :

- Je me démaquillais (si nécessaire) et me lavais le visage chaque jour.
- Je me brossais les dents comme à l'habitude.
- Je me lavais les zones humides comme les aisselles et le *down there* chaque soir avec une débarbouillette ou une lingette de bébé.
- Je pouvais mettre du déo et du parfum, et utiliser du shampoing sec dans mes cheveux.
- Je changeais de sous-vêtements chaque jour.
- Je pouvais prendre des douches chaque jour pendant mes menstruations.

Les premières semaines, j'attendais d'avoir des commentaires au bureau, mais étrangement, ils ne venaient pas. Je rentrais à la maison et serrais ma fille dans mes bras sans déceler de dégoût dans son visage. Je voyais mon chum et il m'embrassait. Encore là, rien. J'allais dans les événements de blogueuses et personne ne disait rien. J'en étais presque à me demander si les gens avaient un odorat!

Puis, j'ai commencé à en parler... En premier, je l'ai dit à mon chum. Son constat? Je sentais bon! Par contre, au travail, les filles étaient un peu moins à l'aise avec ma démarche. Je leur expliquais que je ne transpirais pas, que je me lavais les parties humides et que je changeais de sous-vêtements, mais rien n'y faisait. Elles ne me comprenaient pas. Selon elles, c'était bien de prendre sa douche quotidiennement... par respect pour les autres.

Mon corps, lui, était content. Ma peau était encore plus douce. Je suais moins. Je me sentais bien. Ce que je faisais, plusieurs l'avaient fait avant moi pendant des décennies. Mais depuis que l'industrie de la beauté et de l'hygiène fait un marketing de fou pour mettre dans la tête des gens qu'ils doivent se laver chaque jour, ça finit par rentrer. ET plus on se lave, plus on achète du savon. Ce n'est pas innocent.

Aujourd'hui, il m'arrive encore de ne pas prendre ma douche tous les jours. J'ai montré à mon corps que je pouvais le faire sans problème. C'est mon petit côté hippie et je l'assume. Je vous mets même au défi d'essayer de deviner si je suis douchée de la veille ou du matin si vous me croisez dans la rue. Mais bon, présentez-vous avant, ce sera moins *awkward*. ■

Les substituts aux déodorants du commerce

PAR JOSIANE STRATIS

J'ai arrêté de porter du déodorant l'hiver dernier parce que je ne transpire pas beaucoup. Ne faites pas de face de dégoût, c'est mes affaires ! J'ai seulement décidé d'arrêter de mettre du déo quand je n'en ai pas besoin. J'en garde un dans mon tiroir de bureau pour les imprévus ou pour quand j'en ai besoin. Je vous jure, je pense à tout le reste, genre à mettre des bobettes.

Et attention ! Je ne me suis pas pour autant fait embarquer dans un culte anti-tout-ce-qui-est-fait-par-les-grandes-compagnies. Je tiens à le dire parce que, souvent, les solutions naturelles sont perçues comme un truc de hippie. J'ai fait ce choix pour plusieurs raisons. Premièrement, j'ai tous les ingrédients nécessaires à la maison pour ne pas avoir à acheter certains produits PIS J'ADORE ÇA. Mais aussi, quand je me rase les aisselles, ça me pique de mettre du déodorant ensuite. Surtout j'ai pas peur de mes odeurs corporelles non plus.

DÉODORANT NATUREL

Plusieurs compagnies en font. Il faut regarder les ingrédients pour vous assurer que tout est bien naturel et que ce n'est pas une stratégie marketing ! En *googlant*, vous pouvez facilement trouver une recette de déo maison. Voir ma préf' à la fin de ce texte.

DE L'HUILE DE COCO

L'huile de coco se trouve dans toutes les bonnes épiceries naturelles et même dans les grandes surfaces. Il suffit d'en appliquer sous ses aisselles le matin et voilà ! L'huile pénètre bien dans la peau, mais vous pouvez attendre une ou deux minutes quand même avant de vous habiller pour ne pas tacher vos vêtements ! Et on est tellement bien nu *anyway* !

FÉCULE DE MAÏS ET BICARBONATE DE SOUDE

Vous pouvez mélanger les deux matières et même y ajouter votre huile essentielle préférée. Il suffit d'en mettre sous vos bras avant de vous habiller. Vous n'avez qu'à faire tomber l'excédent dans votre bain ou votre douche, histoire de ne pas faire de dégât !

JUS DE CITRON

À proscrire si vous avez des petits bobos sous les bras parce que c'est quand même intense. Le jus de citron masque les odeurs, mais ça ne fait pas de miracle non plus. Ça ne va pas changer votre sudation si vous transpirez beaucoup !

ALCOOL À FRICTION

Si vous n'avez pas une peau trop sensible, vous pouvez mettre de l'alcool à friction dans un vaporisateur. Vous pouvez même ajouter des huiles essentielles, histoire que ça sente bon (lavande) ou pour tuer les bactéries (huile de santal et huile de géranium). ■

DÉODORANT MAISON

- ½ TASSE D'HUILE DE NOIX DE COCO
- 1 C. À SOUPE DE CIRE D'ABEILLE
- 2 À 3 C. À SOUPE DE BICARBONATE DE SOUDE
- 2 C. À SOUPE DE FÉCULE DE MAÏS
- 5 GOUTTES D'HUILE ESSENTIELLE DE SANTAL ET DE GÉRANIUM (SI VOUS N'EN TROUVEZ PAS, DE L'HUILE ESSENTIELLE DE LAVANDE PEUT FAIRE L'AFFAIRE)
- 1 CONTENANT DE DÉODORANT VIDE

Dans un bain-marie, chauffer l'huile de noix de coco et ajouter la cire d'abeille par petits cubes jusqu'à ce que le tout soit fondu. En brassant, ajouter les ingrédients secs, puis l'huile essentielle. Couler la mixture dans un contenant de déodorant vide et attendre que le tout soit ferme avant de l'utiliser.

Entretenir ses cheveux frisés ou crépus

PAR MARIE-ANGE ZIBI

J'entretiens une relation amour-haine avec mes cheveux depuis que j'ai onze ans. Enfant, je ne me cassais pas vraiment la tête : ma maman Pulchérie (oui, c'est son prénom), mes tantes et mes cousines s'activaient autour de ma tête tous les dimanches à 17 h tapant. S'ensuivait une longue séance de torture d'une durée minimale d'une heure durant laquelle je me tortillais tel un ver de terre dans un bocal rempli de sel de mer. La belle époque !

Au fil des ans, j'ai compris que je devais être plus indépendante et gérer moi-même ma masse capillaire. En d'autres mots : *the struggle was real.* C'est durant cette phase que j'ai eu une bulle au cerveau et que j'ai décidé de tout couper. Tout. Retour à la case départ, on repart sur de bonnes bases. J'ai développé des trucs infaillibles pour une chevelure de rêve comme dans les films des années 70, avec les filles aux belles coupes afro.

Trucs de vie pour entretenir ses cheveux frisés en 5 étapes faciles :

1. NE SURCHARGEZ PAS VOS CHEVEUX DE PRODUITS

C'est l'erreur la plus commune en ce qui a trait aux soins capillaires. Rien n'est plus nuisible à vos cheveux que de les surcharger de mille et un produits hydratants.

2. PROCUREZ-VOUS DES PRODUITS NATURELS DE BASE POUR UN USAGE RÉGULIER

Les meilleurs produits pour cheveux frisés sont le beurre de karité ou l'huile de jojoba, d'amande, de carotte, de ricin ou d'olive. Un usage régulier (lire : aux trois jours) d'un ou deux de ces produits garantit de beaux cheveux d'apparence saine.

3. LAVEZ VOS CHEVEUX À DES INTERVALLES TRÈS ESPACÉS

Conseil d'amie. Personnellement, je lave mes cheveux toutes les trois semaines, voire au mois, et c'est probablement la meilleure chose que je puisse faire. Contrairement aux autres types de cheveux, les cheveux frisés sont extrêmement fragiles même s'ils n'en ont pas l'air. Les laver trop fréquemment aura pour effet immédiat de les assécher. Et contrairement à ce que l'on pourrait penser, les cheveux (surtout les frisés) ne se salissent pas aussi facilement que ça. Faites confiance à votre cuir chevelu !

4. PRIORISEZ LES COIFFURES PROTECTRICES DURANT L'HIVER

Nous vivons dans une région du monde particulièrement froide en hiver et il faut s'y adapter. Les cheveux frisés sont probablement le type de cheveux le plus polyvalent qui soit. Que ce soit en optant pour des mèches ou des rallonges, essayez de les manipuler le moins possible durant l'hiver. Vous éviterez ainsi qu'ils s'assèchent au froid et qu'ils se cassent.

5. DONNEZ-LEUR DE L'AMOUR AU QUOTIDIEN

Donnez des petits becs d'amour à vos pointes et allez jouer dehors. Ma mère m'a souvent dit que la vitamine D procurée par le soleil est excellente pour les cheveux ! ■

3

TON PETIT LOOK
Guide pour une vie adulte (genre) épanouie

COMMENT NE PAS DEVENIR UNE VICTIME (DE LA MODE)

« Il ne faut pas en demander beaucoup à ceux qui sont fascinés par le lustre de leurs souliers. »

— Réjean Ducharme, *L'océantume*

Les règles de base pour s'habiller

(à suivre ou pas!)

PAR CAROLANE STRATIS

Comme dans n'importe quoi, il existe des codes à respecter pour être bien habillée. Certains existent depuis la nuit des temps, ou presque, et d'autres changent d'une saison à l'autre selon les dictats des hautes instances de la mode. Il n'est pas nécessaire de les suivre si vous ne les aimez pas. L'expression « Les règles sont faites pour être transgressées » n'existe pas pour rien.

AVOIR LES BONS SOUS-VÊTEMENTS

Je pense qu'on devrait donner un cours de base à l'école sur comment agencer ses sous-vêtements avec ses vêtements. Captain Obvious me dit à l'oreille que le plus important est d'avoir au moins un ensemble beige sans coutures. Vous trouvez peut-être ça *laitte*, mais c'est une bouée de sauvetage pour plusieurs occasions, comme quand vous portez un ensemble tout blanc.

Les sous-vêtements en dentelle peuvent être problématiques dans certaines situations (ex. : mettre un t-shirt par-dessus), mais le tout peut facilement être réglé grâce à l'ajout d'une camisole ou d'une nuisette (dans le cas d'une robe) en satin.

Et puis, il faut acheter la bonne taille. Vous pouvez demander de l'aide aux expertes dans les magasins spécialisés. Leur travail, c'est de vous mesurer les seins, entre autres choses. Même chose pour les culottes : c'est toujours plus élégant, pratique et confortable de prendre la taille qu'il vous faut.

LA BONNE TAILLE POUR VOTRE PERSONNE

Chaque compagnie a sa charte de grandeur avec ses gabarits. Les gabarits diffèrent d'un pays à l'autre, car ils sont habituellement faits à partir des mesures morphologiques d'un ensemble de personnes. Il n'existe pas de charte universelle de taille. C'est donc normal qu'un médium chez une compagnie X ne fasse pas comme celui de la compagnie Y. De plus, il est très rare que les vêtements soient coupés un à la fois. Les patrons sont mis sur des matelas de plusieurs épaisseurs de tissus, ce qui fait que les premiers morceaux coupés sur le dessus peuvent différer de ceux coupés dans les étoffes des dernières couches.

Grosso modo, j'espère que ce petit paragraphe vous permettra de vous déculpabiliser quand viendra le temps de choisir un vêtement. Prenez la grandeur sur l'étiquette comme un indicatif relatif plutôt que comme un indice à savoir si vous *fittez* dans une case. Vous devriez toujours être à l'aise et pas trop serrée, dans le sens que c'est super important de respirer et de vous sentir bien.

DÉVELOPPER VOTRE STYLE

Tout le monde fait des erreurs, c'est de les répéter qui est niaiseux. Vous avez tout de même le droit d'expérimenter et surtout de faire ce que vous voulez avec votre corps (dans les limites de la légalité, on s'entend). Comment faire pour savoir si vous avez trouvé votre style signature ? C'est facile ! Habituellement, ce sont les autres qui vont vous le signifier en vous *taguant* dans des publications qui parlent ou qui font la promotion d'un des vêtements clés de votre habillement. Le plus intéressant, quand vous avez trouvé votre style signature, c'est que vous pouvez mettre en pratique le coût par fois portée (voir « Le *cost per wear* – Qu'est-ce que ça mange en hiver ? », p. 66). Le danger, c'est de vous retrouver avec quinze morceaux lignés, comme *yours truly* qui écrit ces lignes.

ACHETER DES VÊTEMENTS DE QUALITÉ

Il y a un principe que j'aime bien et qui n'est pas assez expliqué dans la vie. Le terme *qualité* est souvent mal employé, dans le sens qu'il sert souvent seulement à désigner un vêtement qui vaut beaucoup d'argent et qui est fait dans des matières nobles avec une attention particulière. À la place, j'aimerais que vous pensiez qu'on parle d'un vêtement qui a les qualités que VOUS recherchez. Ça peut être le confort, le style, le prix, les matières, la provenance, etc. Si vous aimez le polyester *stretch*, je ne peux pas vous convaincre de porter de la laine peignée. Même avec un plaidoyer de 10 000 mots, le morceau n'aura jamais les qualités que vous recherchez et il ne pourra pas vous satisfaire. Aussi simple que ça !

SAVOIR ACCESSOIRISER SES VÊTEMENTS

Il y a une théorie qui dit que quand l'économie est en récession, la vente de vêtements baisse tandis que celle d'accessoires augmente. Ce n'est pas fou, parce que les accessoires sont souvent moins chers et peuvent faire toute la différence dans un ensemble. Quand je parle d'accessoires, ça englobe les bijoux, les souliers, les sacs à main, les ceintures et les bandeaux. Le secret est de bien doser et de ne pas mettre toute la gomme sur tout en même temps.

SAVOIR MÉLANGER

C'est un euphémisme de dire que j'aime mélanger. Si on pigeait dans le lexique culinaire pour me décrire, il y aurait certainement le mot « fusion » pas loin de mon nom : Carolane « Fusion » Stratis. Je mélange tout et je vous incite à le faire. Ça se passe dans les matières (du cuir avec un gros tricot), dans les couleurs (le noir et le marine) et dans les inspirations (sport chic). Le truc, c'est de bien doser.

LA RÈGLE DU GROS BON SENS ET DU GOÛT VESTIMENTAIRE

Je me porte garante de l'application de cette règle mathématique à la mode. J'utilise la règle de la somme des angles du triangle en mathématique afin d'expliquer le gros bon sens en mode. La somme des angles dans un triangle donne toujours 180 degrés. Donc, si un angle est vraiment petit, les autres doivent compenser et être plus gros. Avec un minimum d'imagination, ça s'applique vraiment bien en mode. Si, par exemple, vous portez une chemise avec des motifs vraiment très imposants, le reste du look devrait être plus sobre. Même chose avec le maquillage quand vous décidez de mettre l'accent sur les lèvres, les joues ou les yeux. Simple de même. ■

Tout le monde fait des erreurs, c'est de les répéter qui est niaiseux.

Comment trouver votre style

PAR JOSIANE STRATIS

Comme j'adore les classiques, j'ai souvent l'impression que je porte la même chose depuis des années. Est-ce une mauvaise chose ? Je ne crois pas, sinon je n'aurais peut-être pas autant de crédibilité *as a blogger* ! Constituer une garde-robe durable ne veut pas dire qu'elle soit plate ou que l'assortiment de vêtements ne soit pas à la mode. Ça veut plutôt dire que la garde-robe est utilisée de façon efficace et que vous avez trouvé votre style.

Voici quelques questions à vous poser pour essayer de trouver votre style :

- Quelles sont mes couleurs préfs' et les couleurs qui me font le mieux (selon ce que moi, je pense) ?
- Quelles sont les coupes qui me font me sentir bien ?
- Quelles sont les matières que j'aime le plus porter ?
- Si ma maison passe au feu et que je suis dans le coin de mon garde-robe, est-ce que je sauverais un morceau en particulier ?
- Est-ce que j'ai un vêtement signature (CE vêtement devant lequel mes amies s'exclament « ça fait donc ben toi ! ») ?

Bon, ce n'est pas avec ces questions-là que vous allez passer votre cours de philo, mais c'est tout de même cohérent de faire des choix qui correspondent à ce que vous êtes. Trop souvent, nos choix sont guidés par ce qui est à la mode... et trop souvent, il est probable qu'on les regrette après coup.

Oui, vous pouvez être à la mode tout en respectant votre style. Vous pouvez aussi vous permettre quelques pièces *punch* que vous allez acheter à rabais ou pas trop cher. Au pire, vous pouvez toujours les revendre sur Internet après, puisque le malheur des uns fait le bonheur des autres !

Pour garder vos vêtements plus longtemps, voici des trucs en rafale :

- Respectez toujours les indications sur l'étiquette de votre vêtement. Les informations sur la méthode de lavage ont été inventées pour d'excellentes raisons et mon petit doigt me dit que c'est pour que vos vêtements durent longtemps (et pour éviter aux compagnies d'avoir des retours !).
- Essayez de laver vos vêtements seulement quand ils sont sales. Pas besoin de laver vos pulls chaque fois que vous les portez, surtout si vous mettez un chandail en dessous.
- Achetez des vêtements à votre taille. C'est la base.
- Évitez de magasiner sous le coup de l'émotion, ou pire, de faire du *drunk shopping* en ligne. Il n'y a rien de bon là-dedans.
- Surtout, souvenez-vous que le plus important, c'est comment vous vous sentez dans votre linge, pas le regard des autres.
- Pensez à faire une bonne rotation dans votre garde-robe et mettez des vêtements que vous ne mettez pas souvent en évidence pour vous rappeler qu'ils existent ! ■

Les essentiels vestimentaires et les indémodables

PAR JOSIANE STRATIS

Pour constituer une garde-robe qui dure, il faut avoir des bases solides. Avant de commencer, je veux juste spécifier que vous n'êtes pas obligées d'avoir ces items dans votre garde-robe ! La police de la mode ne débarquera pas chez vous pour ça. C'est seulement une liste de vêtements qui vieillissent bien et qui sont à l'abri des cycles de la mode.

1. LES MANTEAUX

Il est bon, autant que possible, d'avoir un trench-coat imperméable, un perfecto, un caban en laine et un manteau très chaud pour affronter l'hiver. Mon conseil, c'est de choisir ces éléments avec le plus grand soin et, surtout, de ne pas lésiner sur la qualité, parce que ce sont des items que vous porterez souvent. Depuis quelques années, le parka de style militaire tend à devenir aussi un classique, donc vous pouvez l'ajouter à la liste.

2. LES HAUTS

Une garde-robe classique comporte une panoplie de chandails de base. Idéalement, il faut avoir quelques t-shirts de qualité et de couleurs différentes. Ils sont pratiques pour faire du multicouche (*layering*). Vous pouvez aussi vous choisir une marinière de qualité : un chandail ligné à l'horizontale blanc et bleu, très pratique pour faire un look marin. Les camisoles à fines bretelles font aussi partie des indémodables. Je préfère les choisir dans des tissus fluides, comme ça, elles sont aussi pratiques pour aller au bureau que pour sortir. Tout le monde (ou presque) a besoin d'une chemise blanche, mais la coupe doit être choisie avec soin. Si vous êtes plus du type lousse, ne choisissez pas une chemise ajustée. Ça fait professionnel quand même ! Une chemise à carreaux passera aussi difficilement de mode si les couleurs sont bien coordonnées et classiques. *#PensezChasse.*

3. LES JUPES

Si vous aimez porter des jupes, il vous faut idéalement une jupe propre et une jupe plus sport. Une jupe sport, ça ne veut pas nécessairement dire que vous allez jouer au tennis avec, mais qu'elle est plus décontractée. Pour la jupe propre, une jupe crayon fera l'affaire ; ça fait vraiment bien à tout le monde. Sinon, les jupes ligne A ou plissées sont aussi des indémodables, il suffit de choisir la longueur que vous aimez le plus.

4. LES PANTALONS

Un pantalon cigarette noir, c'est la base. Si vous préférez un pantalon avec du *stretch*, c'est parfait aussi. Un bon *jegging* bien choisi fait tout aussi bien l'affaire. Pour les jeans, un modèle ajusté et de bonne qualité peut littéralement durer toute une vie. Quand je trouve un modèle qui me fait bien, je l'achète souvent en plusieurs couleurs.

5. LES SHORTS

Pour les shorts, la longueur est à votre discrétion. Je vous conseille d'investir dans une paire de shorts en jeans, une paire de shorts en tissu soyeux, une paire de shorts style je-m'en-vais-travailler-dans-le-désert et une paire de shorts noirs plus habillés. Ça devrait faire amplement l'affaire. ■

Comment être certaine d'acheter un vêtement de qualité

PAR CAROLANE STRATIS

Je ne suis pas plus catholique que le pape quand j'achète des vêtements ! C'est quelque chose de tellement émotif (et politique – acheter, c'est voter). Je peux facilement avoir une bulle au cerveau et faire un achat impulsif. Heureusement, ça m'arrive de moins en moins.

Plus je prends mon temps pour choisir mes morceaux, moins il y a de risques que ceux-ci se défassent dans mes mains après un lavage et demi (je ne sais pas comment je pourrais faire la moitié d'un lavage, mais vous voyez où je veux en venir).

Il y a quatre éléments importants à vérifier pour s'assurer de la qualité d'un vêtement :

1. LE TISSU

Ici, je ne parle pas que de la composition du tissu, mais aussi du *feeling* sur les doigts. Est-il trop mince ? Délicat ? Est-ce que c'est du tricot (plus de chances de se déformer) ou du tissé (plus de chances de briser au niveau des coutures) ? Est-ce que je suis en train d'acheter un morceau vite, vite, sans avoir vérifié s'il y a un défaut dans le tissu ?

La matière fait la différence entre un chandail qui va durer une éternité et un autre que vous allez recycler rapidement. Bienvenue dans le monde du « droit fil ». Dans le fond, c'est le sens naturel dans lequel le tissu va avoir tendance à aller, résultat de sa construction textile (tricot ou tissé, les deux en ont un). Les morceaux de vêtements sont habituellement taillés et assemblés pour suivre le droit fil, mais certaines compagnies (pour faire baisser les coûts de production) vont les faire dévier juste un peu. Ça ne paraît presque pas à l'œil nu, mais après quelques lavages, le tissu va avoir tendance à essayer de retourner vers le droit chemin (tudumsti !). Donc c'est ce qui explique pourquoi certains pantalons et chandails se mettent à tourner autour de la jambe, le torse et le bras. Bien fatigant et preuve que la compagnie a essayé d'économiser en vous en passant une petite vite.

2. LES COUTURES

Moins grande est la qualité du vêtement, plus les coutures vont être faites pour casser. Littéralement.

Premièrement, regardez s'il n'y a que le surjet pour éviter que le tissu s'effiloche. C'est une couture généralement en forme de 8 ou de V qui finit le vêtement. S'il n'y a que celle-ci, non seulement elle risque de lâcher plus facilement, mais en plus, le tissu peut se déchirer à la moindre tension.

Idéalement, il devrait y avoir une couture de plus, juste avant le surjet, pour bien tenir le tout, et celle-ci doit être assez serrée. Si vous prenez une règle, ou la largeur de votre pouce (mettons que vous trouvez ça bizarre de magasiner avec une règle), il faut un minimum de cinq points de couture par demi-pouce. Plus c'est lousse, plus il y a de chances que la couture se rompe.

3. L'ENTRETIEN

Il faut absolument connaître les composantes de votre vêtement et prendre la peine de lire les instructions pour l'entretien. Ne jouez pas avec le feu (littéralement, si vous portez du polyester) et n'essayez pas d'épargner des sous en mettant votre veston dans la laveuse et la sécheuse. Vous allez peut-être vous sauver d'une virée chez le nettoyeur, mais vous allez perdre l'argent investi dans votre veston parce qu'il sera tout déformé. Aussi, lavez TOUT à l'eau froide. Les seules exceptions acceptables sont les serviettes et les culottes en coton.

4. LA COUPE

Un morceau bien coupé va durer plus longtemps. Avez-vous assez d'espace sous le bras pour bouger avec facilité ? Pas besoin de faire de gros cercles avec les bras, là, je parle des mouvements de tous les jours. Si la réponse est non, ne l'achetez pas. S'il y a des parties qui pochent, mais que le reste du vêtement est correct et confortable, vous pouvez toujours aller faire un petit coucou à un couturier ou à une couturière pour faire retailler les parties trop grandes ou trop longues. ■

Comment acheter des vêtements à sa taille

PAR CAROLANE STRATIS

Maintenant que vous savez que le chiffre (27, 29, 30) ou les lettres (X, S, M, L) donnent UNE IDÉE (et non une certitude ou une taille absolue) quant à la grandeur d'un vêtement, je me permets d'introduire quelques notions concernant l'ajustement.

Vous pouvez aussi ne pas écouter mes conseils et vous habiller dans une taille qui ne vous « fait » pas, pour avoir plus de style, de confort ou de je-m'en-foutisme. Je ne suis pas là pour vous juger, mais pour vous guider. *#FreeSpirit*.

1. À moins de porter une manche raglan (baseball), la couture devrait toujours être un peu en retrait de l'endroit où votre épaule commence à tomber.

2. Les vestons demandent un ajustement plus particulier, car la ligne de l'épaule doit tomber droite. Si vous êtes serrée comme une saucisse ou si vous pouvez rentrer toute votre famille à l'intérieur, ça veut dire que le veston n'est pas à votre taille.

3. Les fibres extensibles sont beaucoup plus confortables.

4. La couture d'un pantalon ne devrait jamais donner l'impression qu'il a envie de *GTFO* de l'endroit où il se tenait le matin. Il ne faut pas que ça fasse de torsion.

5. Les pantalons à taille haute, à moins qu'ils soient gainants (oui, ça existe et c'est vraiment *hot*!), ne devraient pas vous empêcher de digérer votre dîner.

6. Si vous avez une bonne paire de seins, c'est important de choisir un chemisier que vous pourrez fermer jusqu'en haut. C'est une question de gros bon sens. Si le reste est trop grand, passez voir une couturière pour faire des ajustements (l'ajustement aux épaules doit cependant être le bon). Ça va vous éviter ce moment *awkward* où un bouton revole de votre chemisier et crève l'œil de quelqu'un.

7. Un soutien-gorge ne devrait jamais faire une bosse étrange sur le sein ou dans la peau du dos. Si c'est le cas, ça veut dire qu'il est trop petit. Si votre soutien-gorge poche au niveau des mamelons ou qu'il se déplace sur vos seins quand vous levez les bras, c'est qu'il est trop grand.

8. Quand un tissu devient transparent aux endroits stratégiques à force d'être étiré – seins, fesses, épaules et cuisses –, ça vous indique que le morceau est trop petit.

9. Dans le cas d'un vêtement trop grand, allez voir un couturier ou une couturière. Ils font des miracles !

10. Rappelez-vous que c'est le morceau de vêtement qui ne s'ajuste pas bien à votre corps et non votre corps qui a besoin de changement !

Avec tous ces trucs en poche, vos vêtements devraient toujours être bien ajustés. Et maintenant que vous connaissez les règles, vous pouvez les transgresser... mais ne portez pas de vêtements trop petits pour vous. C'est juste pas confortable. ■

Comment s'habiller selon la forme de son corps

PAR JOSIANE STRATIS

J'ai un petit problème avec le fait de donner des conseils vestimentaires en fonction de la forme du corps des gens. Premièrement, je crois qu'il y a toujours une façon pour qu'un vêtement fasse bien. Ensuite, ce n'est pas vraiment au monde de la mode de décider si vous êtes correcte ou pas pour un vêtement. Finalement, ces conseils sont souvent basés sur la forme « idéale » du corps et ça me gosse.

PAR CONTRE, certains trucs peuvent vraiment aider des personnes à se sentir mieux dans leurs vêtements, alors j'ai décidé d'en partager quelques-uns avec vous. Ne vous inquiétez pas, je ne le fais pas à contrecœur ! Il faut juste se rappeler que s'acheter des vêtements de la bonne taille, c'est la base (voir p. 61). Aussi, comme je le dis souvent, ce n'est pas à vous de vous adapter à un vêtement, mais bien au vêtement de s'adapter à vous.

Il faut toujours garder en tête que les vêtements sont coupés en fonction de silhouettes idéales et en fonction de certaines normes. Par contre, comme je le dis en introduction, si ce n'est pas le genre de silhouette que vous recherchez, c'est tout aussi parfait de ne pas suivre mes règles. *#Yolo.*

LA SILHOUETTE EN X (OU LE SABLIER)

C'est la silhouette idéale et les designers voudraient que tous les corps ressemblent à ça. En gros, vous pouvez vraiment porter n'importe quoi (comme tout le monde d'ailleurs). Il y a trois déclinaisons de cette silhouette : des plus gros seins et des plus grosses hanches, pas de seins et pas de hanches, ou une taille super fine (un super-sablier). L'important, c'est de savoir jouer avec les volumes pour mettre l'accent où vous le voulez. Si vous trouvez que vous avez des gros seins, vous pouvez attirer l'attention ailleurs. Si vous trouvez que vous avez une taille trop fine, vous pouvez choisir des coupes loin du corps. Si vous trouvez que vous avez des hanches plus larges, vous pouvez simplement choisir des pantalons ou une jupe à taille haute et couper le tout avec un chandail que vous rentrez dans les pantalons ou la jupe.

LA SILHOUETTE TRIANGLE (OU LES HANCHES PLUS LARGES QUE LES ÉPAULES)

Si vous avez les hanches plus larges que vos épaules, vous avez une silhouette de type triangle. Premièrement, ce n'est vraiment pas grave. Le monde de la mode va essayer de vous faire sentir comme de la crotte, mais vous pouvez vraiment avoir une belle vie pareil. L'important, c'est de balancer votre silhouette en essayant « d'élargir » vos épaules. Vous pouvez aussi mettre l'accent sur votre poitrine plutôt que sur vos hanches. La robe portefeuille est votre meilleure amie et les coupes ligne A aussi. Vous pouvez aussi *embrace* la courbe de vos hanches en portant des tailles hautes avec un chandail inséré dans la ceinture pour accentuer la finesse de votre taille.

LA SILHOUETTE EN V (OU LES HANCHES PLUS FINES QUE LES ÉPAULES)

Le monde de la mode associe les épaules plus larges que les hanches fines à une silhouette plus masculine. Moi, je dis plutôt que c'est une silhouette de nageuse. Si on vous niaise là-dessus, vous pouvez toujours dire aux gens que votre crawl est top. Il n'y a pas grand-chose qu'on peut répondre à ça. Vous pouvez équilibrer votre silhouette en soulignant votre taille et en portant des jupes ligne A.

LA SILHOUETTE EN O (OU LA BELLE POMME !)

À ce qu'il paraît, la silhouette en O est la plus difficile à habiller. Eh bien, je dis non, mesdames. Le jeu, c'est de trouver où vous voulez dessiner votre taille. Si vous avez un ventre plus rond, vous pouvez choisir des coupes à taille un peu plus haute pour ne pas le « couper » en plein centre (ça ne serait pas vraiment confortable). Les élastiques sont vos meilleurs amis. Choisissez des coupes fluides pour permettre de faire semblant que votre taille est définie. La robe portefeuille est idéale pour créer l'illusion de formes sur les côtés. Contrairement à ce que certaines personnes pensent, une belle paire de *leggings* avec une robe chemise avantage votre silhouette. Rappelez-vous que si les gens ne sont pas contents de comment vous vous habillez, ce n'est pas votre problème, mais le leur. *Snap*.

LA SILHOUETTE EN H (OU LE GRAND RECTANGLE)

Yé ! C'est ma silhouette. Si vous partez à la recherche de ma taille, vous allez la chercher longtemps, car elle n'existe pas (Ba Doum Tsss !). L'avantage, c'est que je peux vraiment la jouer plus androgyne. Les jupes plus serrées sont difficiles à agencer avec un haut justaucorps, parce que ça allonge la silhouette. Sinon, j'utilise les volumes à mon avantage pour essayer de sortir un peu de mon rectangle. Je joue avec un ajustement à la taille et les volumes se retrouvent autant au bas (avec une jupe ample) qu'en haut (avec un morceau plus bouffant).

Les chandails qui arrivent sous les hanches ou au-dessus de la taille balancent mieux la silhouette. Si vous voulez porter des pantalons à taille haute, ajoutez une ceinture contrastante pour une illusion parfaite ! Mais bon, la plupart du temps, j'*embrace* mon rectangle parce que ça me gosse d'essayer d'être autre chose que moi, ha ! ■

Pourquoi acheter local?

PAR CAROLANE STRATIS

#LesGens ont beaucoup de réticences à acheter local pour plein de raisons : ça coûte plus cher, c'est moins disponible et il y a moins de choix. Pourtant, quand je regarde les raisons énumérées, j'y vois une autre dimension.

Le prix plus élevé amène une fierté, puisqu'il témoigne d'un prix juste pour un travail réalisé dans de bonnes conditions. Il aide aussi à faire des choix plus éclairés et judicieux. Oui, car si le morceau est bien choisi, il va durer plus longtemps.

Et puis, le manque de disponibilité crée de la rareté. Mis à part dans les soirées de blogueuses, et même encore, ça ne m'est pas arrivé souvent de me retrouver devant une personne qui portait exactement le même morceau que moi. Il n'y a rien de mieux que de se sentir spéciale, hein ?

Finalement, un choix plus restreint permet de comprendre l'ADN d'une marque en un coup d'œil, ce qui crée un sentiment d'appartenance et nous incite à adopter les principes du *slow fashion*.

Slow fa-quoi ? Le cycle de la mode est rendu très rapide. Les grands couturiers présentaient de deux à quatre collections par année, il y a trente ans. Le cycle de la mode voulait que les marques de *streetwear* embrassent les tendances un peu plus tard et les modes pouvaient prendre plus de deux ans à se propager dans la masse. La pression actuelle pour augmenter la consommation fait maintenant en sorte que les boutiques de *fast fashion* produisent de douze à vingt-quatre collections par année. Certaines vont même jusqu'à sortir de nouveaux modèles toutes les semaines. Ça peut vite devenir étourdissant.

Depuis quelques années, un courant contraire fait de plus en plus son chemin, au grand plaisir de plusieurs. L'idée est d'offrir des modèles de vêtements habituellement minimalistes, faits dans des matières plus durables, avec des coutures qui durent plus d'un ou deux lavages et des styles qui sont aussi indémodables que possible. Tout ça sans que le vêtement soit plate ! C'est un excellent moyen de participer à diminuer les effets nocifs de la surconsommation.

Enfin, acheter local, c'est s'assurer que les vêtements sont faits pour la nomenclature des corps d'une région et qu'ils sont adaptés à notre climat. C'est aussi s'assurer que tous les sous que le fabricant gagne restent dans le pays. Oui, parce qu'acheter local, c'est aussi faire travailler des personnes d'ici en production, en manutention, en design, en comptabilité, etc. ■

Le cost per wear

Qu'est-ce que ça mange en hiver?

PAR CAROLANE STRATIS

J'essaie de promouvoir la mode locale le plus possible, mais le commentaire que j'entends le plus souvent, c'est que les vêtements achetés chez un designer d'ici coûtent plus cher que ceux des boutiques de *fast fashion*.

C'est sûr que produire de petites quantités de vêtements ici, ça fait augmenter le prix. Avec l'ouverture des marchés et la fin des quotas, le prix des vêtements a chuté radicalement dans les dernières années et nous sommes maintenant conditionnés à ne pas vouloir payer cher pour nous habiller. Dans la société de consommation, il faut en avoir plus pour son argent. Or, selon moi, ce point est discutable.

Une des leçons que j'essaie d'inculquer à mon entourage (moi, Carolane Stratis, l'apôtre de la mode québécoise), c'est le coût par fois portée, aussi appelé le *cost per wear* par les filles *streetstyle smart*. Le concept est intéressant et surtout déculpabilisant quand il est question de sortir son portefeuille, mais il peut aussi s'appliquer aux vêtements qui coûtent moins cher.

Qu'est-ce que ça mange en hiver ? Vous allez comprendre l'analogie hivernale bien assez vite. Vous souvenez-vous quand vos parents vous achetaient un habit d'hiver trop grand pour que vous soyez capable de le porter pendant deux ans ? C'est exactement le même principe qui est appliqué ici : le coût des vêtements est relativisé par le nombre de fois que vous les portez. Dans le fond, plus vous les utilisez, moins ils vous reviennent cher !

PETITE FORMULE MATHÉMATIQUE
Coût du vêtement ($) ÷ nombre de fois porté = ratio déculpabilisant

S'ASSURER DE FAIRE LES BONS CHOIX
Évidemment, c'est facile de prendre cette règle pour se déculpabiliser de faire des achats compulsifs. Il faut donc essayer d'éviter d'acheter sans réfléchir, en se posant les questions suivantes :

- Le vêtement me fait-il bien ?
- Est-ce un vêtement qui peut être porté plus d'une saison ?
- Est-ce un *fad* (vêtement fait pour être à la mode 30 secondes et quart) ou un classique ?
- Ce vêtement est-il vraiment à ma taille ?
- Pour quelle occasion est-ce que je l'achète ? Est-ce que je vais pouvoir le remettre après sans me sentir *weird* ?
- Est-ce qu'il se marie bien avec les vêtements que j'ai déjà ?
- Le morceau est-il de qualité ?

Idéalement, il faut que les réponses soient les plus positives possible, histoire de garder votre vêtement très longtemps et de sentir que vous avez un plus grand retour sur votre « investissement ». Votre motivation à l'achat doit être décortiquée pour éviter que le morceau se retrouve au fond de votre garde-robe après avoir *flashé* une seule fois lors d'une soirée.

TRUCS EN RAFALE

- Pour les couches du dessus (manteau, veste, veston, etc.), regardez la coupe en vous assurant que vous pouvez faire du *layering* en dessous.
- N'achetez jamais un vêtement en prévision de le porter plus tard *aka* quand il va vous faire.
- Plus un vêtement est cher, plus vous devez vous assurer que le morceau est classique. Le facteur *fad* doit être inversement proportionnel au prix que vous payez. Par exemple, si vous achetez une robe à 200 $, choisissez une coupe qui vous avantage et qui le fera longtemps.
- Essayez le plus possible d'acheter des couleurs neutres ou des motifs classiques (ligné, petits pois, etc.). C'est plus facile à agencer et ça ne se démode jamais (ou presque).
- Assurez-vous que le vêtement va pouvoir s'agencer avec au moins trois morceaux que vous possédez déjà. Comme ça, vous n'avez pas à débourser davantage pour pouvoir porter votre nouvelle pièce !
- Regardez la qualité des tissus et le mode d'entretien. Assurez-vous que ça correspond à votre style de vie, question de ne pas acheter quelque chose que vous serez découragée de laver et qui va finir par s'ennuyer dans votre garde-robe. ■

Comment s'habiller pour une occasion spéciale

PAR JOSIANE STRATIS

Saviez-vous qu'il est possible de mettre en valeur son style tout en s'adaptant aux circonstances ? Je trouve ça parfois difficile de justifier qu'il y ait des règles, parce que je les trouve un peu arriérées. Par contre, il y a des situations où il faut oublier un peu nos indignations par respect.

LES FUNÉRAILLES

Avant, c'était impensable de porter de la couleur lors de funérailles, mais avec le temps, c'est de plus en plus accepté. Par contre, je trouve ça plus facile de m'habiller en noir, parce que c'est simple et efficace. Si vous mourez (*joke*) d'envie de porter de la couleur, les couleurs riches et foncées sont toujours plus sobres que les couleurs pâles et vives. Si vous n'êtes pas sûre, optez pour une robe noire, des pantalons noirs avec une chemise blanche ou une jupe grise avec un chandail noir. Ce sont des ensembles gagnants. Et rappelez-vous que *LESS IS MORE*. Ce n'est ni l'endroit ni le moment de réclamer vos quinze minutes de gloire.

LES MARIAGES

À moins d'avoir la permission de la mariée, c'est toujours mal vu de porter du blanc à un mariage. Ben oui, la règle est vraiment poche, mais vous avez tout de même le choix entre toutes les couleurs de l'univers. Ça devrait relativiser votre envie ! Que votre robe soit longue ou courte, optez toujours pour un tissu qui ne fait pas *cheap*. C'est l'occasion de porter un morceau un peu plus intense que d'habitude en justifiant votre dépense par l'amour que vous portez aux nouveaux mariés. Haha ! Si vous voulez être en pantalon, choisissez un pantalon chic ou un combi-pantalon. Si ça passe bien dans un bureau d'avocat, c'est un signe que c'est un bon choix. C'est aussi le temps de faire l'achat d'un sac à main pochette, parce que ça fait plus chic. Si vous n'êtes pas à l'aise en talons, choisissez une chaussure plate chic. Pas de gougounes. Jamais. Même si elles ont des diamants ou un petit talon, c'est non.

BAL

Vous pensiez que votre bal de finissants serait le dernier bal de votre vie ? Oh. Que. Non. Les bals sont de plus en plus populaires comme forme de soirées de financement pour les fondations. En plus, il y a souvent des bals de fin d'études pour tous les niveaux scolaires. Avant, la norme était de mettre une robe longue. Par contre, dans les dix dernières années, les *jumpsuits* et les robes aux genoux ont pris de plus en plus d'importance. Encore une fois, c'est le tissu qui fait toute la différence. Est-ce que votre ensemble de bal est un peu *too much* pour prendre le métro ? Si la réponse est oui, vous êtes sur la bonne voie. ■

Quoi porter pour une entrevue

PAR JOSIANE STRATIS

J'ai déjà été tellement stressée pendant une entrevue de groupe que j'ai pété. Et tout le monde m'a entendue. Maintenant que c'est écrit dans un livre, je souhaite juste que ça n'arrive à personne. Mon conseil pour éviter ça : soyez à l'aise dans votre ensemble, c'est un stress de moins.

Pour trouver quoi porter pour une entrevue, l'idéal, c'est de répondre aux questions suivantes : qui, quand, quoi, comment, pourquoi et où ? Parce que c'est sûr que si vous postulez pour une job de *ranger* en foresterie, votre habillement ne sera pas le même que si vous passez une entrevue pour un stage chez une grande firme d'avocats (pas le fruit, là).

Il existe un classique parmi tous les classiques : la chemise blanche et le pantalon noir. Sérieusement, vous ne pouvez pas vous tromper avec cet ensemble. Il suffit d'adapter la coupe de votre chemise et de votre pantalon pour l'occasion. Vous passez une entrevue pour travailler dans un dépanneur ? Prenez une chemise blanche un peu lousse avec des jeans noirs ajustés. Vous passez une entrevue pour un bureau de comptables ? Une chemise en soie et un pantalon coupé droit feront l'affaire.

TROIS CHOSES À ÉVITER

- Trop en mettre. Les kits d'entrevue, c'est comme la sauce piquante : mieux vaut y aller mollo au début et en ajouter par la suite.
- Montrer ses lolos. Comme on me l'a déjà dit : une place pour chaque chose et chaque chose à sa place. Tant qu'on devra se battre pour *#FreeTheNipples*, les seins vont être mal acceptés en entrevue. Le truc, si vous voulez être sexy, c'est que la personne aux ressources humaines ne soit pas capable de voir si vous avez ou non un grain de beauté entre les seins. L'important, c'est que votre futur employeur puisse se concentrer sur qui vous êtes et non pas sur la forme de vos lolos.
- Porter des talons hauts pour la première fois. Ça fait pas plus chic de souffrir et marcher tout croche. Si vous n'êtes pas à l'aise en talons, mettez des souliers plats. Il y en a tellement sur le marché. Si vous ne trouvez rien, des souliers de style Oxford feront très bien l'affaire.

Choisissez des vêtements qui vous font bien, qui sont confortables si vous suez (à cause du stress) et qui sont classiques. Si vous voulez ajouter un petit *oomph*, mettez un rouge à lèvres contrastant. Dans le doute, mieux vaut y aller doucement.

Ça va bien aller. Et au pire, si vous n'avez pas la job, ça vous fait quand même une expérience d'entrevue en plus. Ce n'est pas si pire !

OK, non, c'est tout de même poche si vous ne l'avez pas. Je suis aussi fâchée que vous. Ils auraient dû vous engager. Vous étiez vraiment trop bien habillée en plus. En tout cas. ■

4

TON PETIT LOOK
Guide pour une vie adulte (genre) épanouie

PARCE QUE T'AS ASSEZ COLLÉ À LA MAISON

« Ahh, home, Let me come home,
Home is wherever I'm with you. »

— Edward Sharpe & The Magnetic Zero, *Home*

Comment choisir un appartement

PAR JOSIANE STRATIS

Alors vous voulez partir de chez vos parents ? Parfait, c'est le temps de magasiner un appartement. J'écris *magasiner*, et le choix du terme est important. Quand vous visitez un appartement, il est important de respecter vos besoins. Vous n'avez aucune obligation de le prendre après la visite.

ÉTAPE 1 DÉFINIR VOS CRITÈRES

- Combien de pièces sont nécessaires ?
- Budget maximum ?
- Avec un bain ?
- Prises de laveuse-sécheuse ?
- À quel étage ?
- Dans quelle sorte d'immeuble ? Entrée séparée ? Entrée commune ?
- Quartier ?
- Animaux permis ?

ÉTAPE 2 LA RECHERCHE

- Sur Internet, vous pouvez regarder sur les sites de recherche plusieurs fois par jour, surtout en période de pointe.
- Promenez-vous dans les rues qui vous tentent pour voir s'il y a des panneaux « À louer » aux fenêtres.
- Dites à vos amis sur les réseaux sociaux que vous cherchez un appart, ils pourront vous montrer leurs coups de cœur.

ÉTAPE 3 LES VISITES ET LE CHOIX

- Quand vous appelez pour prendre rendez-vous, prenez la peine de poser des questions pertinentes concernant vos critères.
- Visitez seulement les appartements qui correspondent à vos critères. Sinon, vous perdez votre temps.
- Pendant votre visite, posez des questions sur les coûts de chauffage, les inclusions et les exclusions.
- Si un appartement vous plaît, dites-le tout de suite pendant votre visite, démarquez-vous en étant gentil et en ne faisant pas de commentaires sur la déco des anciens locataires. Si l'appartement ne vous plaît pas, dites-le aussi tout de suite pour ne pas créer de faux espoirs.
- Vous pouvez demander de signer le bail tout de suite.
- Si on vous demande une enquête de crédit, vous pouvez demander à vos parents de vous cautionner si c'est votre premier appart.
- Notez le nom du proprio dans votre téléphone. Exemple : Jean Tremblay, proprio, 4573, rue Cool. Comme ça, si vous avez un retour d'appel, vous allez pouvoir le prendre rapidement.
- Des fois, il faut faire des concessions pour le prix d'un appart, mais vous pouvez mettre en gras vos critères essentiels (exemple : premier étage avec animaux et entrées laveuse-sécheuse).
- Ne vous découragez pas, vous allez trouver votre appart de rêve un jour ou l'autre. Si ce n'est pas cette année, rien ne vous empêche de déménager l'an prochain !

Le mot d'ordre, c'est patience, patience et patience. Si vous trouvez la perle rare, vous pouvez vraiment avoir beaucoup de *fun* dans votre appartement et faire quelque chose de beau. ■

Qu'est-ce que ça veut dire, être locataire?

PAR ANNE-SOPHIE BORDELEAU

Quand j'ai commencé mes études en droit, j'ai été *MIND BLOWN* par les obligations qui nous lient et qu'on ne connaît pas. Sans faire un pamphlet décriant le manque d'accès à la justice et l'insuffisance de l'enseignement de connaissances de base en ce qui concerne nos droits et obligations en société, je crois qu'il devrait être beaucoup plus facile de comprendre rapidement à quoi s'en tenir quand on signe un contrat aussi « banal » et essentiel qu'un bail. Parce que, vous savez, « nul n'est censé ignorer la loi » ... huh.

La plupart des gens (*aka* pas mal tout le monde) quittent le nid familial pour aller habiter en appartement avec un ou plusieurs amis ou amies. Selon le Code civil du Québec, ce document assez obscur pour environ tout le monde, les obligations du locataire comprennent notamment le paiement du loyer à la date convenue. Concrètement, selon la loi, cela signifie que si vous payez votre loyer souvent en retard et que cela cause un préjudice sérieux au propriétaire ou si vous êtes en retard de plus de trois semaines dans le paiement de votre loyer, le locateur peut demander à la Régie du logement de résilier votre bail. Il se peut que la Régie vous donne une chance de payer à temps à l'avenir si vous êtes souvent en retard, mais cela dépend des situations et rien n'est certain!

Notez aussi que si vous vivez en colocation et que vous avez tous signé le bail, vous êtes normalement obligés de payer le loyer de manière conjointe. Cela signifie que le locateur ne peut pas réclamer que vous payiez la part des autres si ces derniers ne paient pas. Par contre, si le propriétaire vous fait signer une clause disant que vous êtes responsables solidairement (ce que les proprios font très souvent), il pourra vous demander de payer pour les autres*.

Aussi, signer un bail signifie que vous vous engagez à ne pas troubler la tranquillité des autres locataires. Ça veut donc dire, par exemple, que vous ne devez pas occasionner d'inconvénients anormaux à vos voisins en faisant un bruit fort et intense de manière constante et répétitive. En tant que locataire, vous devez également utiliser le logement avec prudence et de façon responsable, le rendre comme vous l'avez reçu et faire les petites réparations qui s'imposent pendant que vous y habitez. La loi exige donc que vous répariez vous-même les choses que vous avez brisées, que vous peigniez les murs, répariez les petits trous faits par vos clous, etc.

Sans vouloir vous stresser, j'ajouterai que les locataires ont bien entendu beaucoup d'autres obligations, tout dépendant des situations, genre si vous sous-louez votre appartement, si vous avez des animaux, ou bien en ce qui concerne les assurances. MAIS vous avez également des droits en tant que locataires vis-à-vis de votre propriétaire, concernant certaines réparations, la tranquillité, le droit de maintien dans les lieux, etc. Si vous n'êtes pas certains de l'étendue de vos droits et obligations, le site de la Régie du logement peut vous informer quant à certains de ces éléments. Le site Internet *educaloi.qc.ca* offre également des dossiers d'information qui sont très bien conçus et qui peuvent vous donner une bonne idée de vos droits dans diverses situations. ■

* Attention, si vous êtes mariés ou unis civilement, les règles sont différentes!

Quatre essentiels à avoir dans une maison

(et comment les trouver pour pas cher!)

PAR THÉO DUPUIS-CARBONNEAU

Devenir autonome et partir de chez ses parents, c'est pas mal le *fun*, mais ça vient aussi avec de grosses dépenses. C'est pour ça qu'il faut rapidement savoir cibler ce qui est essentiel!

Avec un peu de patience et de travail, il est possible de s'équiper très convenablement sans se ruiner. J'en suis la preuve. *#PigisteLife*.

Voici quatre essentiels à prioriser (à part une base de lit et un matelas) avant de vous acheter des chandelles *fancy*:

1. UNE TABLE

Attention à ne pas en choisir une qui est trop imposante. On s'entend que les grosses cuisines, ça ne court pas les appartements. De plus, optez pour une table carrée ou rectangulaire plutôt que circulaire, parce que c'est plus polyvalent et que c'est plus facile à placer sans perdre d'espace inutilement!

2. UN BUREAU

C'est un essentiel seulement si vous avez un ordinateur de bureau. Si vous travaillez sur votre ordinateur portable, nul besoin de vous encombrer d'un meuble de plus. Vous pouvez utiliser votre table de cuisine ou les meilleurs cafés de votre quartier. Ça fait amplement le travail!

3. UNE BIBLIOTHÈQUE

Une bibliothèque, c'est primordial. Vous pouvez ranger vos livres, vos vinyles, vos CD (mettons que vous êtes nostalgique de l'ère prénumérique), y mettre des photos et même du linge de maison!

4. UN DIVAN

Un divan, c'est bien, mais un futon ou un divan-lit, c'est mieux... et surtout beaucoup plus pratique!

La première étape pour dépenser le moins possible, c'est de sonder votre entourage. Ensuite, faites un appel à tous sur Facebook ou visitez Kijiji. Mais attention, calculez toujours les frais d'essence et le temps que ça vous prendra pour aller chercher le meuble dans le coût final, histoire d'évaluer si vous faites une belle affaire! Finalement, courez les «ventes de garage» municipales! Ça permet de voir BEAUCOUP de choses en peu de temps! La vie est bien faite, elles ont souvent lieu en début d'été, un peu avant la grosse saison des déménagements! ■

Comment choisir des meubles vintage

PAR MARIE-HÉLÈNE GOULET

Durant mes études à l'université, j'ai travaillé dans une petite boutique vintage de la rue Amherst. C'était assurément le meilleur emploi étudiant de ma vie : je travaillais quelques heures par semaine à épousseter des lampes, à écouter de la musique jazz et à vendre des causeuses *mid century* à des couples gais très BCBG. La gloire.

Donc mon année et demie d'expérience en vente me qualifie pour ce sujet. Voici mes conseils :

1. ÉTUDIER

Le vintage, c'est tout et n'importe quoi. Familiarisez-vous avec les époques, les courants et les tendances du design. Sachez reconnaître les matériaux et les méthodes de fabrication de votre époque préférée. Étudier les styles qui vous plaisent et les designers et les manufacturiers qui y sont associés. Ainsi, vous serez capable de distinguer le vrai du faux.

2. VOYAGER

Vous avez un char ? Une amie avec un char ? Allez donc faire le tour des brocantes des Cantons-de-l'Est ou de la Nouvelle-Angleterre, deux régions qui regorgent de belles vieilles affaires.

3. MAGASINER SOUVENT

Les propriétaires de boutiques vintage sont des passionnés et renouvellent constamment leur offre.

4. CONSULTER INTERNET

Plusieurs boutiques en ligne se spécialisent dans les meubles vintage, sans compter Etsy, Craigslist et eBay. Dans tous les cas, privilégiez les vendeurs locaux pour avoir la possibilité de voir la marchandise et éviter les frais de livraison exorbitants.

5. ACCEPTER L'IMPERFECTION

Une chaise Eames d'origine qui date de 1972 avec une brûlure de cigarette, c'est une chaise Eames QUAND MÊME. ■

Pimp ton appart...

ou comment rendre un appartement digne de Pinterest!

PAR CAROLANE STRATIS ET CAMILLE PERREAULT

LES DÉTAILS QUI FONT LA DIFFÉRENCE

CHANGER LES POIGNÉES D'ARMOIRES

Ce n'est pas super cher et ça fait toute la différence pour rendre vos armoires de cuisine ou de salle de bain plus modernes ou vintage.

POSER DES TABLETTES PARTOUT

Nous souffrons de cette maladie qui consiste à vouloir mettre des tablettes partout. Premièrement, c'est super pour le rangement. Deuxièmement, ça peut facilement devenir un élément décoratif si vous y ajoutez des bibelots ou des vieux livres. Troisièmement, ce n'est pas cher et c'est facile de remplacer la tablette ou les équerres pour changer complètement de look.

METTRE DES CADRES, DES AFFICHES OU DES APPLIQUES

On vous conseille de le faire à un seul endroit dans votre appartement pour éviter de surcharger le décor. Vous n'êtes pas obligé d'avoir un fil conducteur pour l'ensemble des éléments: jouez avec les volumes, les finis et les types de décoration que vous utilisez. N'hésitez pas à reculer de quelques pas une fois de temps en temps pour voir le résultat final.

UTILISER DES PANIERS, DES BOÎTES ET DES POTS

Lorsqu'on a besoin de plus de rangement pour des objets moins sexy, on peut les mettre dans des boîtes ou dans des paniers. Chaque panier a sa catégorie de choses à l'intérieur:

un pour les couvertures, un pour les télécommandes, un pour les jouets d'enfant. C'est plus facile à retrouver et c'est plus joli.

DÉFAIRE LES ENSEMBLES

On déteste les ensembles. On trouve ça plus beau d'avoir plein de choses disparates, car ça donne plus de vie aux lieux. Un divan, un *love seat* et une chaise Eames n'ont pas à être de la même époque. Et surtout, tout ne doit pas provenir de la même boutique !

NE PAS TOUT DISPOSER DANS LE MÊME SENS

Il est bon de varier la manière dont on range nos livres. Certains sont à la verticale, tandis que d'autres sont empilés à l'horizontale. Et il y a des bibelots, des cadres et des plantes pour changer. On peut faire la même chose dans la cuisine pour le coin conserves, le minibar et les livres de recettes.

NETTOYER

C'est fou comme un petit coup de balayeuse et d'éponge, ça fait toute la différence dans le look final d'un appart ou d'une maison.

POSER DES RIDEAUX

Ça n'a pas besoin d'être *fancy*, mais habiller vos fenêtres change beaucoup le *look* d'une pièce. IKEA a toujours plusieurs options à bas prix. Sinon, les friperies regorgent souvent de vieux rideaux qu'un tour dans la laveuse et un coup de repassage peuvent remettre à neuf !

INSTALLER DE L'ÉCLAIRAGE D'AMBIANCE

Que se soit une guirlande de lumières de Noël sur fil blanc (ça coupe l'effet lumières JUSTE pour Noël), une petite lampe munie d'une ampoule de type veilleuse ou une lampe de table avec un joli abat-jour, une source de lumière plus douce et tamisée donne immédiatement du cachet à une pièce.

PEINDRE VOS MURS EN BLANC (OU EN TRÈS PÂLE)

Peindre son appartement ou sa maison en blanc ou dans une variété de teintes très pâles, ça crée une uniformité entre les pièces et ça facilite la déco. Tout devient un peu interchangeable : cette illustration que vous ne pouvez plus voir dans votre chambre ? Hop, dans le salon ! De plus, des murs blancs mettent en valeur les éléments décoratifs qu'on y accroche et rendent plus facile le mélange des styles de décor.

N'oubliez pas qu'il faut toujours demander au proprio pour faire de plus gros changements, comme peinturer les armoires, les comptoirs ou le plancher. ■

Peindre son appartement ou sa maison en blanc ou dans une variété de teintes très pâles, ça crée une uniformité entre les pièces et ça facilite la déco.

Être manuelle: pratique et gratifiant

PAR CAMILLE PERREAULT

Qu'on le veuille ou non (ou non, surtout), il y a plusieurs préjugés issus du patriarcat (oui, ce mot tabou) qui tiennent encore la route. Bien souvent, ce ne sont même pas des jugements intentionnels, ils sont simplement bien ancrés dans la culture ou l'imaginaire collectif. Meh.

Je vous explique.

Je suis allée à l'école en beaux-arts. J'ai passé beaucoup de temps dans la *shop* de bois et dans celle de métallurgie. J'ai appris plusieurs techniques de travail manuel: je sais manier la scie, le marteau, la torche de soudure, *name it*.

Par contre, j'en savais déjà beaucoup avant d'entrer à l'école. Comme pour ma mère qui m'a initiée à la cuisine dès mon plus jeune âge (autre anecdote savoureuse à découvrir en page 104), mon père m'a impliquée très tôt dans les travaux de rénovation et autres projets autour de la maison (admirez tout de même le paradoxe dans cet exemple qui cherche à démontrer que les filles ne sont pas seulement à leur place dans la cuisine, comme le veut si bien un grand pan d'Internet).

Ce qui fait que j'ai pas mal souvent été «l'homme de la situation» quand venait le temps de réparer ou d'installer des trucs dans mes appartements, chez des amis ou au travail.

Et beaucoup trop souvent, les gens sont étonnés «qu'une fille» sache réparer des choses. Un étonnement teinté de «comment ça, tu sais faire ça?» et de «c'est pas pire pour une fille». Parfois à demi-mot, parfois énoncé très clairement.

Ça me donne toujours envie de crier «COUDONC, EST-CE QUE JE SUIS EN 1950 PIS ON ME L'AVAIT PAS DIT?».

Fin de l'anecdote explicative.

Donc, réparer des choses soi-même et effectuer des travaux manuels, outre la récolte de commentaires rétrogrades, c'est vraiment gratifiant et vous devriez toutes (et tous) vous y mettre.

C'est gratifiant parce que vous voyez devant vos yeux un objet brisé redevenir fonctionnel. C'est gratifiant parce ça vous permet de concrétiser une idée que vous aviez en tête. C'est gratifiant parce que ça procure un immense sentiment de devoir accompli, aussi minime la réparation ou la tâche soit-elle. C'est gratifiant parce que ça renforce votre confiance en vous. *Cue in* à Nicole Sherzinger et sa troupe. *#IDontNeedAMan*.

C'est clair que de s'improviser femme à tout faire du jour au lendemain n'est pas simple, mais avec les bons outils, les bonnes ressources et un peu de motivation, ça reste du domaine du TRÈS possible.

Si un projet manuel semble difficile à réaliser, ne vous découragez pas. Consultez des tutoriels Internet, posez des questions à des gens qui s'y connaissent plus – tout en imposant vos limites et en laissant savoir que vous voulez le faire, pas que quelqu'un le fasse à votre place –, n'ayez pas peur de faire des erreurs (c'est comme ça qu'on apprend!) et prenez votre temps.

Ah, pis faites attention. Parce que comme disait mon père: «Regarde c'que tu fais et essaye de pas te faire partir un *boutte* de doigt!» ■

Les essentiels à avoir dans sa boîte à outils

PAR CAROLANE STRATIS

Mon père nous a laissées dans notre premier appart avec tous les meubles et les boîtes au centre de la pièce. Juste ça et une *drill* Makita entre les mains.

Il était trop tard pour aller acheter des rideaux, alors Josiane et moi avons fait exactement ce que deux jeunes filles font la première soirée dans leur premier appartement : mettre le feu dans le four (nous n'avions pas vu que le manuel d'instructions était dans le four avant de l'allumer). Après avoir géré la situation, nous avons défait nos boîtes et nous nous sommes couchées.

Le lendemain, nous nous rendions au IKEA en métro et en autobus pour revenir de la même façon, les mains chargées de tringles à rideaux et de gogosses inutiles (oh oui ! je parle de toi, support à bouteilles de vin en *stainless steel* !). En moins de temps qu'il n'en faut pour prendre un niveau, nous avons posé tous les trucs tout croche avec un manque de solidité qui allait se révéler au courant de l'année.

J'ai appris une chose cette soirée-là : la *drill* ne fait pas le moine… et encore moins tout le travail !

UN COFFRE À OUTILS DE BASE

- 1 marteau
- 1 niveau
- 1 tournevis à têtes interchangeables
- 1 clé anglaise ajustable

Le marteau est très pratique pour les cadres, le niveau pour mettre les diverses choses (tringles, tablettes, miroirs, cadres) droites et le tournevis est le moyen un peu plus long de faire tenir le tout en place. Ce n'est pas l'idéal, mais ça fait la job.

VERSION DE LUXE

- 1 perceuse
- 1 ensemble d'embouts pour perceuse
- 1 ensemble de tournevis
- 1 ensemble de clés
- Des vis et des clous de tailles variées
- 2 niveaux de grandeurs différentes

En plus d'obtenir une perceuse, qui est l'équivalent du robot culinaire des outils (*aka* une machine qui fait presque tout), la grosse différence est qu'en ayant des outils non ajustables, vous risquez de moins sacrer que quand la tête du tournevis tombe toutes les cinq minutes et que la clé à molette ne s'ajuste pas adéquatement.

Les choses à s'acheter en cas de besoin seulement (quoique très pratiques pour réparer de petites choses si votre proprio est plus rapide pour demander son chèque que pour entretenir les lieux) :

- Du papier sablé
- Des équerres
- Du silicone
- Du *tape* électrique
- Du détartreur de type CLR
- Des éponges magiques M. Net

Avec la liste ci-dessus, vous pouvez faire un entretien de base de votre appartement. Demandez toujours aux commis de la quincaillerie de vous expliquer comment faire et tenez-vous loin des fils électriques s'il vous plaît ! ■

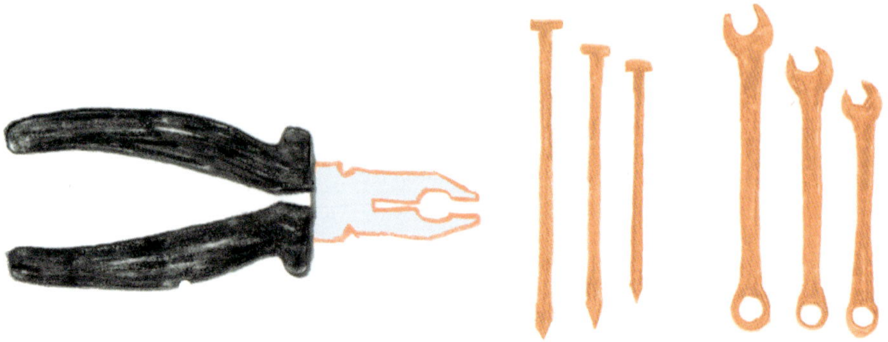

Ton petit guide de construction

Sors ton marteau, ton tournevis, ton niveau et ton équerre

PAR CAMILLE PERREAULT

Maintenant que votre *#PassionMaison* intérieure est sur le bord d'exploser, voici quelques trucs pour que vos énergies créatrices ne deviennent pas destructrices.

Qui n'a jamais vu sa belle tablette fraîchement posée s'arracher du mur avec un pan de plâtre après y avoir déposé quelque chose d'un peu trop lourd ? Han ? Qui ?

Pour vous éviter ce passage obligé, il y a quelques principes de base à respecter.

TOUJOURS BIEN MESURER ET MARQUER AVANT DE COUPER/CLOUER/VISSER/PERCER

Ça peut sembler évident, mais c'est souvent l'étape que je fais à la va-vite, ce que je regrette amèrement. *Patcher* des trous dans un mur parce que t'as installé l'ancrage d'un miroir à côté de la poutre, *aka* un *beam*, c'est chiant.

C'est important, peu importe le type de travail à accomplir, de bien mesurer et marquer au préalable. Un ruban à mesurer et un niveau sont le minimum à utiliser. Une équerre vous assurera des angles parfaits et si vous n'arrivez pas à trouver où sont les poutres dans vos murs, un outil de type détecteur de montant est pratique.

Gardez en tête que toutes les chevilles de ce monde ne seront jamais aussi solides qu'un clou ou une vis qui s'arrime à une poutre.

CHOISIR L'ANCRAGE OU L'ALLIAGE APPROPRIÉ : COLLE À BOIS, CLOU OU VIS ?

Pour accrocher au mur

Si vous voulez simplement installer un cadre léger, un clou incliné vers le haut devrait suffire ; pas besoin de trouver une poutre pour ça. Si vous voulez installer un cadre plus lourd ou un miroir, utilisez un ancrage et un clou et installez idéalement votre ancrage dans une poutre.

Pour construire

Si vous voulez construire un meuble ou assembler des morceaux de bois, rien ne bat la solidité du duo vis et colle à bois. Pour la finition, comme une applique sur un meuble, un peu de colle à bois et des petits clous de finition sont ce dont vous avez besoin. Si vous voulez simplement poser une moulure sur un mur ou un plafond, allez-y avec les petits clous seulement !

Pour installer

Pour installer des équerres pour une tablette, par exemple, utilisez toujours des vis. Assurez-vous d'en prendre d'assez longues pour qu'elles puissent bien mordre dans les poutres à l'intérieur de vos murs. Pour vous assurer que la tablette reste bien en place, fixez-la aux angles avec de petites vis.

AVOIR TOUS LES OUTILS ET MATÉRIAUX NÉCESSAIRES À PORTÉE DE MAIN

C'est vraiment simple. Vous ne voulez juste pas vous retrouver en équilibre un peu précaire sur un banc, tenant à bout portant une tablette à visser au mur, sans tournevis parce qu'il est encore dans son coffre sous l'évier de la cuisine.

RESPECTER SES LIMITES

Si vous n'arrivez pas à faire quelque chose, ce n'est pas grave. Si vous sentez que c'est trop lourd, trop haut, trop toutte, prenez une pause. Oui, c'est vraiment *awesome* de faire des choses par soi-même, sans aide, MAIS le but n'est pas de se blesser.

Ce qui m'amène au dernier point.

DANS LE DOUTE, DEMANDER À YOUTUBE

Si vous essayez de faire un quelconque travail manuel, je vous garantis qu'il y a une vidéo de quelqu'un qui vous montre comment faire sur Internet. Promis.

Si après une petite recherche vous n'y voyez toujours pas clair, n'hésitez pas à demander de l'aide à un ami ou une amie, votre mère, votre père, votre tante ou au monsieur qui vend des tournevis à la quincaillerie. Comme je l'ai déjà mentionné, dites clairement que vous cherchez des conseils et non quelqu'un pour faire le travail à votre place !

Pis faites-vous confiance, c'est ça la clé ! ■

Petits trucs pour peinturer son appart

comme un peintre en bâtiment (ou presque!)

PAR CAROLANE STRATIS

J'ai emménagé avec mon copain dans l'appartement qu'il occupait depuis quatre ans avec des colocataires pas trop regardants. Disons simplement que j'ai eu du travail à faire pour rendre la place à mon goût. En une semaine, l'appartement avait complètement changé de couleur.

LA PEINTURE

La première chose à laquelle il faut penser quand arrive le temps de déménager dans un appartement un peu dégueu, c'est la peinture.

Couleur

L'idéal, c'est d'y aller avec des couleurs neutres et froides si vos plafonds ne sont pas hauts.

J'aime beaucoup les bleus très pâles. Les couleurs lavées sont parfaites pour agrandir les pièces et faire entrer la lumière. J'en mets partout, de ma chambre complètement blanche à ma petite cuisine.

Les couleurs plus foncées sont souvent attirantes, parce qu'elles ajoutent un effet un peu plus dramatique. J'ai une tendance à vraiment trop aimer les gris souris, mais je les utilise maintenant avec parcimonie. J'ai déjà fait l'erreur de peindre un appartement au complet dans ces teintes et j'avais l'impression qu'il n'y avait jamais de lumière.

Je prends toujours une teinte plus pâle que la couleur que j'ai en tête. Comme ça, ce n'est jamais trop *flash* ou trop foncé quand ça sèche et je ne fais pas le saut!

Fini

Dans les vieux appartements, c'est mieux de prendre de la peinture au fini mat pour éviter de faire ressortir les défauts des murs.

Pour les portes, si vous avez un peu plus de sous, prenez un fini plus lustré. C'est plus facile à laver.

Si vous achetez une couleur plus vibrante et que vous avez peur que l'effet soit trop intense, choisissez un fini mat ou velouté.

ÉTAPES

1. Je vous conseille de laver les murs avant d'y appliquer quoi que ce soit. Ça va éviter pas mal de problèmes plus tard.

2. Vous pouvez remplir les trous de plâtre et les sabler par la suite. Ça a l'air plus compliqué que ce ne l'est réellement et ça fait une grosse différence sur le résultat final.

3. Enlevez les plinthes électriques (en coupant le courant pendant que vous le faites). Ça prend cinq minutes de plus, mais c'est vraiment plus facile et beau que si vous mettez du papier à masquer autour.

4. Couvrez ce que vous ne voulez pas peinturer: meubles, planchers, moulures.

5. Si la couleur des murs était foncée, mettez au moins une couche d'apprêt. C'est très utile pour éviter d'appliquer mille couches de peinture.

6. Appliquez au moins deux couches de peinture. Assurez-vous que la couche précédente est complètement sèche avant d'en appliquer une nouvelle.

PETIT TRUC

Peinturez toujours le plafond avant les murs pour éviter les petites taches causées par les éclaboussures! ■

Les facteurs à considérer avant d'adopter un animal

PAR AUDREY BUJOLD

Pour la majorité des gens, c'est tellement tentant d'avoir un animal de compagnie ! Que celui qui n'a pas déjà eu à se retenir en voyant des petits chiots à vendre me jette la première pierre. Pourtant, l'adoption d'un animal ne devrait pas se faire sur un coup de tête, au risque de se retrouver aussi malheureux que son compagnon. Voici une liste des facteurs de base à considérer lorsque vous voulez trouver un compagnon à poils, à plumes ou à écailles.

1. L'ARGENT

Lorsqu'il est question d'argent, il faut penser à long terme. On ne parle pas seulement ici de frais d'adoption et de l'essentiel qu'il faut se procurer pour accueillir un chat ou un chien à la maison. Il faut aussi penser aux visites vétérinaires annuelles, aux vaccins, aux vermifuges, etc. Il faut aussi que vous soyez prêt à faire face aux urgences médicales et aux problèmes de santé que l'animal risque de vivre dans sa vieillesse, selon sa race (par exemple la dysplasie de la hanche chez les chiens de grande taille).

Puisque j'aime mieux être trop préparée que pas assez, je me suis abonnée à un régime d'assurance-maladie pour les animaux. Je peux choisir le montant que je veux payer par mois et conséquemment, le montant qui me sera remboursé si je dois aller chez le vétérinaire d'urgence. Je le conseille à tous les proprios d'animaux, surtout ceux qui ont des animaux d'une race plus fragile ou encline aux maladies génétiques.

2. LE TEMPS ET LE STYLE DE VIE

Avant d'adopter un animal, assurez-vous de faire vos recherches afin de choisir celui dont les besoins d'attention et d'énergie correspondent à votre style de vie. Ne craquez pas pour un chien qui a besoin de plusieurs heures d'exercices vigoureux si vous êtes plutôt du style sédentaire. Ne vous engagez pas à élever un chiot si vous n'avez pas d'expérience avec les animaux ou encore si vous avez une vie sociale et professionnelle occupée, car un chiot demande presque autant d'attention qu'un bébé humain !
Si vous voyagez souvent, soyez conscient que vous devrez mettre de l'argent de côté pour placer votre animal en pension ou encore trouver quelqu'un dans votre entourage qui sera prêt à en prendre soin pendant votre absence. Si ce n'est pas le cas, peut-être vaudrait-il mieux attendre d'avoir un style de vie plus stable avant d'adopter.

3. LE SOUTIEN DE LA FAMILLE ET DES PROCHES

Est-ce que tous les membres de la famille sont d'accord pour adopter l'animal ? Si vous avez de jeunes enfants, avez-vous choisi un animal qui pourra interagir de façon sécuritaire (sous supervision) avec eux ? Si vous adoptez avec votre conjoint ou conjointe, qui gardera l'animal en cas de séparation ? Que lui arrivera-t-il en cas de décès ? Ce ne sont pas toutes des questions agréables, mais il faut y réfléchir afin d'être prêt à toute éventualité.

4. L'ENDROIT OÙ VOUS HABITEZ

Il est aussi important d'adopter un animal qui sera bien adapté au type d'endroit où vous habitez. Si vous vivez dans un appartement avec des murs « en carton », peut être qu'un chat serait un choix plus éclairé qu'un chien qui hurle à la lune chaque fois que vous partez pour le travail. Le même type de réflexion s'impose pour les gens qui vivent au dernier étage d'un immeuble sans cour et qui songeraient à adopter un gros bouvier bernois. De plus, pour éviter les conflits et les mauvaises surprises, je conseille à tous les locataires de s'entendre d'avance avec leur propriétaire sur le nombre et le type d'animaux permis et de coucher cette entente par écrit dans le bail. Finalement, informez-vous aussi des règlements de votre arrondissement concernant le nombre d'animaux permis ainsi que les races tolérées. Malheureusement, certaines races de chiens sont interdites à plusieurs endroits et vous pourriez vous voir obligé de vous départir de votre animal si vous ne vous êtes pas informé convenablement au préalable.

5. LA PROVENANCE DE L'ANIMAL

Ça y est, vous êtes prêt à adopter un animal. Vous avez fait vos recherches, vous êtes allé chez Mondou, il ne vous manque plus que le compagnon en question. Avez-vous déjà pensé que votre nouvel ami pour la vie se trouve peut-être dans le refuge le plus près de chez vous ? Adopter en refuge, c'est avantageux pour l'animal auquel vous donnez une deuxième chance, mais aussi pour votre portefeuille et pour la société ! ■

LES AVANTAGES D'ADOPTER UN ANIMAL EN REFUGE

1. Vous aidez à contrer la surpopulation animale

Une seule chatte peut produire une centaine de descendants dans sa vie, qui auront à leur tour autant de petits s'ils sont laissés à eux-mêmes. En adoptant dans un refuge, où les animaux sont habituellement stérilisés avant leur départ, vous éviterez donc la naissance potentielle de milliers d'animaux. La stérilisation est la seule méthode de contraception animale efficace à 100 % et elle est primordiale, puisque le Québec vit présentement un problème de surpopulation animale, surtout du côté des chats. Et plus il y a de chats qui se retrouvent dans des refuges bondés, plus le nombre d'euthanasies est élevé.

2. Vous sauvez des vies

Lorsque vous adoptez votre nouveau compagnon dans un refuge, vous lui donnez une deuxième chance de vivre une existence heureuse dans une famille aimante, mais vous sauvez aussi la vie de l'animal qui prendra sa place dans la cage.

3. Vous économisez

Dans la plupart des refuges, l'animal est stérilisé, vermifugé, vacciné et micropucé avant de partir avec son nouveau maître, et les coûts de ces traitements sont inclus dans les frais d'adoption. Le refuge ne demande donc pas le paiement de ces frais pour faire un profit.

4. Vous dites non aux usines à chiots et à chats

Pour certains individus malhonnêtes, l'anonymat d'Internet est une façon de cacher des pratiques d'élevage douteuses. Il est facile pour quiconque de prendre une photo de mignons petits chiots quand, en réalité, les parents de ces chiots vivent dans un environnement insalubre et ne voient jamais la lumière du jour. Un acheteur bien intentionné peut donc facilement croire qu'il se procure son animal chez un éleveur de confiance, alors qu'il encourage sans le savoir une usine à chiots. Lorsque vous choisissez l'adoption, vous diminuez la demande pour les animaux provenant d'éleveurs de fond de cour et contribuez à enrayer la maltraitance animale, car lorsque la demande baisse, l'offre s'ajuste en conséquence.

Êtes-vous convaincu ? Allez sur le site *petfinder.com* pour découvrir les refuges dans votre quartier !

5

TON PETIT LOOK
Guide pour une vie adulte (genre) épanouie

LE CASH : VENEZ ICI, IL FAUT QU'ON SE PARLE

« A dolla makes me holla. »

— Honey Boo Boo (*« L'argent me fait crier de bonheur. »*)

Petit guide pour faire son budget

PAR MARIE-EVE JARRY

Comme moi, vous avez sûrement eu un petit goût amer dans la bouche quand vous avez entendu le mot *budget* pour la première fois. Pourtant, dresser votre budget pourrait vous aider sur plusieurs plans : voir plus clair dans vos finances, savoir si oui ou non vous pourriez vous acheter une maison, ou simplement pouvoir vous gâter en ayant l'esprit en paix. *#ObjectifsDeVie*.

QU'EST-CE QU'UN BUDGET ?

Un budget est un fichier électronique, souvent Excel, où vous tenez à jour vos intrants (revenus) et vos extrants (dépenses). Il en résulte le montant d'argent restant une fois les dépenses nécessaires payées : le fameux p'tit lousse !

POURQUOI FAIRE SON BUDGET ?

Le but d'un budget est avant tout de dresser l'état de ses finances pour savoir où on en est, et où on s'en va. Ça vous permet de comprendre où passe votre argent – c'est étonnant parfois comme on sous-estime nos dépenses ! – et de savoir si oui ou non vous pouvez vous permettre le nouveau iPhone (genre). Aussi, ça aide à planifier combien mettre de côté pour acheter une maison, changer de voiture, retourner à l'école…

Pour l'avoir fait, je peux vous assurer que ça a aussi quelque chose de rassurant quand il faut faire face à des obligations. Parce que l'attitude YOLO, ça fait son temps assez vite.

COMMENT ÇA FONCTIONNE ?

Vous commencez par entrer vos revenus. Ensuite, vous entrez vos dépenses, *aka* n'importe quoi qui exige que vous sortiez des sous de votre poche. Même votre *latte* pris au café du coin, tous les dimanches matin, doit être comptabilisé !

LES QUATRE GRANDS TYPES DE DÉPENSES :

1. Dépenses hebdomadaires
Épicerie, pharmacie, essence, restos, cinémas, etc.

2. Dépenses mensuelles
Loyer, Hydro, assurances*, transport en commun ou voiture, cellulaire, câble, Internet, etc.

3. Dépenses annuelles (ça peut se diviser en deux catégories)

- Dépenses *nice* : vêtements, vacances, meubles...
- Dépenses poches : permis de conduire, immatriculation, visites de l'auto au garage (changements de pneus, changements d'huile, réparations diverses).

4. Épargne et placements
Le montant que vous placerez chaque [insérer l'intervalle de votre choix ici] pour atteindre un objectif de votre choix.

Si vous vous demandez où votre argent passe, vous allez avoir une bonne idée après quatre mois ! Et pourquoi quatre mois ? À cause des imprévus qui pourraient débalancer un mois et rendre vos calculs non représentatifs d'un mois normal : visite au garage, fin de semaine chez des amis, anniversaires, etc.

Notez bien que, d'un autre côté, quand on commence à payer ses propres trucs, on se rend compte qu'un mois sans dépense surprise, c'est comme l'autre dans l'expression « comme dirait l'autre » : on en a entendu parler, mais personne ne l'a jamais vu.

MES CHIFFRES NE FONCTIONNENT PAS, POURQUOI ?

Vous avez entré vos données des derniers mois et selon votre budget, vous devriez avoir 300 $ de lousse, mais vous finissez toujours par manger des cannes de Paris Pâté et des nouilles ramen rendu au 22 du mois. Pourquoi ?

- Vous vous basez sur des données approximatives.
- Votre feuille de calcul est incomplète, il manque des catégories de dépenses.
- Vous n'y inscrivez pas TOUTES vos dépenses (OUI OUI, même le *latte* !).
- Vous payez avec de l'argent comptant, ce qui vous fait perdre le fil de vos dépenses.
- Vous n'avez pas de plan d'épargne pour vos projets.

Plan d'épargne, quessé ça ? C'est tout simplement de déterminer combien d'argent par semaine ou par mois vous mettrez de côté, peu importe ce que vous voulez faire avec. Comment est-ce qu'on fait ça ? Ça peut être en programmant des versements automatiques de votre compte courant au compte épargne sur votre banque en ligne. Ça peut être avec un CELI (compte d'épargne libre d'impôt). Ça peut même être en retirant un montant comptant à chaque paie et en le mettant dans un pot marqué « interdit d'y toucher ». Il y a une multitude de moyens !

UNE FOIS LE BUDGET ÉTABLI, QU'EST-CE QU'ON FAIT ?

Vos dépenses égalent vos revenus ?
Yé ! Maintenant, essayez de réduire certaines dépenses en magasinant les aubaines à l'épicerie ou en achetant vos vêtements en solde. Vous pourriez aussi libérer votre appart pour habiter dans votre voiture, mais c'est un peu extrême comme moyen, je trouve.

Votre budget est déficitaire ?
Deux avantages : vous comprenez maintenant que vous êtes une personne honnête puisque vous disiez vrai quand vous vous plaigniez d'être dans le trou MAIS, comme votre budget est déjà fait, c'est un pas dans la bonne direction. Prenez des mesures pour diminuer vos dépenses : par exemple, organisez des soirées *potluck* chez vous plutôt que d'aller au resto, puis au bar, puis au McDo... en taxi.

Votre budget est excédentaire ?
YÉ ! À vous de décider ce que vous voulez faire avec cet argent. LE MONDE EST À VOUS.

Faire un budget, ça demande juste de l'assiduité, un trois heures à sacrifier pour construire votre grille Excel et inscrire les montants que vous avez déjà en main. Ensuite, c'est une question de secondes pour inscrire les dépenses au jour le jour. Faites-le et vous verrez qu'avoir l'esprit tranquille sur le plan financier, ça fait un bien fou. ■

---

* Vous n'avez pas d'assurance habitation ?! GROSSIÈRE ERREUR ! Sérieux, vous devez absolument en avoir une. En plus, ça ne coûte pas cher, environ 20 $ par mois. Ça peut surtout vous éviter des gros problèmes en cas d'incidents et c'est franchement moins cher que de tout devoir racheter (pensez au prix de vos vêtements, de votre ordinateur, de votre téléphone intelligent et de vos gros meubles).

Autonome malgré soi

PAR ANNIE NONYME

Avoir des parents irresponsables sur les bords, qu'on le veuille ou non, ça pousse à devenir adulte. Parfois plus rapidement que prévu.

À douze ans, avec mon salaire de gardienne à 2 ou 3 $ de l'heure, j'achetais mes vêtements. Pas mal tous mes vêtements.

À seize ans, j'ai aussi commencé à faire mes propres petites épiceries hebdomadaires, même si j'habitais encore chez mes parents. À vrai dire, j'avais souvent l'impression d'habiter avec deux colocs.

Quand, après une première session au cégep, mes parents m'ont annoncé que je leur devais de l'argent, je suis un peu restée l'air bête. Mon air bête s'est aggravé quand ils m'ont calmement expliqué qu'ils me réclamaient l'argent dépensé pour mes droits de scolarité et mon matériel scolaire. Logique, voyons ! Entre le début de mes cours et leur bulle au cerveau, ils avaient simplement décidé que la vie était trop courte et estimé qu'il valait mieux investir leur argent dans leurs loisirs plutôt que dans les études de leur fille. Simple de même. Donc deux motos plus tard, je remboursais mes parents et je me préparais à avoir deux boulots pour la durée de mes études.

À quelques reprises, j'ai aussi dû payer des factures d'Hydro, parce que mes parents avaient un train de vie qui dépassait leurs moyens. Quelque chose d'important comme l'électricité, ce n'était apparemment pas une priorité à leurs yeux. De toute façon, en cas de besoin, ils savaient bien que leur fille unique leur servirait de filet de sécurité. Normal, non ?

C'est toujours un peu bizarre d'avoir l'impression d'être plus responsable que ses propres parents. Je me souviens que même après leur séparation, j'ai ressenti le besoin de rappeler mon père à l'ordre quant à ses finances. Mais hey, qui suis-je pour oser donner des conseils à mon père moi, la jeune adulte qui n'a encore rien vécu ?

Avec du recul, puisque j'essaie toujours de voir le positif dans tout, j'imagine que je pourrais les remercier de m'avoir involontairement responsabilisée en ce qui a trait à l'argent. Parce que même si ce n'était pas planifié, c'est pas mal grâce à mes parents que j'ai appris à m'occuper de mes finances. Par peur de devenir comme eux et de reproduire leurs *patterns*. J'ai même pris des REEE pour mes enfants dès leur naissance. Parce que j'ai bien l'intention de pouvoir les soutenir financièrement lorsqu'ils décideront de faire des études postsecondaires. En espérant que les bulles au cerveau ne sont pas génétiques. ■

C'est toujours un peu bizarre d'avoir l'impression d'être plus responsable que ses propres parents.

Comment gérer ses dettes

PAR JOSIANE STRATIS

Donc, vous n'avez pas été super *tight* avec vos finances et vous vous rendez compte que vous avez des dettes. Il faut régler ça tout de suite. Sinon, ça va être pire. Des dettes, ça ne disparaît jamais par magie, c'est stressant pis ça a de l'impact sur votre capacité d'emprunt.

1. BILAN

Vous devez combien ? À qui ? Qu'est-ce qui est le plus urgent ?

2. PLAN DE PAIEMENT

Est-ce que vous pouvez avoir un plan de paiement ? Pour certaines dettes, vous pouvez en choisir un qui va vous convenir. C'est le cas d'Hydro, des *tickets* de la ville et d'une marge de crédit. C'est une façon un peu moins lourde de régler une dette.

3. CONSOLIDATION

Est-ce que vous pouvez consolider vos dettes ? Ça a l'air intense dit comme ça, mais si vous devez des milliers de dollars un peu partout, c'est peut-être plus facile de faire consolider vos dettes et de faire un seul paiement par mois pour les régler.

4. SERRAGE DE CEINTURE

Vous êtes en train de payer vos dettes ? C'est le moment parfait pour faire le bilan de vos dépenses. Qu'est-ce qui est nécessaire et qu'est-ce qui ne l'est pas ? C'est aussi le temps de couper dans les activités qui coûtent cher.

5. DEUXIÈME JOB

Si vous vivez des moments difficiles côté finances, vous pouvez toujours vous trouver une job à temps partiel le temps d'aller mieux. C'est sûr que ce n'est pas le *fun* et que vous allez avoir moins de temps libre, mais vous n'avez pas de sous pour faire des activités *anyway* !

6. CONTINUER DE BIEN MANGER

C'est vraiment important de bien manger même quand on n'a pas beaucoup de sous. On vous donne des trucs dans la section cuisine (p. 102). Pensez à tous les groupes alimentaires et à la bouffe faite en grosse quantité que vous pouvez congeler. Manger, c'est le carburant de votre corps. C'est vraiment important.

Durant tout le processus, il faut essayer de respirer un peu. C'est important d'analyser pourquoi vous avez des dettes comme ça et d'éviter le plus possible de retomber dans ce *pattern*-là. Quand on vit une épreuve, il faut réussir à apprendre de celle-ci. C'est le secret de la vie ! Ha. ■

Des affaires à savoir pour pas se faire avoir

PAR ANNE-SOPHIE BORDELEAU

Personnellement, les injustices m'ont toujours tapé sur les nerfs. Souvent, c'est dans les situations qui concernent le droit de la consommation que mon exaspération est à son comble, puisque c'est le domaine qui nous affecte le plus dans la vie de tous les jours.

C'est d'ailleurs pour cette raison que le Québec a décidé d'adopter la Loi sur la protection du consommateur (ci-après LPC), qui vise à remédier aux inégalités dans le domaine de la consommation. Cette loi s'applique donc au consommateur qui achète un bien ou un service pour son usage personnel à un commerçant. Notez par contre que les artisans, les professionnels qui exercent seuls leur profession et les agriculteurs ne sont pas considérés comme des commerçants, et la LPC ne s'applique donc pas à eux. Dès que la LPC s'applique, plusieurs protections sont prévues afin d'aider le consommateur à faire valoir ses droits plus facilement. C'est par exemple le cas de la garantie légale qui s'applique lors de l'achat d'un bien. Il s'agit d'une garantie prévue DANS LA LOI qui est AUTOMATIQUE et GRATUITE pour le consommateur.

Notamment, cette protection de la LPC prévoit une garantie de qualité assurant que le bien que vous achetez doit pouvoir servir à l'usage « normal » auquel il est destiné, c'est-à-dire qu'il doit fonctionner. Par exemple, si vous achetez une machine à café, elle doit pouvoir faire du café, sinon elle ne sert pas à l'usage auquel elle est normalement destinée.

Cette protection amène également une garantie de durabilité, ce qui veut dire que le bien doit pouvoir servir pendant une durée raisonnable compte tenu du prix payé, des clauses du contrat et des conditions d'utilisation. Cela dit, comme la loi ne précise pas la durée de vie normale de chaque bien, cette durée raisonnable est déterminée selon plusieurs facteurs et chaque situation sera différente. Pour vous donner des exemples, selon Éducaloi, des décisions montrent que les tribunaux ont considéré comme déraisonnable qu'un réfrigérateur ne dure que deux ans, qu'une télévision à écran plasma valant 2999 $ ne dure que trois ans et qu'une laveuse à culbutage de 950 $ ne fonctionne que pendant cinq ans.

Par ailleurs, selon la loi, avant d'offrir au consommateur une garantie supplémentaire sur un bien (comme une garantie prolongée), le commerçant à qui s'applique la LPC doit toujours informer le consommateur verbalement et par écrit qu'il est déjà protégé par la garantie légale.

Cela étant dit, le site *educaloi.qc.ca* constitue un incontournable lorsque vous vous posez des questions par rapport à vos droits dans la vie de tous les jours, que ce soit pour le logement, la consommation ou tout autre domaine. Leur équipe accomplit un travail indispensable pour l'accès à l'information juridique, en vulgarisant de manière vraiment accessible le droit qui s'applique à tout le monde. ■

Comment utiliser une carte de crédit intelligemment... ou presque!

PAR CAROLANE STRATIS

J'ai l'impression que la plupart des gens de mon entourage gèrent mal leur carte de crédit. J'ai longtemps été de ce genre aussi, jusqu'à ce que je voie ma cote de crédit. Ça fait au moins trois ans que je ne dépasse plus ma limite et que je fais en sorte que la journée où je vais vouloir m'acheter une maison, je n'aurai pas l'air de la pire irresponsable. Champagne!

Cette partie du livre pourrait aisément s'arrêter à ce conseil: le mieux, c'est de ne pas avoir de carte de crédit. Sauf qu'il existe des avantages à avoir une carte de crédit dans la vie, surtout si elle est utilisée de façon intelligente! Ça peut servir à payer pour des imprévus, à acheter des choses sur Internet, à louer une voiture à l'étranger, à avoir des assurances pour les voyages de courte durée ou à payer son épicerie entre deux chèques. Surtout, ça sert à vous forger une cote de crédit si un jour vous voulez acheter de quoi de gros comme une maison.

Cependant, si vous ne faites pas attention, mal gérer sa ou ses cartes de crédit, ça peut faire très mal à votre cote de crédit. Ça peut aller jusqu'à multiplier par deux ou trois le prix des choses que vous avez achetées. En gros, vous risquez de vous endetter, de faire faillite et de subir les conséquences de vos actes pendant très longtemps.

VOICI QUELQUES TRUCS POUR VOUS AIDER À UTILISER VOTRE CARTE DE LA BONNE FAÇON

- Vous faire un budget: pour vous éviter de dépenser plus d'argent que vous en avez (voir p. 88).
- Payer votre solde au complet, tous les mois: *obviously*, c'est l'idéal.
- Acheter avec de l'argent comptant: sinon, de plus en plus de boutiques en ligne offrent l'option de payer avec PayPal et un jour, Interac sera (enfin) aussi dispo.
- Avoir juste une carte de crédit: essayez de vous en tenir à une carte et faites attention aux boutiques qui offrent de payer plus tard, car c'est souvent une autre manière de dire pour avoir une carte de crédit du magasin. Préférez les marges de crédit, qui offrent habituellement un meilleur taux d'intérêt.
- Faire attention à ne pas dépasser la limite de la carte: si c'est le cas, payez le tout le plus rapidement possible.
- Magasiner votre carte: trouvez celle avec le moins de frais et le plus d'avantages (ex.: une assurance voyage).
- Payer au moins le minimum avant la date limite: ça va vous éviter d'entacher votre dossier.
- Si vous avez un très mauvais crédit: informez-vous sur les cartes de crédit avec un montant sécurisé. Certaines restrictions s'appliquent, comme dirait l'autre.
- Avant de faire augmenter votre limite de crédit: allez voir un outil de calcul de remboursement pour vous donner une idée de combien de temps ça prendrait pour rembourser le tout (ça fait peur) si vous payez seulement le minimum ■

6

TON PETIT LOOK
Guide pour une vie adulte (genre) épanouie

CUISINER, C'EST SIMPLE DE MÊME

« People who love to eat are always the best people. »

— Julia Child (*« Ceux qui aiment manger sont toujours les meilleures personnes. »*)

Faire sa première épicerie

Comment construire son garde-manger

PAR CAROLANE STRATIS

Quand je suis partie en appartement, la première épicerie que j'ai faite était ridicule. J'avais dépensé plus de 300 $ pour ne me retrouver avec rien d'utile. C'est typique de la jeune adulte qui peut ENFIN faire des choix sans toutefois être capable de planifier ses achats. La liste que j'ai élaborée ici m'aurait été bien utile. Coudonc, j'étais où dans ce temps-là?

En passant, la liste est exhaustive et elle est pensée pour quelqu'un qui n'a pas de restriction alimentaire. Vous pouvez aisément ne pas acheter ce que je vous dis. Je ne vous chicanerai pas!

GARDE-MANGER

- Farine
- Sucre
- Poudre à pâte
- Bicarbonate de soude
- Pâtes diverses (spaghetti, macaroni, orzo, etc.)
- Riz
- Semoule de blé
- Lentilles
- Flocons d'avoine
- Cannes de tomates (en dés, entières et en purée)
- Bouillon de poulet, bœuf, légumes en poudre
- Cannes de thon
- Beurre d'arachide
- Huile d'olive
- Huile de canola
- Vinaigre blanc
- Vinaigre balsamique
- Sauce soya
- Miel
- Noix, amandes, arachides

RÉFRIGÉRATEUR

- Beurre ou margarine
- Lait
- Œufs
- Bicarbonate de soude (pas pour manger, pour les odeurs)
- Mayonnaise
- Moutarde de Dijon
- Ketchup
- Confiture
- Sirop d'érable

ÉPICES

- Sel
- Poivre
- Cannelle
- Vanille (essence ou en poudre)
- Curcuma
- Paprika
- Cumin
- Basilic
- Origan
- Aneth
- Romarin
- Thym
- Ail en poudre
- Oignon en poudre
- Coriandre
- Curry
- Gingembre

CONGÉLATEUR

- Petits pois
- Épinards
- Maïs
- Fèves edamame
- Petits fruits

Après, il vous reste à acheter les légumes frais (mes préfs': tomates, concombres, laitues, patates, oignons, céleris, ail) et les protéines de votre choix (viande rouge, viande blanche, tofu, poisson, tempeh). ■

Pourquoi se faire à manger à la maison

La recette ultime pour s'y mettre

PAR CAMILLE PERREAULT

La réponse à cette question est vraiment simple, et franchement un peu plate : parce que ça coûte moins cher. En plus, cuisiner vos repas et vos collations, ça vous permet de vous assurer de la qualité de ce que vous mangez et de vous simplifier la vie si vous avez des restrictions ou des allergies alimentaires.

Encore là, rien de vraiment excitant. Mais revenons à la question budgétaire. Si vous vous payez un lunch au restaurant chaque midi pendant une semaine, c'est 50 à 70 $ de votre budget hebdomadaire qui vient d'y passer. Ça, c'est plus qu'en masse pour tous vos repas de la semaine. *Need I say more?*

Maintenant, il faut savoir quoi acheter avec cet argent-là. Et ensuite, il faut savoir quoi faire avec. Parce que j'ai le cœur sur la main, je vous propose une recette qui peut être variée de PLEIN de façons.

SALADE REPAS DE BASE *AWESOME* DE CAMILLE

Pourquoi cette salade est *awesome* ? Parce qu'elle est simple, rapide et efficace. Parce qu'elle est bonne et nourrissante. Parce qu'elle se mange chaude ou froide. Parce que si vous la faites sans viande, elle se conserve longtemps au réfrigérateur. *How about a win-win-win ?*

INGRÉDIENTS

- 1 CÉRÉALE (riz, couscous, orge ou quinoa)
- 1 PROTÉINE (légumineuses, cubes de tofu, restes de poulet/bœuf/porc, noix ou graines de chanvre/tournesol, etc.)
- LÉGUMES CRUS – allez-y avec ce que vous avez sous la main (j'aime aussi utiliser le maïs en grains dans cette recette)
- AIL, SEL ET POIVRE (*aka* les assaisonnements de base pour réussir cette recette)
- HUILE D'OLIVE (ou végétale) et VINAIGRE OU JUS DE CITRON

Pour les quantités et proportions, allez-y à l'œil, c'est ce que je fais toujours ! Si vous en faites trop, vous aurez des lunchs de prêts ! Yay !

INGRÉDIENTS BONUS

- LEVURE ALIMENTAIRE (Si votre recette manque de protéines, ajouter de la levure alimentaire à la fin de la cuisson de votre céréale est une bonne idée. En plus, ça donne un bon goût qui rappelle un peu celui du bouillon de poulet.)
- FROMAGE
- ÉPICES VARIÉES (pour donner une *vibe* exotique à votre salade)

Exemple 1

Aujourd'hui, je *feel* pour de la nourriture d'inspiration mexicaine. Je me fais cuire une tasse de riz brun. En fin de cuisson j'y ajoute un peu de levure alimentaire. Je choisis comme légumes du maïs en grains, du concombre et des tomates. Pour les protéines, j'opterai pour des fèves rouges ou noires. J'ajoute de la coriandre fraîche et, en plus du sel, du poivre et de l'ail, je mets un peu de cumin. Un bon filet d'huile d'olive et un peu de jus de citron ou de vinaigre et c'est dans la poche. Et vraiment délicieux.

Exemple 2

Aujourd'hui, j'ai plutôt envie de manger du méditerranéen. La cuisine, je parle. J'y vais donc pour la combinaison couscous, beaucoup d'ail, huile d'olive, citron, concombre, feta, tomates, poivrons, olives et oignons. J'y ajoute des morceaux de poulet ou des pois chiches pour mes protéines. Simple comme ça.

Bref, les variations de salade sont vraiment une bonne piste à explorer si la cuisine ce n'est pas votre tasse de thé. Le truc, c'est de ne pas avoir peur d'essayer de nouvelles combinaisons d'aliments et d'épices, il faut simplement se demander avant tout si la combinaison de saveurs a du sens. Je ne suis peut-être pas Martha ou Ricardo, mais jusqu'à maintenant, avec mes multiples essais, si un mélange sent bon, c'est qu'il a bon goût !

#AllTheLunch #AllTheEconomies. ■

Quoi avoir au minimum dans sa cuisine

PAR CAROLANE STRATIS

Avant, le truc qui fait juste zester les citrons bio dans le sens des aiguilles d'une montre (ça existe pas pour vrai), c'était pour moi. J'ai rempli mes armoires de cuisine de bébelles. Sauf que j'ai vécu deux expériences qui ont complètement changé ma vision des choses.

Premièrement, j'ai eu un copain qui avait la plus petite cuisine du monde dans un appartement gros comme mon garde-robe. Il n'avait pas vraiment besoin d'ustensiles de cuisine et il vivait très bien avec un couteau et un chaudron. Étonnamment, il pouvait faire beaucoup de nourriture dans son seul contenant, passant du rond de poêle au four en un tour de main. Le tout était servi dans l'un de ses deux bols. La classe!

Deuxièmement, j'ai fait un échange étudiant en France et j'ai fait le drôle de choix d'apporter plus de vêtements que de trucs pour me faire à manger. Nous étions un groupe de cinq filles à nous partager un genre de couteau suisse avec un couteau et une fourchette, un chaudron et un poêle. Il n'y avait pas de four.

Tout se peut. C'est drôle comme l'humain peut s'adapter à (presque) toutes les situations.

Tout de même, si vous voulez un tout petit peu laisser aller votre instinct culinaire, il faut quelques outils de base que voici :

UNE GRANDE POÊLE

Pour faire cuire la viande, le tofu, les crêpes, etc. La surface est plus grande qu'un chaudron et réduira le temps de cuisson.

UN CHAUDRON

Quoiqu'il existe des recettes pour faire des pâtes minute dans une poêle, un chaudron est pratique pour faire bouillir des aliments, réaliser des sauces, cuisiner une soupe ou se patenter un bain-marie.

UN BON COUTEAU DE CHEF ET UN AUTRE POUR LE PAIN

Je suis de celles qui ont une peur maladive de voir une personne se couper un doigt en cuisinant, mais c'est plus facile de travailler avec un couteau quand celui-ci est bien affûté. Le couteau à pain est super pour ne pas servir des morceaux de baguette écrasés ou pour couper un gâteau. Tenez toujours les aliments avec les doigts repliés vers l'intérieur pour ne pas vous couper.

UNE PLANCHE À DÉCOUPER

Parce que ça va épargner vos comptoirs et vous éviter de faire un accident en coupant dans une assiette. Faites attention à bien la laver. Tout le temps.

UNE CUILLÈRE EN BOIS

Pour éviter de rayer votre batterie de cuisine.

UN RÉCIPIENT QUI VA AU FOUR

Ça peut être un plat en pyrex ou une plaque, mais idéalement les deux.

UN OU DEUX GROS BOLS

Pour mélanger des choses ou faire des salades.

Après avoir trouvé ces quelques accessoires de base, vous pouvez garnir le reste de vos armoires avec des choses le *fun* :

LES PRESQUE INDISPENSABLES

- Passoire
- Grille-pain
- Louche
- Spatule
- Mitaines de four
- Micro-ondes
- Poêle en fonte
- Limonadier

LES PETITS PLUS

- Pinceau à marinade
- Économe
- Microplane
- Presse-ail
- Presse-citron
- Queue-de-rat (*aka* le truc pour affûter les couteaux)

POUR LES FANAS DE PÂTISSERIE

- Poche avec douille pour décorer les gâteaux
- Palette raclette
- Tamis
- Plaque à biscuits
- Moule à gâteau
- Moule à muffins
- Tasses et cuillères à mesurer
- Rouleau à pâte
- Robot culinaire
- Feuille de cuisson antiadhésive
- Fouet

Pour économiser un peu, vous pouvez demander à votre famille de vous faire un trousseau. Sinon, vous pouvez courir les « ventes de garage » ou magasiner dans des boutiques de seconde main ! ■

Les aliments à prioriser

quand on n'a pas d'argent

PAR CAROLANE STRATIS

Même complètement adulte, même maman, il m'arrive encore d'être serrée dans mon budget à la fin du mois. Mon premier conseil : s'il vous reste 50 $ dans votre compte, ne vous achetez pas de l'alcool avec. Ça va peut-être vous faire oublier que vous êtes dans une mauvaise passe financière, mais ça ne va pas vous nourrir très longtemps.

1. LE PRINCIPE DU POULET ENTIER (SI VOUS ÊTES VÉGÉ, PASSEZ AU DEUXIÈME TRUC)

Quand je n'ai pas d'argent, j'achète souvent un poulet entier cru. Vous allez me dire que ça coûte cher. Oui, sur le coup, c'est un peu plus qu'une pizza congelée, mais c'est beaucoup plus polyvalent.

Je le fais cuire au four, dans une cocotte, avec des aromates secs, des carottes, des patates et de l'eau à la place du bouillon. Une fois le poulet cuit, je mange mon souper. J'attends que le tout refroidisse et je fais un bouillon avec les os (en mettant de côté le reste de la chair). Je sépare le bouillon en deux parties égales. Avec l'une des parties, je me fais un risotto aux légumes (champignons ? asperges ? petits pois congelés ?), et avec l'autre, je me fais soit une soupe poulet et nouilles maison (pâtes ? orge ? lentilles ?) soit une soupe mexicaine (canne de tomates, avocat, restes de poulet).

À ce stade, je n'ai pas encore mangé trop de poulet et il me reste encore assez de viande pour faire le reste des soupers de la semaine. Je peux me faire des tacos avec ce que j'ai sous la main ou un bon vieux sandwich au poulet (avec des tranches de pain grillé, des pommes, un peu de cumin et de la mayo). Le dernier jour, je fais un touski avec les restants, ou je me fais des pâtes. En cinq jours, je vais avoir mangé cinq repas nourrissants et pas plates.

Liste d'épicerie semaine « poulet »

- 1 poulet entier
- Riz arborio
- Parmesan (optionnel)
- Petits pois congelés
- Canne de tomates en dés
- Pâtes alimentaires
- Pain tranché
- Tortillas
- Pommes

2. LES ALIMENTS SECS ET LES CANNAGES

Je suis un peu du genre après-guerre comme personne depuis que je suis en appartement. J'ai toujours des choses dans mon garde-manger et dans mon congélateur. Je les achète en solde, je les entrepose adéquatement. Alors même quand je n'ai plus une cenne, je suis capable d'au moins me faire quelques repas sans trop de mal.

Toujours avoir dans son garde-manger :

- Lentilles (en conserve ou sèches) : pour faire un dhal, une salade de légumineuses, un accompagnement à la française (LOL), pour remplacer la viande (dans un pâté chinois, un pâté à la viande ou un pain de viande).
- Pois chiches (en canne ou secs) : pour se faire du houmous, des pois chiches croquants au four ou des salades de cannes (ex. : thon et pois chiches avec tomates et herbes fraîches, huile d'olive et vinaigre balsamique).
- Riz (basmati ou minute) : pour accompagner un dhal, pour faire des desserts (pouding au riz), des sautés ou un bol du dragon.
- Canne de tomates (sauce tomate, tomates en dés) : pour mettre au moins un légume dans vos soupes ou pour les pâtes.
- Des pâtes diverses : macaroni, spaghetti, orzo... *name it* !
- Bouillon de légumes, de poulet ou de bœuf en poudre : pour les soupes et pour donner du goût. (Voici mon secret : je mets du bouillon de poulet sur mes pommes de terre « frites » au four comme assaisonnement après la cuisson, ça donne du goût et du *fun*.)
- Chapelure : ça peut remplacer une partie de la viande dans une recette de pain de viande, et quand on la grille, ça goûte (presque) le parmesan.

3. LES AUTRES TRUCS EN VRAC

- Faire l'épicerie après le souper
- Regarder les soldes
- Utiliser les sites d'aide à l'organisation des repas
- Ne pas gaspiller
- Faire des substitutions avec ce que vous avez déjà
- S'apporter des lunchs
- Faire des repas en groupe
- Souper avec des déjeuners (œufs, gruau, crêpes)
- Inviter vos amis chez vous à faire un *potluck* et manger sur le bras de vos amies toute la semaine (mais ne faites pas ça trop souvent) ■

Ton petit garde-manger:

pourquoi acheter en grande quantité

PAR CAMILLE PERREAULT

Apprendre à gérer son garde-manger et le garder bien rempli, malgré le manque de temps ou les périodes de disette estudiantine, ça ne s'apprend pas du jour au lendemain.

Très jeune, j'ai été initiée à la cuisine par ma très chère maman et j'ai toujours aimé faire à manger pour moi et pour les autres. Évidemment, ça m'a pris un temps pour m'ajuster lorsque je suis partie en appartement il y a quelques années, mais maintenant, je maîtrise assez bien le menu varié, équilibré et TRÈS budget *friendly*.

QUEL EST LE SECRET?

Acheter en grande quantité certains aliments clés pour en avoir plus pour son cash! Ah, et en plus, c'est plus écologique puisque ça utilise moins d'emballage! *Win-win*.

Sur le coup, ça peut sembler plus cher, mais à long terme, acheter en grande quantité des aliments non périssables ou qui se congèlent bien, ça fait économiser des sous! Mais bon, ce n'est pas une science exacte. Pour être certain d'acheter un produit le moins cher possible, le meilleur truc est aussi de comparer les étiquettes de prix à l'épicerie. Le prix pour 100 grammes y est toujours inscrit, c'est vraiment un outil utile.

Parlant d'épiceries… Elles ne sont pas toutes égales. Du moins, toutes n'offrent pas de bons *deals* sur les aliments en grande quantité ou en vrac. Généralement, Maxi, Super C et Costco offrent de bons prix sur les grands formats. Pour les aliments en vrac, je préfère les petites épiceries spécialisées ou les marchés. De plus, acheter en vrac, en grande quantité ou non, est généralement beaucoup moins cher! Recherchez dans votre secteur les épiceries qui fonctionnent ainsi et prenez l'habitude de les visiter régulièrement.

Par contre, il est facile de s'emporter quand on fait notre épicerie «grand format». Avant de partir en virée au Costco, par exemple, faites une liste précise de ce dont vous avez réellement besoin. Ce n'est pas parce que tel aliment revient «vraiment pas cher» que vous allez le consommer.

Bref, en ayant toujours une bonne base dans votre garde-manger, vous allez pouvoir gérer vos menus plus facilement et pouvoir vous dépanner quand le temps ou les sous vont vous manquer pour aller faire l'épicerie! ■

ALIMENTS QUI NE PASSENT PAS DATE À ACHETER EN GRANDE QUANTITÉ:

- Riz
- Lentilles sèches
- Pois chiches et pois cassés
- Flocons d'avoine
- Sucre
- Farine
- Cassonade
- Thé
- Conserves de thon, de tomates, etc.

ALIMENTS QUI NÉCESSITENT PLUS DE MANIPULATIONS POUR ÊTRE CONSERVÉS:

- Viandes et poissons à congeler en portions
- Légumes congelés
- Protéines dérivées du tofu

Où placer les aliments dans un réfrigérateur

PAR JOSIANE STRATIS

Saviez-vous que vous devriez laver votre frigo chaque fois que vous faites l'épicerie ? La coutume américaine veut qu'on fasse une épicerie par semaine. Si ça économise du temps, ça fait aussi qu'on jette pas mal de nourriture. Entre vous et moi, c'est tellement dommage de jeter des aliments qui pourraient remplir notre bedon.

Un truc pour garder ses aliments plus longtemps, c'est de bien les ranger (dans un frigo propre). Un réfrigérateur, mis à part que c'est un endroit frais, c'est aussi un beau système de rotation de bactéries. Il faut donc vous assurer que les aliments sont aux endroits qui leur conviennent le mieux pour maximiser leur fraîcheur et pour les garder plus longtemps.

PORTE

C'est un endroit tempéré, parfait pour les breuvages et les pots de marinades. Certaines personnes y mettent leur lait, d'autres non. Tout dépend de si vous aimez votre lait vraiment froid ou moyennement froid. Vous aussi pouvez y mettre votre beurre et vos œufs !

HAUT DU FRIGO OU PREMIÈRE TABLETTE

C'est l'endroit le plus froid. Vous pouvez y garder tous les produits laitiers, les charcuteries, les restes dans des plats de plastique. L'idée, c'est qu'il ne faut pas que ça coule pour ne pas salir tout le frigo de haut en bas.

MILIEU

C'est un endroit froid, mais moins intense que sur la première tablette. Vous pouvez y mettre vos viandes et vos poissons. C'est toujours mieux de les mettre sur une assiette ou dans un plat de plastique. Vous pouvez aussi y mettre les marinades qui ne rentrent pas dans la porte du frigo. *#PassionMarinades.*

BAS

Un endroit pour les fruits et les légumes. Ça vaut la peine de bien les ranger et de garder sur le comptoir ceux qui sont meilleurs à température ambiante. Ça ne sert à rien de prendre de la place dans votre frigo pour des tomates qui vont devenir pâteuses si vous les entreposez ainsi ! N'oubliez pas de bien essuyer vos bacs de légumes quand vous les lavez pour que le bas du réfrigérateur ne soit pas trop humide ! Certaines personnes mettent des linges à vaisselle (plus écolo que du papier essuie-tout) pour absorber l'humidité, mais c'est bien personnel comme choix. Ce n'est pas ici que vous allez vous faire juger par rapport à ce que vous faites avec vos tiroirs de fruits et légumes. ■

Comment congeler des avocats, et autres trucs pratiques

PAR JOSIANE STRATIS

Quand on me demande quels sont mes fruits préférés, je réponds à la blague que ce sont les avocats, les tomates et les bananes. *#GrosseJoke*. Mais bon, certaines passions coûtent plus cher que d'autres et les avocats font partie de mon alimentation de blogueuse mode. Que faire pour les garder plus longtemps ? Comment les congeler ?

Quand j'ai découvert comment congeler des aliments coûteux, je CAPOTAIS. Dieu (de la nourriture) existe ! Et je peux continuer de faire des recettes Pinterest sans que ça me coûte la peau des fesses.

CONGELER DES AVOCATS

Réduire les avocats en purée et y ajouter un peu de jus de citron. Faire congeler la purée dans des bacs à glaçons pour des portions individuelles. C'est parfait dans les *smoothies*. Sinon : couper les avocats en tranches et les asperger de jus de citron. Placer les tranches sur une plaque de cuisson dans le congélateur pendant quatre heures. Transférer dans un sac ou un plat de congélation.

CONGELER DES HERBES FRAÎCHES

Bien laver les herbes fraîches. Enlever toute trace d'eau. Couper finement. Remplir des bacs à glaçons et combler l'espace avec de l'huile d'olive. Attendre que les glaçons soient bien pris pour les transférer dans un autre contenant.

FROMAGE

Le fromage en brique a tendance à s'effriter lorsqu'il est congelé dans sa forme initiale. Il faut le râper, le mettre sur une plaque de cuisson, puis le laisser au congélateur pendant une heure. Vider ensuite le fromage dans un plat à congélation ou dans un sac. C'est parfait pour gratiner ou pour faire des *grilled cheese*.

POIVRONS

Faire bouillir de l'eau. Installer une marguerite pour cuire les poivrons coupés en languettes à l'étuvée pendant une minute. Placer les languettes cuites sur une plaque de cuisson, puis les laisser au congélateur pendant deux heures. Transvider dans un plat ou un sac de congélation.

PETITS FRUITS

Bien les laver. Les étaler sur une plaque de cuisson et placer au congélateur pendant deux heures. Vider le contenu dans un plat de congélation. Ne jamais oublier le plat trop longtemps sur le comptoir en faisant un *smoothie*, car tous ces efforts seront perdus.

BAC À BOUILLON

Mettre dans un gros contenant au congélateur tous les restants qui commencent à être un peu moches : carottes et céleris mous, têtes de tomates, restes d'oignons, os de poulet, etc. Quand le plat est plein, mettre le contenu dans un chaudron, recouvrir d'eau et porter à ébullition. Baisser le feu et laisser frémir environ 30 minutes.

SAUCES ET AUTRES LIQUIDES

Mettre le reste de sauce (à spaghetti, par exemple) dans un sac en plastique étanche et refermable, et s'assurer qu'il n'y a plus d'air dans le sac avant de bien le fermer. Mettre au congélateur en position couchée. Le même principe peut aussi être appliqué pour faire des portions individuelles de *smoothie*. ■

7

TON PETIT LOOK
Guide pour une vie adulte (genre) épanouie

DU BON MANGER POUR VOTRE CERVEAU

« I love pop culture – the Rolling Stones, the Doors, David Lynch, things like that. That's why I said I don't like elitism. »

— Haruki Murakami (*« J'adore la culture populaire, les Rolling Stones, les Doors, David Lynch, des choses comme ça. C'est pour ça que je dis que je n'aime pas l'élitisme. »*)

Comment développer son esprit critique en dix étapes faciles

PAR JOSIANE STRATIS

Depuis que j'ai étudié en journalisme, je dis souvent à la blague, quand je vois une nouvelle, que j'ai vérifié tel ou tel fait à cause de ma formation. Ce n'est pas vraiment à cause de ça que je le fais, mais parce que je suis animée par une peur: celle de partager un *hoax* sur les réseaux sociaux. Encore pire, j'ai peur de dire n'importe quoi.

En vacances, j'ai même déjà apporté le livre de Normand Baillargeon *Petit cours d'autodéfense intellectuelle* (chez Lux Éditeur), pour lire sur la plage. Ma raison? Il n'y a pas de vacances pour le cerveau.

Mis à part la peur d'avoir l'air nouille, il faut développer son esprit critique pour trois raisons:

- L'influence de certains médias sur lesquels n'importe quoi peut circuler.
- L'influence que les publicités peuvent avoir sur les croyances populaires.
- La joie et l'allégresse d'argumenter quand on vous dit n'importe quoi.

En prime: être renseigné et avoir une bonne base de connaissances intellectuelles, c'est vraiment le *fun*.

DES TRUCS EN VRAC POUR DÉVELOPPER VOTRE ESPRIT CRITIQUE

1. Lisez plusieurs journaux par jour. Ça peut aussi être juste un ou deux articles, mais ça aide à se faire une idée de ce qui se passe.

2. Une expérience n'égale pas une vérité, il faut se tenir loin du jeu des perceptions.

3. Il faut toujours vérifier les sources de TOUT et se demander si celles-ci sont crédibles.

4. Toujours se demander si la personne qui essaye de nous faire des accroires a des motivations malhonnêtes (par exemple: faire acheter des produits X pour enlever le mal Y).

5. Toujours faire attention avant de croire les théories du complot.

6. Se poser des questions.

7. Chercher les mécanismes derrière toutte.

8. Lire des livres. Lire des essais.

9. Aller à l'école et écouter dans ses cours de philo, de socio, et même de français.

10. Lire *Ton Petit Look. Joke.* ■

L'art de sortir dans un bar

PAR JESSICA GARNEAU

Oui, oui, sortir dans un bar est un art. Si vous voulez que votre soirée soit une réussite, il faut un minimum d'organisation et de créativité. Mélangez quelques bons amis, deux doses de plaisir et une goutte de sagesse. Ajoutez votre tenue préférée ainsi que ces quelques conseils et vous serez prête pour une folle soirée !

LE PRÉPARTY

Pour une soirée réussie, essayez de vous mettre d'accord assez tôt sur les envies de chacun. Êtes-vous partantes pour aller danser toute la soirée ? Un bar bien relax ? Une soirée karaoké ? De cette façon, tout le monde est sur la même longueur d'onde avant de partir et ça peut éviter bien des débats au coin de la rue.

Le piège à éviter : un pré*drink* trop intense. Vous êtes avec vos amies, votre toune de party commence et votre amie sort la bouteille de vodka pour une tournée de shooters, ou deux... ou douze. Ce serait plate de manquer la soirée que vous avez attendue toute la semaine parce que vous êtes au lit avec deux litres d'eau, un bol et une Tylenol extra-forte.

L'HEURE DE GLOIRE

Ça y est, vous êtes arrivées à destination. Ce soir, tout est permis et vous êtes la reine du plancher de danse ?

Oui, mais non.

Il y a quelques règles de base à respecter pour que tout le monde passe un aussi bon moment que vous.

D'abord, soyez toujours poli et sympathique avec le personnel du bar. Ces gens travaillent de longues heures et doivent gérer une clientèle pas toujours facile. Gagnez votre ciel, un merci à la fois, même si le service a été un peu trop long à votre goût ! Votre gin-tonic arrivera peut-être même plus vite la prochaine fois...

Parlant de gin-tonic, gardez-vous toujours un petit verre d'eau pas trop loin. Sagesse enseignée par ma mère : alterner vos *drinks* avec des verres d'eau vous gardera fraîche jusqu'aux petites heures !

Parce que la magie n'opère pas TOUJOURS lorsqu'on sort de sa zone de confort, respectez-vous. Si vous n'êtes pas à l'aise dans une situation, n'hésitez pas à en sortir. Vous n'aimez pas être coincée sur un plancher de danse avec trois cents étrangers ? Allez vous asseoir au bar dans une section plus calme. Vous ne voulez pas du verre qu'on vient de vous offrir ? Rien ne vous oblige à l'accepter. Vous n'aimez pas vraiment les jeux d'alcool ? Proposez-vous pour être l'arbitre !

Personne n'a le droit de vous juger sur ce que vous avez envie de faire ou pas et vous serez toujours gagnante de vous en être tenue à vos convictions.

L'*AFTERPARTY* (je parle de celui chez vous, dans votre lit ; pas de celui dans une place un peu louche)

On a tous une recette secrète pour l'avant-dodo. L'objectif ultime : minimiser les dégâts le lendemain matin. L'hydratation est la clé du succès. Même si vous n'avez pas consommé beaucoup d'alcool, assurez-vous de boire de l'eau en grande quantité. La fatigue mélangée à un manque d'hydratation fait des ravages.

Les filles, n'oubliez surtout pas de vous démaquiller, peu importe votre état de fatigue. Une amie m'a dit quelque chose qui m'a traumatisée : pour chaque nuit sans se démaquiller, la peau vieillit d'un an. Je sais que c'est exagéré mais mieux vaut prévenir que guérir, t'sais. Laissez donc les rides aux autres et prenez quelques minutes pour vous débarbouiller au moment d'aller dormir.

N'oubliez pas que l'objectif principal de votre soirée est de vous amuser. Ne laissez personne, aucun jugement ni aucune mauvaise énergie ruiner votre *mojo*. Et ne ruinez pas celui des autres. Concentrez vos énergies sur VOTRE soirée. Vous verrez, le plaisir en sera décuplé ! ■

Le 5 à 7, simple comme dans... cinq à sept!

PAR JESSICA GARNEAU

Le 5 à 7, c'est la nouveauté excitante de la vie d'adulte. L'activité post-travail par excellence qui met du piquant dans la routine. Souvent, il s'agit d'une occasion pour réseauter, mais c'est surtout une occasion de décompresser après une longue journée. Personnellement, je suis pas mal abonnée au club du 5 à 7 et j'ai pu tirer quelques conclusions au fil de ces soirées. Voici donc quelques conseils pour en profiter au maximum.

PREMIÈRE ÉTAPE

Décoder l'invitation. S'agit-il d'un 5 à 7 pour le travail? Entre amis? Y allez-vous pour un événement en particulier?

Si c'est pour le travail, il faut garder en tête que vous êtes avec vos collègues et que vous représentez la compagnie pour laquelle vous travaillez. Ce n'est peut-être pas le bon moment pour vous aligner une douzaine de shooters de téquila.

Malheureusement, ce qui se passe au 5 à 7 reste très rarement au 5 à 7. Terminer avec la cravate du patron autour de la tête n'est pas nécessairement ce qu'il y a de mieux pour l'avancement de votre carrière.

SI VOUS ÊTES INVITÉ POUR UN ÉVÉNEMENT

Faites une petite recherche sur le produit qui est lancé ou la compagnie qui paie pour la soirée afin d'avoir une idée d'où vous allez. C'est un geste qui montre votre bonne volonté et du respect pour l'événement. Ça vous vaudra sans doute une invitation pour la prochaine activité de cette entreprise.

ET QU'EST-CE QU'ON PORTE DANS UN 5 À 7?

Le défi est grand, considérant que la plupart du temps, on y va directement à partir du boulot. Sachez qu'il n'y a pas de règles établies sur la tenue.

Dans le cadre d'un 5 à 7 professionnel, un peu de gros bon sens s'applique. Généralement, ce que vous portiez au travail est tout à fait indiqué pour la soirée.

Par contre, pas toujours facile d'adapter un look corpo quand on veut ajouter une petite touche funky pour l'apéro. Le truc, c'est de choisir un élément de votre look qui sera facile à changer pour aller rejoindre vos amis le soir venu!

Par exemple, si vous portez une jupe et un chemisier, glissez dans votre sac une camisole et une paire de talons. Pas besoin d'une valise. Une fois 17 h sonné, changez rapidement de haut et vous êtes partie pour la gloire!

Les 5 à 7 sont également une très bonne façon de vous faire de nouveaux contacts, que ce soit pour votre vie personnelle ou professionnelle. Soyez ouverte d'esprit et n'hésitez pas à aller de l'avant. C'est souvent très intimidant de devoir briser la glace avec des inconnus, mais ça vaut le coup! Qui sait si la personne à côté de vous n'est pas la graphiste qu'il vous manquait pour ce projet sur lequel vous travaillez!

Avoir une bonne banque de contacts est une richesse inestimable autant pour le travail que pour votre vie personnelle. Plus de portes que vous ne le pensiez pourraient s'ouvrir à vous.

Enfin, pour profiter de l'apéro au maximum, ne perdez pas de vue que l'objectif principal du 5 à 7 est de décompresser. Ce sont généralement ces moments qui vous rapprocheront de vos collègues et qui renforceront l'esprit d'équipe au travail.

Si vous hésitez lorsque vient le temps de commander, allez-y pour un verre de bulles. Parole d'initiée, le champagne, c'est toujours une bonne idée! ■

Comment agir dans un show

PAR JESSICA DELORME

Appelez-moi matante, beige ou casseuse de party, peu m'importe, plus je vieillis, plus mes idées sur le savoir-vivre lors d'un spectacle changent.

J'ai longtemps jugé les « madames », celles qui apportent leurs chaises au concert de la Saint-Jean et qui chialent contre les jeunes dans ce genre d'événement, mais je me rends compte que je ne suis peut-être pas bien loin d'elles, maintenant. Le confort ne semble plus une si mauvaise idée finalement.

Peu importe l'âge, il y a tout de même trois règles de conduite importantes à respecter dans les *shows*.

NE PAS PARLER

Une des choses qui m'insultent le plus, c'est quand les gens parlent pendant le concert. Ça inclut aussi le p'tit (ou la p'tite) comique qui crie haut et fort « Je t'aime ! » pendant le moment de silence de la chanson la plus tranquille de la soirée. La plupart du temps, ce n'est pas drôle du tout, en plus d'être assez dérangeant. Bon, je vous entends au loin dire que je suis exigeante, mais soyez rassurées. Je ne m'attends pas à une ambiance digne d'un spa, mais par respect pour le groupe sur scène, veuillez garder vos conversations et vos potins des dernières semaines pour la bière après le *show*. Merci.

QUELQUES PHOTOS ET VIDÉOS

Avec l'avènement de la technologie, on a vu apparaître un phénomène qu'on pourrait qualifier de *fear of missing out* (FOMO). En gros, c'est la peur de manquer quelque chose. Est-ce pour ça qu'on se sent obligé de tout immortaliser ? De prendre un million de photos ? En plus de ne pas profiter de l'instant présent, de ne pas apprécier le spectacle ET d'empêcher les autres fans de savourer la perfo qui s'offre à eux, certaines personnes préfèrent la vivre au travers d'un écran de quelques pouces... Cherchez l'erreur. Je n'ai rien contre le fait de prendre quelques photos en souvenir, mais s'il vous plaît, ne cachez pas les gens autour de vous. En plus, sérieusement, combien de fois regardons-nous les vidéos ? Ah oui, j'oubliais : les iPad dans les concerts, c'est non !

RESPECT DE L'ESPACE

Pour moi, le respect de l'autre est une valeur importante. C'est pourquoi je tente toujours de laisser un certain espace entre les gens qui m'entourent et moi. La notion de bulle est évidemment réduite dans ce contexte, je vous l'accorde, mais de grâce ! Personne n'a envie de partager votre sueur. Et si, comme mon chum adoré, vous aimez prendre une p'tite bière, ou deux, ou quatre, restez conscient de votre environnement. Même chose quand vous danserez au son de votre chanson préf'.

Je ne crois pas que mon code de vie de concert soit si exagéré. Quoique dans pas long, peut-être me verrez-vous assise au balcon, la canne à la main, à juger les jeunes fans que je trouverai mal élevés... ■

Comment agir au musée

PAR JESSICA DELORME

Les sorties au musée sont fort probablement sous-estimées. Personnellement, j'adore y aller, même si ça ne m'arrive pas aussi souvent que je voudrais. Nous sommes chanceux d'avoir une telle proximité et un accès à tant d'œuvres et il faut en profiter. Toutefois, j'ai régulièrement le don de choisir les moments les plus achalandés, mais j'assume, c'est mon choix (ou mon mauvais calcul).

Voici donc une liste non exhaustive des comportements encouragés lors d'une sortie au musée.

1. FAIRE PREUVE D'OUVERTURE D'ESPRIT

Ça semble évident, mais il se peut très bien que l'œuvre ne vous touche pas. Dans ce cas, pourquoi ne pas tenter de comprendre la démarche de l'artiste ? Tous les types d'arts ne peuvent pas plaire à tous, mais c'est en voyant différentes expositions que vous développerez votre esprit critique dans la vie.

2. LE MUSÉE, C'EST L'AMI DES FAMILLES

J'ai un énorme respect pour les parents qui traînent leurs enfants dans ces endroits. La curiosité et les habitudes de consommation culturelles se forgent dès le plus jeune âge.

3. PRENDRE SON TEMPS

Ce n'est pas une course. Respirez. Imprégnez-vous des œuvres qui vous parlent. De celles qui vous choquent, qui vous inspirent. Faites le plein de créativité ! Prenez le temps de lire les descriptions. Bref, maximisez votre temps passé à l'expo !

4. RESPECTER LE PARCOURS DES AUTRES

Quoique le parcours à l'intérieur du musée soit assez défini, on ne va pas tous au même rythme ou dans le même sens dans chacune des salles. Pis c'est ben correct.

5. SE TENIR À UNE BONNE DISTANCE DES ŒUVRES

Ça ne veut pas dire de ne pas s'approcher pour voir un détail, une nuance, un coup de pinceau, mais il faut se reculer rapidement. Surtout lorsque c'est achalandé, plusieurs personnes en même temps désirent regarder la même œuvre. Il faut garder ça en tête.

6. UTILISER LES VESTIAIRES

Soyons honnêtes, si on profite de la *cheap* soirée du musée, il y a de bonnes chances qu'on revienne du boulot. Ce qui veut dire qu'on a probablement une panoplie de choses encombrantes avec nous. Les vestiaires sont alors votre meilleur ami. Vous vous sentirez plus à l'aise et les autres visiteurs éviteront de se faire accrocher par votre énième sac à dos.

7. S'APPROPRIER L'ESPACE

C'est un endroit qui transpire la créativité. Pourquoi ne pas vous improviser des *power* visites afin de refaire le plein d'énergie ? Ou de rester assis sur un banc des heures à observer ? Ça ressource, ces affaires-là.

Bref, ayez du plaisir à découvrir ou à redécouvrir les beautés de notre monde. C'est par des petits gestes comme ça qu'on bâtit notre bonheur ! ■

Quinze films à voir au moins une fois dans sa vie

PAR JOSIANE STRATIS

Je suis certaine que le cinéma m'a un peu sauvé la vie quand j'étais plus jeune. Ce n'est pas tant parce que je me suis projetée dans les personnages, mais parce que certains films m'ont permis de voir que la réalité des autres était parfois pire que la mienne.

Sinon, j'aime les réflexions que le cinéma peut engendrer. Comment une vie peut changer après un film. Mais peut-être que je me fais du cinéma aussi (ha !).

Voici des films qui peuvent changer votre vie (ou au moins vous mettre du baume au cœur) :

1. *THE VIRGIN SUICIDES* (1999)

En fait, tout de Sofia Coppola est bon. Celui-là sert particulièrement à mettre en perspective le fait que votre enfance n'a sûrement pas été tant de la marde ! Ça montre aussi comment le suicide est un geste troublant.

2. *PRETTY IN PINK* (1986)

John Hughes, c'est le maître du *Brat Pack*, un groupe d'acteurs vraiment important dans la culture des années 80.

3. *GHOST WORLD* (2001)

Tiré de la bande dessinée du même nom, le film relate la vie d'une fille pas trop populaire et de sa BFF.

4. *ETERNAL SUNSHINE OF THE SPOTLESS MIND* (2004)

Particulièrement efficace lors d'un *breakup* pas facile, le film met en vedette Kate Winslet et Jim Carrey. L'univers de Michel Gondry est vraiment éclectique, enfantin et imagé.

5. *KIDS* (1995)

Écrit par Harmony Korine et Larry Clark, le film relate la vie d'une gang de *skaters* avec des mœurs discutables. Vous allez porter un condom avec vos *one-nights* pour le reste de votre vie après.

6. *PRETTY WOMAN* (1990)

Une histoire classique, *aka* une escorte qui se fait « sauver » par un riche homme d'affaires. C'est quand même *cute*.

7. *LA MALA EDUCACIÓN* (2004)

Pedro Almodovar est un des plus grands réalisateurs. Ses films mettent souvent en vedette des personnes trans. Celui-ci parle d'abus sexuels sur des garçons.

8. *JUNO* (2007)

C'est un *feel-good movie*, même si l'histoire de la jeune fille n'est pas banale.

9. *BREAKFAST AT TIFFANY'S* (1961)

Audrey Hepburn est une icône de mode, autant apprendre pourquoi en regardant ce film culte !

10. *FACTORY GIRL* (2006)

Un film sur la muse d'Andy Warhol... Vous ne voudrez plus jamais être la muse de personne après.

11. *LITTLE WOMEN* (1994)

La vie de quatre sœurs après la guerre civile américaine. À voir dans le temps de Noël.

12. *REQUIEM FOR A DREAM* (2000)

Un film de Darren Aronofsky qui raconte la descente aux enfers d'une gang de gens accros à la drogue.

13. *BLACK SWAN* (2010)

Tant qu'à écouter un film de ballet ayant une ambiance un peu lourde, tant mieux s'il y a des scènes *soft*-sexu.

14. *ROMEO + JULIETTE* (1996)

L'histoire classique de Shakespeare par Baz Luhrmann. Les costumes sont particulièrement beaux.

15. *MOMMY* (2014)

Je ne sais pas si vous voulez être mère, mais *Mommy* offre une vision différente de ce qui est souvent proposé ! C'est une belle histoire d'amour triste entre une mère sans grands outils qui fait de son mieux et son enfant différent. ■

Vingt-cinq livres à lire pour avoir une bonne base en littérature

PAR VALÉRIE D'AUTEUIL

Apprécier un livre est une expérience personnelle. Les livres sont chargés d'imaginaire, d'émotions, de souvenirs, et certains d'entre eux vous accompagneront toute votre vie.

Je dis souvent que je suis jalouse de ceux qui ne font qu'entamer la lecture d'une œuvre qui m'a chavirée. J'aimerais pouvoir revivre la découverte de certains romans. Reconnaître le plaisir soudain de tourner une page, d'anticiper une aventure ou de vivre un grand bouleversement.

Mon parcours de lectrice s'est enrichi avec mes études en littérature, mon bagage personnel et mes expériences. Relire certaines œuvres m'a permis de les redécouvrir et d'ainsi les apprécier davantage. J'en deviens une autre lectrice et ma sensibilité se redéfinit à mesure que j'apprends à déchiffrer une œuvre et à apprécier les secrets qu'elle m'a initialement cachés. Devenir une lectrice, à mon sens, c'est m'approprier l'imaginaire d'une œuvre, c'est faire mienne une facette de l'histoire et c'est finalement accepter les lectures qui ont été faites de l'œuvre dans le passé. Lire, pour moi, c'est participer à quelque chose de grand qui me dépasse.

La liste qui suit est personnelle. Ces œuvres m'ont formée et m'ont énormément appris sur moi-même et sur la nature humaine. Certaines sont consacrées, ce sont des «classiques» qui ont su traverser le temps et qui susciteront toujours une nouvelle réflexion et de nouvelles émotions, d'époque en époque. Ce sont des œuvres importantes pour leur temps, mais qui véhiculent toujours un grand frisson, même après des siècles. Ce sont des œuvres qui me suivront toute ma vie.

1. *ANTIGONE*, DE SOPHOCLE

Pour découvrir le théâtre grec antique et le poids de la loi contre la volonté d'une seule femme.

2. *LES MILLE ET UNE NUITS*, RECUEIL ANONYME

Pour découvrir l'anticipation magique que suscitent les contes de Shéhérazade.

3. *LAIS*, DE MARIE DE FRANCE

Pour découvrir un magnifique recueil de poésie courtoise et pour célébrer la première femme de la littérature française.

4. *PHÈDRE*, DE RACINE

Pour vivre la grande passion tragique du cœur triomphant sur la raison.

5. *LA PRINCESSE DE CLÈVES*, DE MADAME DE LA FAYETTE

Pour découvrir les fondements des romans d'introspection psychologique et pour assister à la naissance de la prise de parole féminine sur la scène littéraire classique.

6. *LES LIAISONS DANGEREUSES*, DE CHODERLOS DE LACLOS

Pour prendre part à une intrigue épistolaire libertine parfaitement orchestrée et qui laisse à bout de souffle.

7. *LES HAUTS DE HURLEVENT*, D'EMILY BRONTË

Pour découvrir l'œuvre anglaise unique de la sœur de Charlotte Brontë et une histoire d'amour passionnelle déchirante.

8. *MADAME BOVARY*, DE GUSTAVE FLAUBERT

Pour lire l'âme d'une femme qui troque l'ennui du quotidien au profit d'un grand rêve romanesque.

9. *LES FLEURS DU MAL*, DE CHARLES BAUDELAIRE

Pour goûter, sentir et surtout ressentir la beauté dans l'interdit.

10. *LES MISÉRABLES*, DE VICTOR HUGO

Parce que ce roman est une œuvre sociale avant tout, mais également une impressionnante ode à l'amour.

11. *CRIME ET CHÂTIMENT*, DE FIODOR DOSTOÏEVSKI

Pour le portrait saisissant que fait l'auteur du regret et de la souffrance psychologique d'un criminel.

12. *ANNA KARÉNINE*, DE LÉON TOLSTOÏ

Pour la grandiose fresque d'émotions humaines complexes peinte par l'auteur.

13. *LA MOUETTE*, D'ANTON TCHEKHOV

Probablement mon œuvre théâtrale préférée à ce jour. Un portrait de l'art, de l'ambition, de l'amour et de la tragédie.

14. *LE JOURNAL D'ANNE FRANK*

Le journal d'une jeune fille juive cachée durant la Deuxième Guerre mondiale qui devient une femme sous nos yeux. Les écrits d'Anne Frank m'ont appris la compassion, mais aussi l'impuissance totale. Sa voix est celle des captifs et des victimes d'un moment où l'humanité s'est éteinte.

15. *LE MONDE DE BARNEY*, DE MORDECAI RICHLER

Pour s'initier au personnage de Richler, un grand écrivain montréalais d'origine juive, et pour découvrir le récit d'une vie alors que le personnage principal et narrateur perd la mémoire.

16. *LE PETIT PRINCE*, D'ANTOINE DE SAINT-EXUPÉRY

Cette œuvre m'a fascinée enfant et m'a chavirée adulte parce qu'elle est simple, essentielle et universelle.

17. *LE RAVISSEMENT DE LOL V. STEIN*, DE MARGUERITE DURAS

Mon roman préféré, et de loin. Un roman obscur qui m'a changée pour m'avoir tant appris sur l'amour et sur la fin de l'amour, sur le vide et l'oubli.

18. *L'HOMME RAPAILLÉ*, DE GASTON MIRON

Pour découvrir des poèmes à la fois magnifiquement intimes et qui appellent à se perdre dans leur densité.

19. *MRS DALLOWAY*, DE VIRGINIA WOOLF

Pour découvrir un roman nostalgique et pénétrant sur la quête de soi.

20. *KAMOURASKA*, D'ANNE HÉBERT

Pour pénétrer l'univers complexe et mythique d'une femme tourmentée par son passé.

21. *BONHEUR D'OCCASION*, DE GABRIELLE ROY

Pour comprendre l'étouffement de la pauvreté et pour voir différemment le quartier Saint-Henri à Montréal.

22. *LA QUÉBÉCOITE*, DE RÉGINE ROBIN

Pour comprendre les dilemmes et déchirements identitaires des voix migrantes.

23. *LA VIE DEVANT SOI*, DE ROMAIN GARY (ÉMILE AJAR)

Pour découvrir l'œuvre du seul auteur ayant gagné deux fois le prix Goncourt.

24. *LA CLOCHE DE DÉTRESSE*, DE SYLVIA PLATH

Pour découvrir le seul roman de la poète américaine Sylvia Plath, dit semi-autobiographique, décrivant les tourments d'une femme atteinte de dépression.

25. *LE TOUR D'ÉCROU*, DE HENRY JAMES

Pour découvrir l'épouvante de l'époque victorienne, l'univers des châteaux hantés. Un roman qui m'a gardée éveillée la nuit à tenter de comprendre l'intrigue. ■

Notre culture est populaire

PAR JEREMIE ROMAIN

Je n'avais que huit ans, mais je me souviens avoir été complètement absorbé par le procès d'O. J. Simpson. J'y pensais jour et nuit, je voulais tout savoir, tout analyser, tout comprendre. C'était mon premier coup de foudre de culture populaire. Depuis, j'ai une prédilection pour tout ce qui est culture pop. Je capote sur ce qui se rattache au cinéma, aux tendances, aux scandales, à la musique et aux médias en général. C'est une obsession.

Du même coup, je me souviens avoir également été jugé pour ma passion de la culture pop. Les gens ont tendance à voir ça négativement, à dire que ça n'a aucune valeur et que ce n'est pas stimulant intellectuellement. Je trouve ça absurde. L'unique fait que quelque chose soit populaire ne veut pas dire que ça n'a aucune valeur. Au contraire !

Premièrement, qu'est-ce que la culture populaire ? Tout peut s'y rattacher : un film, un événement, un spectacle, un meurtre, un vidéoclip, etc. L'accessibilité est le facteur clé. Peu importe la provenance du contenu, il doit d'être accessible pour pouvoir faire partie de la culture pop. C'est ce qui la différencie de la culture pure et simple comme la littérature, l'opéra et les arts en général. Le genre de culture qui est supposément réservée à l'élite, aux gens éduqués.

Cela étant dit, toute chose qui se veut accessible ne fera pas nécessairement partie de la culture populaire. Il doit y avoir une certaine qualité, une nouveauté ou même une nécessité sociale. Plusieurs produits divertissants sont créés pour la masse (et font donc partie de la culture de masse), mais ne feront jamais partie de la pop. Pensez au nombre de films qui sortent tous les ans, qui génère une tonne d'argent, mais dont on ne se souvient plus deux ans plus tard. Ce sont des produits de masse, génériques, qui ne sont pas faits pour durer.

Pour se tailler une place dans le beau monde de la culture populaire, il faut que ça résonne avec la société à un moment clé, il faut qu'il y ait un besoin, il faut que ça soit frais. Avoir le doigt sur le pouls de la population, c'est primordial pour percer. Dans le cas d'un scandale, par contre, il faut qu'il y ait un élément qui fait que l'affaire semble différente de tous les scandales qui l'ont précédée.

Maintenant, grâce à Internet, n'importe qui peut produire du contenu qui pourrait potentiellement faire partie de la culture pop et devenir viral si tous les éléments sont réunis. La vidéo de votre tante en train de chanter une toune inventée sur le bol de toilette peut faire le tour du monde et être citée *ad vitam æternam* si elle est partagée par les bonnes personnes. Les occasions sont nombreuses et en plus, vous pouvez donner votre opinion, ce qui démocratise le tout !

Nous avons plus d'options de divertissement que jamais, ce qui fait que la culture populaire se distancie de plus en plus de la culture de masse. Il est maintenant possible qu'un contenu qui, à la base, était fait pour un auditoire assez restreint ou un marché de niche soit encensé par un public plus large. C'est le cas, par exemple, des émissions de la chaîne américaine HBO. Elles ont toutes un sens de l'humour particulier ou appartiennent à un genre très spécifique et ne sont pas conçues pour plaire à tout le monde, mais la qualité l'emporte et la plupart deviennent de réels phénomènes de culture populaire. À l'origine, un contenu pop ne doit donc pas nécessairement avoir été conçu pour la culture de masse.

Évidemment, quand du contenu de niche perce auprès du grand public, ça enrichit la culture populaire en général. Qu'on le veuille ou non, ça force les gens à réagir, à se questionner sur le pourquoi du comment d'un tel succès et forcément, ça fait naître des imitations. Des imitations qui n'atteindront jamais le succès du produit initial, parce que de la magie est difficile à reproduire, mais ça pousse les gens à sortir des chantiers battus.

Ce qui me fascine le plus de la culture populaire, ce ne sont pas les films, les séries télévisées ou les concerts. Ce sont les gens, les anecdotes, les couvertures de magazines, les *gifs*, les *memes* et les vidéoclips. Ces petits moments qui nous font rêver, réfléchir, qui nous inspirent, qui nous font analyser nos comportements, remettre les choses en question, sourire, pleurer, capoter. Bref, c'est ce qui nous fait vivre des émotions.

L'affaire Monica Lewinsky, l'assassinat de Mike Brown, la couverture du *Vanity Fair* de Caitlyn Jenner, le crime de Casey Anthony, le succès d'Eugenie Bouchard, la saga du *blackface* au Théâtre du Rideau Vert, la mort de Kurt Cobain et la rareté, à Noël 1996, de la peluche appelée Chatouille-moi, Elmo... Tous des événements qui font partie de la culture populaire et qui nous ont touchés, nous ont amenés à nous arrêter, à nous questionner, et qui nous ont SURTOUT fait jaser.

Contrairement à ce que ses détracteurs en pensent, la culture pop n'a rien à voir avec le goût de quelqu'un, c'est purement une question d'intérêt pour ce qui se passe autour de nous. De la curiosité.

Vous avez sûrement appris plus de choses sur votre voisin en discutant de l'affaire Guy Turcotte que si vous aviez parlé de la cinquième symphonie de Beethoven. D'où l'importance et la nécessité de s'intéresser à la culture populaire ! J'ai vécu beaucoup plus d'émotions en voyant Kim Kardashian sur la couverture du magazine *Paper* qu'en voyant *La Joconde* au Louvre. J'ai supprimé beaucoup plus d'amis Facebook durant les manifestations de Ferguson à l'automne 2014 qu'après le dernier défilé de Chanel et j'ai déjà gagné 50 $ en récitant le film *Scream* en entier dans un party. On s'entend que je ne pourrais pas en faire autant avec le dernier *speech* d'Émile Zola !

Vous ne pensiez peut-être pas qu'en discutant du dernier *selfie* de votre boss avec votre collègue de travail, vous étiez en train d'avoir une discussion au sujet d'un phénomène de culture pop. Détrompez-vous. C'est culturel et c'est populaire, donc ça en fait partie ! HA !

La culture populaire, c'est notre culture et elle est partout.

Intéressez-vous aux nouvelles, aux médias, aux gens. Laissez-vous emporter et participez-y avec entrain. Vous en apprendrez sur la condition humaine et surtout, vous en apprendrez davantage sur vous-même et vos proches.

Tout le monde y gagne ! ■

8

TON PETIT LOOK
Guide pour une vie adulte (genre) épanouie

LES «PETITS» DÉFIS DE LA VIE

«C'est surprenant, parfois je peux penser que j'ai atteint le fond et puis hop, je découvre une petite porte et un escalier que je n'avais pas repérés au départ, et je m'enfonce un peu plus dans ma déprime. Pour ça, je n'ai vraiment pas de limites.»

— Stéphane Dompierre, *Un petit pas pour l'homme*

Voir au-delà du visible

PAR CATHERINE THÉROUX

C'est très rare que les gens gagnent à la loterie, en général. Moi, j'ai perdu à la loterie de la génétique. En effet, mes deux parents ont un gène récessif dont ils ignoraient l'existence avant d'avoir des enfants. Il s'agit du syndrome d'Usher (pas le chanteur, là!), une combinaison de surdité et de rétinite pigmentaire.

Dans un premier temps, je suis née complètement sourde. Par chance, à l'âge de trois ans, on m'a posé un implant cochléaire. Grâce à cette fabuleuse machine, je peux maintenant entendre d'une oreille.

La rétinite pigmentaire s'est manifestée plus tard pendant mon enfance. En gros, les cellules de mes yeux se suicident progressivement. J'ai vingt-quatre ans et je vois environ 3 % des 180 degrés dont vous profitez. C'est comme regarder dans une grosse paille de *slush* quand le brouillard se lève. Je vais continuer à perdre la vue avec le temps, jusqu'à ce que je devienne complètement aveugle.

La vision que j'ai actuellement est loin d'être optimale, mais je peux quand même voir le visage des gens que j'aime. Je peux admirer la beauté de la nature, je peux lire, choisir des vêtements à mon goût, voyager et être émerveillée par les paysages et l'architecture. Ça semble anodin pour vous, mais mon temps est compté.

Des gestes quotidiens comme aller à un cours et faire une petite épicerie sur le chemin du retour sont banals pour plusieurs. Mais c'est extrêmement épuisant pour moi, puisque ça sollicite énormément mes yeux et que ça me cause des migraines.

Je dois penser à TOUS les détails. Rentrer avant que l'obscurité ne tombe, me débrouiller pour lire les étiquettes à l'épicerie, trouver comment pousser mon panier sans ma canne pour me guider, localiser l'endroit où je m'assois dans la classe pour bien voir et entendre, etc.

J'aurais pu vous décrire une journée type dans ma vie et vous parler des difficultés rencontrées, mais je n'étais pas à l'aise. J'avais l'impression de ne pas parler avec mes tripes et de laisser le rationnel et le factuel prendre le dessus. D'accorder trop d'importance à mon handicap. Oui, j'ai un syndrome, mais ce n'est qu'un défaut de fabrication. Rien de plus.

J'ai longtemps caché mon handicap, parce que je ne voulais pas être perçue différemment. Je ne voulais pas inspirer la pitié ou être rejetée. Par contre, avec le temps, c'est de plus en plus difficile et dangereux de faire comme si de rien n'était.

Je dois m'adapter à la réalité. J'ai une canne blanche, un *zoom* sur mon ordinateur et quelqu'un doit me guider. Je marche lentement et parfois croche, parce que je n'ai pas beaucoup d'équilibre et que je ne vois pas bien où je vais.

À cause de tous ces changements, je ne peux plus cacher mon handicap. Plus mon syndrome évolue, plus je détonne de la masse. Parfois, je croise des regards de pitié ou de mépris et je trouve ça vraiment difficile de vivre avec ces jugements.

Dans l'esprit collectif, une personne qui a une canne blanche est complètement aveugle. Quand je regarde les personnes dans les yeux ou que j'envoie un message texte avec mon cellulaire, je me fais dévisager comme si je jouais la comédie. Parfois, je ne sais plus où regarder ni quoi faire pour ne pas semer le doute dans l'esprit des gens.

Qu'est-ce qui les dérange ? Avec ma canne blanche, je ne fais que mon bout de chemin pour atteindre mes buts et mes rêves. Je continue d'avancer, malgré tout. À mes yeux, je ne suis pas Catherine la handicapée, mais tout simplement Catherine.

Ma vie est peut-être différente, mais non moins riche. Au contraire, je dirais même que je la vis plus intensément, puisque je savoure chaque moment avant d'être plongée dans le noir. Est-ce trop demander de me laisser en profiter pendant que j'en ai la possibilité ? ■

Survivre à l'intimidation

PAR MARIE-EVE JARRY

Je ne sais pas comment ça a commencé. Mais je sais quand. Environ. Ça a commencé au primaire. Quelle année, je suis pas certaine. Peut-être que ça avait toujours un peu été comme ça. J'avais pas vraiment d'amis, j'étais un peu à part. On riait de moi dans mon dos la plupart du temps, des fois dans ma face.

Une fille m'a dit un jour que c'était à cause de mon linge. Ah ben. Je devais avoir dix ans, on s'entend que c'était pas moi qui choisissais mon linge encore. Pis ma mère ne voyait pas l'utilité de payer 30 $ pour un t-shirt avec *Fubu* écrit dessus. Elle avait raison, mais essayez d'expliquer ça à des jeunes de dix ans. Fait que je pouvais rien y changer.

Nos récréations, on les passait dehors. Dès que la cloche sonnait, les petits sportifs se précipitaient vers la glissade de métal la plus à pic, les filles populaires se réservaient le *set* de balançoires le plus haut et les durs se rejoignaient aux grosses roches dans le fond de la cour d'école. Moi aussi j'avais mon *spot*: les marches sur le bord de la porte d'entrée. J'avais déjà essayé de me mélanger aux autres, mais je m'étais toujours fait repousser. Les marches, c'était ma place.

Des fois, les surveillants me disaient de ne pas rester là, d'aller jouer avec mes amis. Que si je restais là, j'aurais une retenue. Alors j'allais me promener (lire: marcher à travers la cour en essayant de voir venir les jambettes). Les profs étaient contents. Ils avaient amené une petite fille à se faire des amis. *Check*. Est-ce que je leur en parlais ? Non. J'avais pas besoin de me faire écœurer encore plus.

Vers la fin du primaire, j'ai fini par me faire deux amies grâce à qui mes journées étaient un peu plus joyeuses. Mais ça n'allait pas durer puisque le secondaire, c'était dans deux mois et que j'allais dans une nouvelle école où je ne connaissais personne.

Une nouvelle vie qui commençait, du monde qui ne me connaissait ni d'Ève ni d'Adam, la possibilité de me forger une nouvelle identité ! Ouain.

J'ai lu quelque part une fois que les prédateurs peuvent sentir les « victimes » potentielles, celles qui ont déjà été des proies. Je crois que c'est ce qui m'est arrivé.

Dès le secondaire 1, on m'a laissée de côté, on m'a regardée bizarrement et on a ri un peu – beaucoup – de moi dans l'autobus. La faute de mon linge encore ? Je crois pas, on portait un uniforme complet, souliers inclus. J'ai eu quelques amis, mais chaque fois, on me repoussait. Des fois, on me fuyait carrément parce que t'sais, c'est pas facile de dire en pleine face à quelqu'un qu'« on le veut pu dans' *gang* ».

J'ai lu quelque part une fois que les prédateurs peuvent sentir les « victimes » potentielles, celles qui ont déjà été des proies. Je crois que c'est ce qui m'est arrivé.

Peut-être que mon attitude de marde a fini par payer, parce que je devenais peu à peu un phénomène de foire.

Alors je passais mes journées seule avec moi-même. À 8 h 13, je disais bye à ma mère, et je ne reparlais plus jusqu'à 16 h 24, quand je saluais ma mère en revenant de l'école. Mes dîners, je les passais à la bibliothèque. Une fois la cafétéria vidée et tout le monde sorti pour *chiller* dehors, j'allais manger tranquille. Je haïssais les trimestres pendant lesquels, en éducation physique, on jouait à des sports d'équipe. Déjà pas trop sportive, j'étais toujours la dernière à être choisie et la première à recevoir un ballon dans' face. Maintenant que j'y pense, c'est à cette époque que mes migraines ont commencé... Je dis ça, je dis rien.

Avec le temps, je me suis forgé une armure, une façade, une muraille de Chine d'indifférence. Je me crissais de tout et de tout le monde. J'écoutais de la musique hardcore pendant les récréations, dans l'autobus, pendant le dîner. Je gratifiais quiconque d'un chaleureux air bête. Je m'habillais un peu gothique. Daria était mon idole. Bref, j'avais besoin de personne.

Peut-être que mon attitude de marde a fini par payer, parce que je devenais peu à peu un phénomène de foire. Mon amour pour Marilyn Manson et mon crayon noir autour des yeux juraient avec les *gloss* roses et la chanson *Hot in Herre* de Nelly. Ce je-m'en-foutisme, c'est sans doute ce qui m'a sauvée. Dans deux sens.

D'abord, ce que disaient les autres ne m'atteignait plus. Ils pouvaient parler dans mon dos ou tout simplement m'ignorer, ça me faisait pas un pli sur la poche.

Ensuite, mettez ça sur le dos de mon attitude ou de l'oubli collectif, mais vers le secondaire 4, j'ai fini par me faire des amies. Ça a commencé par une fille avec qui je jasais dans l'autobus, et peu à peu, elle m'a invitée à venir *chiller* avec les autres filles.

Au début, j'y allais un peu à reculons. Chat échaudé craint l'eau froide, qu'on dit. Mais j'ai bien fait d'y tremper, dans cette eau froide. Ces filles dont je me méfiais sont encore mes amies aujourd'hui, douze ans plus tard. On s'appelle quand on a rien à dire. On se texte les pires vulgarités. On se parle dans le blanc des yeux quand il faut.

Mais même douze ans plus tard, la petite fille de dix ans ressurgit de temps en temps. Dans une réunion au travail, quand on me taquine sur un sujet sensible, quand je suis supposée faire du *PR*... ma petite voix devient Mr. Hyde: « Qu'est-ce tu fais là ?! Tu comprends rien pis c'est normal, t'es trop conne. Tu le sais pourtant. T'as pas besoin de le faire savoir au monde entier. »

Heureusement, avec le temps, j'ai développé quelques trucs qui m'aident à me ramener sur terre quand la petite voix part en vrille. Premièrement, je me dis que je suis aussi bonne que telle personne. Pas mal plus concret que juste « t'es bonne ». Aussi, je me mets au défi moi-même. Par exemple, en janvier 2015, j'étais convaincue de ne pas être assez bonne/drôle/intelligente/toute pour écrire sur *Ton Petit Look*. J'ai quand même envoyé ma candidature. « J'te *dare* », que je me suis dit. ■

Vouloir mourir

et aller chercher de l'aide

PAR CAROLANE STRATIS

J'ai toujours vu le suicide comme une porte de sortie. Comme en avion. Même si c'est très rare qu'un avion *crash* et que les passagers doivent sortir par les portes de secours, tout le monde est plus rassuré une fois que l'agent de bord a fait ses petits gestes.

Le suicide, c'était ça pour moi, la petite porte sur le côté. J'étais fascinée par le pourquoi et le comment les gens passaient à l'Acte. Je le dis de même et ça a l'air glauque, mais j'avais de beaux mécanismes pour cacher le pourquoi du comment. Ça pouvait être que je lisais des livres avec des fins tragiques, que mon film préféré était l'histoire des cinq sœurs qui se suicident ou mon implication avec la ligne d'urgence de l'école.

Je suis quand même contente, parce qu'une fois ma lettre de suicide écrite et envoyée à deux amies que je savais couchées, la boîte de médicaments dans les mains et la seule idée de mettre fin à ma souffrance dans quelques minutes comme porte de sortie, j'ai pris deux minutes pour penser à mon affaire. Ces deux minutes-là ont donné la chance à l'une de mes deux amies de prendre son message Facebook, de sauter dans un taxi en m'appelant et d'arriver chez moi pour me dire de ne pas faire ce que je m'apprêtais à faire.

Elle m'a sortie de chez moi et m'a sauvée de moi-même, ou plutôt de la souffrance insoutenable que je vivais à ce moment-là.

Le lendemain, mon médecin m'a prescrit une nouvelle dose d'antidépresseurs, j'ai eu un rendez-vous dans un centre de prévention du suicide, j'ai arrêté de boire de l'alcool (qui avait pour effet de diminuer l'efficacité de mes médicaments) et j'ai commencé à voir ma psychologue souvent. Très souvent.

Il y a quelques mois, je suis allée acheter du kimchi pour mon copain, qui s'occupait de notre fille. Alors que j'étais dans l'allée des condiments, je me suis dit, encore une fois, que je devais mettre fin à mes jours. La dépression était revenue de plus belle depuis quelques semaines et je tardais à prendre mon rendez-vous avec ma psychiatre. J'ai pensé à ma fille, à mon chum et à ma famille. J'ai pensé à mes amies, à mes projets et à mes collègues de travail. Le lendemain, j'appelais ma psychiatre, je contactais ma coordonnatrice, ma directrice et mes collègues de classe pour dire que j'allais avoir besoin de quelques jours *off*. La souffrance qui m'habitait était devenue trop grande et la seule issue que je voyais pour l'arrêter, c'était de me tuer.

J'aurais enlevé à tout le monde autour de moi ma présence parce que je ne supportais plus mon mal. En m'arrêtant pour y penser, je me suis rendu compte que j'en étais incapable. Ma fille et le reste de ma famille avaient besoin de moi. Si je devais recommencer tout le travail pour ne plus être malade et éviter que ma mauvaise gestion de mon mal fasse souffrir mon entourage, j'allais le faire. De toute manière, je connaissais déjà le chemin. ■

Association québécoise de prévention du suicide (AQPS) : 1 866 277-3553

Vivre avec une maladie mentale: la dépression

PAR CAROLANE STRATIS

J'écris ce texte pendant un moment de plénitude, un moment où ça va mieux. Je le sais parce que ma première réaction serait de cesser de prendre mes médicaments, car je n'en ressens plus le besoin.

La première fois que je me suis sentie comme ça, il y a trois ans, ma psychologue m'a gentiment expliqué que c'était le symptôme normal de «ça va mieux» et de «les médicaments font effet». Elle m'a ensuite fortement recommandé de ne pas les arrêter tout de suite, de profiter de mon *break* de souffrance pour réparer mes neurotransmetteurs fatigués en continuant à travailler sur mon mieux-être.

Être. S'il y a bien quelque chose de difficile avec la maladie mentale qu'est la dépression, c'est d'être. Être heureux. Être efficace. Être attentif. Être passionné. Être bien. Être autre chose que la pâle copie de soi-même. Je me suis battue deux fois contre la maladie. C'est une bataille qui n'est pas gagnée d'avance et qui risque de durer toute ma vie. J'ai fait le deuil d'une vie sans pilules et de l'image du long fleuve tranquille.

Depuis trois ans, je me suis mis une mission difficile en tête: celle de faire comprendre à *#LesGens* que ma maladie n'était pas honteuse. Que mon cerveau avait juste un petit défaut de fabrication. J'ai été trop résiliente trop longtemps dans des situations de marde et mes neurotransmetteurs se sont assez fatigués pour faire *fuck off*. J'ai essayé de me suicider. Je pense que j'y pensais depuis que j'avais dix ans. Face à la mort, j'ai pensé aux personnes qui allaient souffrir de mon geste et j'ai *choké*.

J'ai pleuré pendant des semaines parce que je n'étais pas allée au bout de mon dernier recours. Une chance, parce que sinon, je ne serais plus là pour écrire ça. Une chance aussi, parce que je n'aurais jamais eu ma fille, je n'aurais jamais eu les amies qui m'entourent maintenant et, surtout, je n'aurais pas été là pour dire qu'un moment donné, ça finit par mieux aller.

La première fois qu'on m'a dit de prendre ma maladie comme un cadeau, j'ai tellement ri dans ma tête. Je me suis dit «Ben crisse, encore quelqu'un d'un peu ésotérique qui ne comprend pas comment je suis en train de souffrir». Ce n'était pas tellement de ma faute, j'avais mal et j'étais incapable de me projeter dans l'avenir. Avec du recul et après deux épisodes dépressifs, je peux finalement dire que c'est un cadeau.

Au départ, ce cadeau était empoisonné, parce qu'il venait avec son lot de travail (rencontres avec des psychologues, prise assidue de médicaments, arrêt de l'alcool et ménage dans ma vie, mes relations et mes priorités), mais je peux maintenant dire que ce cadeau est devenu beau. Ça m'a permis d'apprendre à me connaître et à me sentir bien. Finalement. ■

Faire un *breakup* avec des ami(e)s

PAR JOSIANE STRATIS

S'il y a une chose que mon adolescence m'a donnée, c'est la capacité de ne pas trop m'attacher aux gens que je côtoie. Ça a l'air intense dit de même, mais je me suis fait *flusher* par des gangs sans arrêt durant presque toute mon enfance et mon adolescence. Et quand même la gang de « rejets » te *flush*, tu sais que ton expérience du secondaire est un peu à chier.

Je ne suis pas une cause perdue non plus. Quand j'ai commencé le cégep, j'ai eu la chance de rencontrer des personnes que j'aime beaucoup et qui sont restées dans ma vie. Mes autres amitiés sont cycliques. Ce qui fait que je me tiens beaucoup avec une personne pour un temps et qu'après je peux changer de gang sans me sentir mal. Par contre, je me suis rendu compte que certaines personnes étaient toxiques. Je pense vraiment qu'il vaut mieux être seule (et faire moins de sorties) que d'avoir des amis de marde (là, je suis un peu dure pour vrai).

QUAND EST-CE QU'ON PEUT *BREAKUP* AVEC DES AMIS ?

Tout le temps ! C'est ça qui est le *fun*. Vos amis et amies doivent vous respecter (c.-à-d. ne pas essayer de coucher avec votre chum, on va dire), mais aussi vous apporter quelque chose. Ce n'est pas tangible ce qu'une amie vous apporte, mais ça se sent quand c'est réciproque. Vous savez, il existe aussi des personnes qui cherchent simplement à faire de la merde un peu partout et dans la vie des autres. Éloignez-vous rapidement de ce type de personne. C'est toxique. Si vos amies parlent dans votre dos, vous pouvez aussi voir ça comme un signe qu'il faut arrêter de leur parler. Les gens négatifs et inutiles = *babaille*.

EST-CE QUE C'EST FACILE ?

Non. C'est un deuil comme un autre. Il faut faire la paix avec sa décision dès le départ et ne pas craquer s'il y a des occasions qui font en sorte que vous les voyez. Personnellement, j'évite les situations où je sais que certaines personnes vont être là, justement pour éviter le malaise, et parce que j'ai trop de choses à faire dans la vie. Je suis toujours franche avec l'organisatrice de l'événement. Je demande qui va être là et si une personne que je n'aime pas est invitée, je décline l'invitation !

COMMENT FAIT-ON CONCRÈTEMENT ?

Il n'y a pas de recette magique pour *breakup* avec une amie. Des fois, je le dis directement. Ça sort jamais bien, je vous le promets, car une fois que les émotions entrent en jeu, les couteaux volent bas. Sinon, vous pouvez juste arrêter de parler à la personne. Vous pouvez arrêter de lui répondre. Vous pouvez l'éviter. Par contre, tôt ou tard, il va falloir l'affronter. Bref, tout dépend du rythme auquel vous voulez *dealer* avec ça.

COMMENT ON SE FAIT DES NOUVEAUX AMIS ?

En créant un blogue. *Joke*. Non. En faisant des activités. Vous pouvez aussi vous trouver des amies sur les réseaux sociaux. Dans ma vie d'adulte, je m'en suis fait pas mal comme ça. Ça prend du temps, mais c'est correct. Profitez des périodes « socialement » calmes pour faire des activités que vous aimez ou même le ménage de votre appart. Il n'y a rien comme un grand ménage complet pour vous faire une nouvelle vie !

EST-CE QUE ÇA PEUT REVENIR ?

Ma politique personnelle avec d'anciennes amies, c'est que si je remarque qu'elles ont changé, ben je peux redevenir amie avec elles. SAUF QUE c'est comme quand un gars (ou une fille) vous trompe dans une relation amoureuse : vous pouvez passer par-dessus, mais la confiance ne sera sûrement jamais *back* au complet.

Dans le fond, il faut juste ne pas oublier qu'avoir des amies, c'est censé être agréable. Vos amies ne sont pas supposées être méchantes avec vous. Elles doivent vous aider à devenir meilleure, vous aider à vous sentir bien (évidemment, cette affirmation-là vaut aussi pour vous). Il faut voir les amies comme de la peinture de mur : si elle est bonne, elle va durer longtemps, mais si elle est poche, vous pouvez toujours la changer quand vous voulez ! ■

Comment je me suis rendu compte que ma consommation d'alcool était *too much*

PAR JOSIANE STRATIS

Je me suis toujours décrite comme une fille qui aime faire le party. J'adore l'alcool. Son effet enivrant. Comment il me permet d'être moins timide, de dire ce que je pense sans penser aux conséquences.

J'aime l'alcool qui m'a permis de frencher un nombre assez correct de filles et de gars dans les bars. J'aime mon côté séducteur sous l'effet de l'alcool. J'aime mon côté revendicateur aussi. J'aime comment je peux boire vraiment beaucoup d'alcool avant de ne plus être capable de le faire. J'aime que l'alcool me fasse penser à rien. M'endormir saoule sans penser. J'aime écrire sous l'effet de l'alcool parce que j'écris rapidement. J'aime faire des travaux d'école un peu *cocktail* parce que je fais des liens entre les matières. J'aime aussi faire l'amour un peu saoule parce que je me sens moins mal.

Il est là mon problème. J'aime trop l'alcool. Je suis incapable de prendre une seule consommation sans en vouloir une autre, sans en vouloir dix autres. Je les enfile les unes après les autres en ne pensant à rien d'autre qu'à boire plus. Je peux écouter un film et boire six à neuf bières.

Pendant longtemps, je cachais mon envie de boire derrière des activités mondaines (ou pas). Le mardi, on sortait dans un bar, le jeudi, on faisait des 5 à 7 interminables avec les gens du bac, débuts de soirée après lesquels j'allais rejoindre mes amies dans un bar après. Le vendredi, ben, c'était le vendredi, fallait sortir. Le samedi, on faisait des soupers entre amies et on allait dans des partys. Il me restait le dimanche pour dessaouler et le lundi. Parce qu'il y avait souvent un petit quelque chose aussi le mercredi.

Tranquillement, le *fun* a commencé à disparaître de ces soirées-là. Je savais que je buvais pour noyer une peine que je ne pouvais pas décrire. Quand on a des alcooliques dans sa famille, il est facile de tomber dans les mêmes *patterns*. *#ÉmileZola*. Parce que c'est la seule façon de régler les problèmes que j'ai apprise. Se saouler et effacer. Puis recommencer.

Sauf que je suis devenue méchante. Triste et conne. Le petit côté festif que j'avais quand je buvais a été remplacé par de la violence et beaucoup de rage. Je me foutais un peu de tout le monde et je n'avais pas peur d'envoyer promener la planète. Mais l'affaire, c'est que ce n'est pas les gens que je haïssais, c'était la violence que j'ai vécue quand j'étais jeune. J'agissais comme ça pour cacher que je *feelais* de même. C'était pas mal plus *deep* que juste me chicaner avec un gars qui me *cruisait* pis qui me gossait.

Et j'ai pleuré. J'ai tellement pleuré. J'avais de la peine et ça sortait tout croche. Souvent, j'allais vomir en arrivant chez moi parce que comme ça, je pouvais pleurer de douleur à la place de pleurer ma vie de marde.

J'ai failli perdre beaucoup. J'ai failli perdre la face. Pis un moment donné, je me suis dit que c'était assez, les niaiseries. J'ai pris le téléphone avant qu'il soit trop tard. J'ai décidé d'investir le montant d'une soirée dans les bars dans un suivi psychologique à la place. Je n'ai pas réussi à parler de tout ce qui me faisait de la peine, mais au moins, j'ai compris les mécanismes derrière ma consommation un peu trop grande d'alcool.

Le plus difficile, quand j'ai décidé de diminuer ma consommation d'alcool, c'était de justifier aux autres pourquoi je ne voulais pas boire ce soir-là. Pourquoi je n'avais pas le goût de prendre du vin à ce souper. Parce que dire que j'ai peur de devenir alcoolique, ça cause toujours un malaise.

J'ai peur de devenir alcoolo et de me retrouver pendant ma cinquantaine à avoir la moitié de mes enfants qui me détestent. J'ai peur chaque fois que je bois. Je me demande pourquoi j'ai décidé de boire autant. Je tombe facilement dans la bouteille quand je *deal* mal avec une émotion.

Je réalise avec le temps que je devrais complètement arrêter de boire. On banalise souvent la consommation d'alcool dans notre société. C'est synonyme de party, de *fun*, de prendre du temps pour soi, de relaxer, de socialiser. Mais ça ne marche pas avec moi. Derrière toutes ces belles occasions, il y a ma peur de ne jamais être capable d'arrêter de boire après juste un verre.

Le truc, c'est que de se rendre compte qu'on a un problème, c'est la première étape. Ensuite, il faut faire aller sa volonté pour savoir quelles doivent être les prochaines étapes. Je ne veux pas être moralisatrice, mais même si prendre le taureau par les cornes est difficile, c'est aussi un très beau cadeau à vous faire. Je dis ça, je dis rien. Parce que je bois encore de cette façon-là, mais juste moins souvent. ■

Le plus difficile, quand j'ai décidé de diminuer ma consommation d'alcool, c'était de justifier aux autres pourquoi je ne voulais pas boire ce soir-là.

Musulmane
made in Québec

PAR SONIA GHAYA

Mon enfance a été bercée par le rythme des prières de ma mère. Cinq fois par jour, beau temps, mauvais temps, elle s'agenouillait face à la Mecque. Je prenais un immense plaisir à l'imiter. Je baragouinais les quelques mots en arabe que je connaissais. Je la trouvais belle, cachée par son voile. Je la trouvais sereine, prosternée devant le mur à réciter des « Allah » presque silencieusement.

Elle m'avait donné un petit cahier qui contenait les sourates[1] à réciter. Je m'amusais aussi à faire le ramadan la fin de semaine. Je voulais faire comme les grands. C'était mon jeu préféré.

Je pouvais passer mes samedis soir à me tartiner les mains de henné devant un film de Walt Disney. Je ne manquais aucun épisode de *Passe-Partout* et j'avais Canal Famille tatoué sur le cœur. Au courant de la même année, on pouvait fêter la naissance du petit Jésus et égorger un ou deux moutons pour célébrer l'Aïd[2].

C'était comme ça chez nous.

Je parlais français aussi bien qu'une Tremblay, accent compris. Je comprenais l'arabe et je portais le nez pointu mieux que personne. Or, ce n'était pas assez. J'étais trop libérale pour certains et trop à cheval sur mes principes pour les autres. Pas assez Québécoise, un chouïa[3] Marocaine et vice-versa.

Je parlais français aussi bien qu'une Tremblay, accent compris. Je comprenais l'arabe et je portais le nez pointu mieux que personne.

---

1. Versets du Coran.
2. Fête, célébration.
3. Peu.

Si ce n'était pas dans les bras de l'homme que je sentais ma différence résonner jusque dans mes os, parce que je n'étais pas assez aventureuse ou prête à le présenter à mes géniteurs, c'était dans les soirées trop arrosées de Boréale dorée que j'entendais cet écho.

N'oublie jamais d'où tu viens.

Non je n'oubliais pas. Ni le désert, ni les caftans[4], ni les youyous[5] de ma grand-mère. Je voulais simplement me débarrasser de ce sentiment de culpabilité de n'être jamais assez. Je naviguais d'un côté à l'autre de l'océan au gré des vagues, accostant là où les gens voulaient bien de moi. Et l'ancre n'était jamais posée bien longtemps.

Mon chemin de croix m'a semblé plus ardu dans ma tête qu'en réalité. J'ai tissé une partie de cette lutte identitaire par moi-même, toute seule. L'autre, c'est dans le regard de mes amis, des passants, de ma communauté que j'ai trouvé l'aiguille pour la broder.

Une musulmane non voilée qui aime le goût du rosé. J'étais le parfait exemple de l'exotisme assimilé. Une étiquette que j'ai rejetée longtemps, parce que ça me faisait mal en dedans de ne pas faire partie d'un seul camp.

Je m'en suis voulu de ne pas entrer dans une case. Se sentir comme un imposteur ici et là-bas, ça use l'âme à longue. J'ai bien beau avoir le pied marin et aimer l'eau saline, j'aimerais ça, moi aussi, rentrer au bercail pour de bon et avoir ce sentiment d'être chez moi.

Aujourd'hui, je ne sais pas si c'est le fait d'être musulmane qui a compliqué les choses, ou bien celui d'être l'aînée d'une famille de cinq filles et donc de devoir agir comme modèle. Par contre, je suis certaine que d'avoir des parents à la fois ouverts et près de leurs racines a façonné la femme que je suis maintenant. Leur islam teinté d'Occident, de rébellion, mais surtout d'histoire et de culture est le plus bel héritage qu'ils m'aient légué. Je l'ai compris le jour où j'ai décidé de lâcher prise. Cette paix intérieure que j'ai cherchée toute ma jeune vingtaine n'existe pas dans vos yeux, qu'ils soient bleus, verts ou bruns. Elle est dans les miens.

Et c'est parfait ainsi. ■

Une musulmane non voilée qui aime le goût du rosé. J'étais le parfait exemple de l'exotisme assimilé.

4. Robe marocaine.
5. Longs cris aigus et modulés.

Le trouble obsessif compulsif: un combat quotidien

PAR ANNIE NONYME

Vous est-il déjà arrivé d'utiliser certaines expressions pour rire, sans vraiment réfléchir à ce qu'elles signifient réellement ? Pour parler de votre penchant pour l'organisation, par exemple, vous dites souvent à la blague que vous avez un T.O.C. Ou encore, pour décrire la température qui change brusquement, vous dites qu'elle est bipolaire.

Malheureusement, je suis une de ces personnes pour qui la maladie mentale n'a rien de drôle. Je veux vous faire part de mon histoire pour vous encourager à réfléchir à la portée de vos mots et à ne pas prendre la santé mentale à la légère.

J'ai toujours été une personne anxieuse, mais au début de la vingtaine, lors de ma première année d'université, cette angoisse a atteint son paroxysme. Je venais de déménager à l'étranger pour l'école et je me retrouvais pour la première fois de ma vie sans le soutien de mes proches.

J'étais en train de souper au restaurant avec des collègues, lorsque soudainement, je me suis mise à penser à quelque chose de vraiment étrange. C'était quelque chose de très méchant et gratuit, à quoi je n'aurais jamais songé naturellement. J'ai essayé de penser à autre chose pour me changer les idées, mais évidemment, plus j'essayais, plus c'était difficile.

Ce soir-là est ancré dans ma tête comme le moment où ma vie a commencé à dégringoler. Ma tête était remplie de pensées insensées et j'avais l'impression de ne plus être en contrôle de mon cerveau. J'étais devenue paranoïaque, à un tel point que je n'arrivais plus à dormir. Je ne voulais plus sortir en public parce que j'étais convaincue que les gens allaient pouvoir lire sur mon visage le contenu affreux de mes pensées.

J'ai aussi développé des manies qui rendaient ma vie quotidienne invivable. Je vérifiais des dizaines de fois que mes portes, mes fenêtres, mon four, etc., étaient fermés. J'avais un rituel selon lequel je devais absolument performer pour m'apaiser avant de me coucher, et qui pouvait prendre des heures. Toute mon énergie y passait. Ma détresse a fini par devenir palpable, ce qui a attiré l'attention de mon entourage. Mes proches m'ont forcée à aller consulter et j'ai enfin reçu un diagnostic après un an d'angoisse : trouble obsessif compulsif.

Malheureusement, le T.O.C. est une maladie encore incomprise et représentée de façon assez stéréotypée dans les médias et au quotidien. Je ne compte plus les fois où j'ai entendu des remarques du genre « *OMG*, j'aime organiser mes livres par date de publication, je suis tellement *OCD* ! ». Mais un trouble obsessif compulsif, c'est beaucoup plus qu'une petite lubie à la limite charmante. Il s'agit d'une réelle maladie qu'on doit prendre au sérieux, par respect pour les gens qui vivent avec.

Le diagnostic ne marque pas la fin de mon histoire, mais le début. Bien que mes symptômes soient atténués par la médication, la maladie fera toujours partie de mon quotidien. J'ai pris une centaine de livres à force de manger compulsivement pour essayer de calmer mon angoisse. Mes médicaments me drainent toute mon énergie et atténuent mes émotions, autant les positives que les négatives. Je suis devenue tellement casanière depuis mon diagnostic que j'ai l'impression que sortir de chez moi pour aller consulter me fait plus de mal que de bien. Je ne veux pas avoir d'enfants, de peur de leur transmettre ma maladie et mon mal intérieur.

Malgré tout, je ne compte pas abandonner la partie. Je travaille très fort pour ne pas permettre à la maladie de prendre le dessus et je peux compter sur l'appui de mes proches lorsque je broie du noir. Je suis fière de ce que j'ai réussi à accomplir dans ma vie malgré mon T.O.C. et tous les jours, je me jure intérieurement que je ne laisserai jamais la maladie me définir. ■

Survivre à un viol

PAR JOSIANE STRATIS

La culture populaire présente le viol comme quelque chose qui se passe dans une vieille ruelle sombre. Un maniaque saute sur une fille, il la viole et il part. La police arrive, passe des tests et recherche le maniaque.

Dans la vraie vie, c'est parfois plus insidieux, mais ça fait aussi mal.

Pour diminuer ou simplement pour essayer de montrer que le phénomène n'est pas si courant, les gens ont aussi tendance à classer les viols. De petit viol à méchant gros viol violent. Comme si les personnes qui nous entourent ne faisaient pas exprès de violer. Comme si les vrais gros viols pouvaient seulement être faits par des maniaques sexuels qui veulent vous faire du vrai gros mal.

Dans la vraie vie, il y a un paquet de zones grises, des zones floues et des zones aux facultés affaiblies.

Si vous n'avez pas donné votre consentement lors d'un acte sexuel, si on vous force à faire des choses que vous ne voulez pas faire, si on profite du fait que vous avez bu pour coucher avec vous, c'est un viol.

Il faut voir vos options. Est-ce que vous voulez le dénoncer à la police ou non ? Ça vous appartient et les deux options ne sont pas faciles. Ensuite, il vous faut du soutien. Ça peut être une amie, un proche de vous ou des personnes ressources extérieures (comme un psy ou un travailleur social). Il existe aussi des groupes de soutien sur Facebook. Il faut savoir que les moments après vont être difficiles.

Dans tous les cas, vous n'êtes pas responsable. Porter une jupe courte, être saoule ou vouloir juste frencher, ça ne justifie JAMAIS un viol.

Si vous décidez de porter plainte, recueillez le plus de preuves possible. L'idéal est aussi de faire sa déclaration avant que ça fasse 72 heures, pour les preuves d'ADN. Vous pouvez choisir d'aller à la police ou à l'hôpital en premier. C'est vraiment comme vous voulez.

Vous allez aussi peut-être penser que ce n'était pas grave et décider de ne pas dénoncer. Le choix vous appartient. Par contre, c'est normal d'avoir peur d'en parler parce que les conséquences peuvent être graves pour l'autre personne. Mais en dénonçant de plus en plus, on normalise les dénonciations.

Par après, il faut faire le deuil de l'événement. Il se peut que vous ne vouliez plus pratiquer d'actes sexuels. Il se peut aussi que vous vouliez faire comme si de rien n'était. La seule affaire, c'est qu'il ne faut pas rester seule, pas dans le sens de vous trouver un partenaire au plus sacrant, mais de trouver un groupe de soutien ou une personne de confiance qui va vous aider dans votre cheminement.

Et vous pouvez survivre à cet acte barbare. Vous relever. Avoir une belle vie. Ça se peut. Il ne faut pas l'oublier. ■

Ode à la culture et au métissage des genres

PAR MARIE-ANGE ZIBI

J'ai toujours pensé que chaque personne avait quelque chose de spécial à offrir au reste du monde. Que chacun naissait avec ce je-ne-sais-quoi d'unique, de singulier, qui le plaçait par défaut à l'avant-scène de ce beau combat perdu d'avance qu'est la vie.

Je m'appelle Marie-Ange Zibi, j'ai un afro, une assez belle dentition et la vingtaine encore pimpante. Je suis née dans le sud de la France, j'ai passé mon enfance à Yaoundé (Cameroun) et je vis depuis près de dix ans à Montréal.

Je fais partie de ces jeunes de la génération « cul entre deux chaises » ; ces enfants d'immigrants à l'identité culturelle double, voire triple ou même quadruple dans le meilleur des cas. J'aurais pu naître à Tombouctou, à Bamako, en Turquie, en Irlande et j'aurais pu parler russe, allemand, mandarin, créole, lingala. Mais l'univers en a décidé autrement.

J'aurais pu être n'importe qui et venir de n'importe où. Est-ce vraiment important ? Je ne pourrais jamais affirmer avoir réellement été victime de racisme ou de toute forme d'oppression majeure reliée à mes origines. Bien sûr, comme 99,9 % des personnes « venant d'ailleurs », j'ai eu droit à des remarques candidement connes, mais leur poids demeure bien trop minime pour réellement avoir un impact. *Ignorance is a bliss* pour certains, et on finit vite par le comprendre.

Je suis de cette nouvelle génération décomplexée, mais consciente de son identité et de la montagne de travail qu'il reste à franchir.

Je crois en l'humain, en l'art, au *Black is Beautiful*, en l'amitié et surtout aux rencontres de la vie. Je fais partie de ces gens qui ont dû s'adapter à tellement de changements que de relativiser les aléas de mon petit quotidien « difficile » de Nord-Américaine est un sport que je maîtrise dorénavant à la perfection.

J'ai longtemps eu de la difficulté à trouver ma place dans ce joli chaos, longtemps hésité à m'affirmer, à trouver qui j'étais ou aspirais être. Il n'y a pas de recette magique, pas de potion à la Astérix et Obélix, pas d'*abracadabra* à prononcer pour y arriver. Mon remède fut la culture et tout ce qu'elle englobe de fabuleux : la musique, l'art et le métissage des genres.

Du plus loin que je me souvienne, j'ai toujours été fascinée par les biographies d'artistes. Ma petite tête de détective précoce voulait comprendre comment ces personnes en étaient arrivées là. Comprendre d'où elles venaient, quelles étaient leurs inspirations.

Les années sont passées, je me suis calmé le pompon (la partie drôle, c'est que j'en ai un, pompon) et j'ai creusé plus astucieusement. Je me suis vite rendu compte que ce qui me passionnait réellement était de travailler au service de l'art et de la culture. Un genre de mécène du 21e siècle, version moins raffinée.

L'art, peu importe sa forme, est l'un des moyens de communication les plus puissants qui soient. C'est l'âme de n'importe quelle société et l'équation mathématique est plutôt simple : pas d'art, pas d'identité culturelle définie.

Montréal est une perle rare en la matière et j'aime l'idée que sans cette ville, je ne serais jamais devenue la personne que je suis actuellement.

Je m'appelle Marie-Ange Zibi, j'ai un afro et une assez belle dentition. Je suis Camerounaise d'origine, Française de naissance, Montréalaise d'adoption, et la culture est à ma vie ce que Beyoncé était aux Destiny's Child.

Stay gold. ■

Quoi faire quand on a une amie qui prend trop de drogue

PAR JOSIANE STRATIS

Une de mes amies préférées prenait beaucoup de drogue. Mis à part que c'était pas le *fun* pour personne, je suis un peu tombée des nues quand j'ai voulu l'aider. Mais, avec l'expérience, j'ai développé des trucs pour aider une personne qui a des problèmes de consommation. Pas pour la sauver, parce que, c'est ben plate : seulement elle peut se sauver.

Cela dit, on peut intervenir doucement. Si la dépendance de quelqu'un vous fait de la peine ou vous dérange, vous pouvez aussi consulter gratuitement le site d'Al-Anon Montréal ou contacter le Centre de réadaptation en dépendance de Montréal. Sinon, les CLSC sont de très bonnes ressources si vous allez à l'urgence psychosociale. Voici des étapes pour aider un ou une amie avec un problème de dépendance :

1. IDENTIFIER LA DÉPENDANCE

Une personne est dépendante quand elle ne peut plus contrôler sa consommation d'une substance ou d'une autre. Ça peut être aussi banal que de penser qu'elle ne peut pas dormir sans fumer un joint. Ça peut être plus intense, comme faire de la coke chaque fois qu'elle sort dans un bar, et sortir le plus souvent possible pour pouvoir faire de la coke. Il y a des dépendances physiques (si la personne arrête d'en prendre, son corps réagit) et des dépendances psychiques (elle pense qu'elle ne peut pas vivre sans). Une personne peut aussi présenter des situations d'abus et de manque de contrôle, sans pour autant être dépendante.

Comme une personne qui se saoule à vomir quand elle boit. Elle peut ne pas boire pendant des mois, mais si elle boit, c'est un peu la galère.

2. DÉCOUVRIR À QUEL POINT LA PERSONNE EST CONSCIENTE DE SA DÉPENDANCE

C'est difficile de prendre conscience d'une dépendance. Dans le sens que la personne va souvent chercher à la nier. Vous pouvez gentiment demander à la personne de ne pas consommer pour voir si elle est capable de ne pas l'avoir quand vous le demandez. Souvent, elle va continuer d'alimenter sa dépendance même sous contrainte médicale. Une dépendance est plus forte que de la bonne volonté.

3. DONNER DES SOURCES D'AIDE

Il faut bien choisir son moment. Si votre amie est accro à la coke, ce n'est pas quand elle est en lendemain de veille qu'elle va être en situation d'écoute. Ni pendant qu'elle est en train de consommer devant vous.

C'est difficile de prendre conscience d'une dépendance. Dans le sens que la personne va souvent chercher à la nier.

Choisissez un jour de semaine, allez vous promener, établissez un climat de confiance. Parlez selon vos perceptions, sans attaquer la personne. Dites-lui que la balle est dans son camp parce que de toute façon, vous ne pouvez rien faire. Contrairement à ce qu'on pense, on ne peut pas amener de force une personne en désintox. Lol pas lol.

4. RESPECTER VOS LIMITES

Sachant que vous ne pouvez pas contrôler la vie des autres personnes. Il faut savoir reconnaître nos limites quand c'est trop. La dépendance, ce n'est pas simple à vivre. La personne doit faire un certain cheminement pour arriver à un point où elle est prête à changer.

5. ÊTRE LÀ POUR ÉCOUTER

Pendant tout le processus, il faut essayer d'être là pour écouter et ne pas juger. C'est difficile. Par contre, ça aide vraiment.

6. RESPECTER LES LIMITES DE L'AUTRE

Vivre avec une dépendance, ce n'est pas facile. Que ce soit pendant ou après, si votre amie met ses limites, vous devez les respecter.

En vieillissant, vous allez être confronté à des personnes qui surconsomment pas mal plus souvent que vous le croyez. Les dépendances, ce n'est pas juste des histoires de personnes qui ne savent pas vivre en société. Une personne peut vivre une dépendance et avoir l'air d'avoir une vie très *nice*. Il existe un paquet de ressources. Gardez ça en tête. ■

La première année d'une éternité

PAR CATHERINE THÉROUX

Pour mon grand frère
Louis-Olivier Théroux
1984-2014

Le 23 janvier 2014, à 2 h 45 du matin, dans une petite chambre du département de néphrologie du CHUM de Sherbrooke, j'ai perdu une des personnes que j'aime le plus au monde. Mon grand frère, mon héros.

Ses reins l'ont abandonné. La vie aussi. Il souffrait et il n'y avait pas de donneur d'organe à l'horizon. Malgré tout, il a réussi à faire la paix avec la vie, et surtout avec la mort. Pour ma part, ça m'a pris du temps à pardonner à la vie de l'avoir maltraité et à la mort de me l'avoir arraché.

La nuit fatidique où j'ai appris qu'il était parti, je dormais depuis à peine une heure. Quand j'ai eu la nouvelle, c'est comme si l'on venait de me donner un coup de poing dans le ventre. J'étais pliée en deux de souffrance.

Ma mère m'a demandé si je voulais aller le voir avant qu'il soit descendu à la morgue. Ce dernier mot m'a fait l'effet d'une claque. Il allait être incinéré, donc je savais que c'était ma dernière chance de le voir. L'espace d'une seconde, j'ai hésité. Je ne savais pas si j'étais assez forte pour le voir dans son lit d'hôpital. Son lit de mort. Une petite voix me disait que si je ne le faisais pas, j'allais le regretter toute ma vie. Je me suis levée comme un robot et je me suis habillée pour aller lui donner un dernier baiser.

Les premiers temps, on n'y croit pas trop. On pense que la personne va revenir. Même si le cerveau sait, le cœur doute. Mes yeux le cherchaient, je m'attendais toujours à le voir.

À l'époque, j'ai beaucoup écrit afin d'extérioriser ma peine. J'aurais tout donné pour savoir comment mon frère allait.

Mon cœur a ensuite commencé à assimiler son départ. Tranquillement. Pendant une seconde, j'étais dans le déni, puis la suivante, je réalisais. Chute de mille étages. Rien ne faisait plus mal que la réalité.

La vie continuait, mais j'avais l'impression qu'une partie de moi était morte avec mon frère. Je me sentais détachée de tout ce qui était censé m'apporter du réconfort. J'ai repris contact avec mon ancienne psychothérapeute, parce que je savais que j'avais besoin d'aide pour traverser ce chemin périlleux qu'est le deuil.

À l'époque, j'ai beaucoup écrit afin d'extérioriser ma peine. J'aurais tout donné pour savoir comment mon frère allait. Nul ne sait ce qu'il y a après la mort et ça varie selon les croyances. Pour ma part, ça ne m'importait guère de savoir où il était. Je voulais juste savoir comment il allait.

J'ai continué à consulter, à m'entourer de personnes qui voulaient mon bonheur et à me fixer des buts. Je me suis souvent remise en question à cette époque. C'est comme si quelqu'un avait pris les tiroirs bien rangés de ma vie et avait foutu le bordel dedans. J'ai fait le ménage de mon existence. J'ai redéfini ce qui était important pour moi. La mort a ce pouvoir de nous ébranler dans nos convictions.

L'été est arrivé. Six mois me séparaient maintenant du décès de mon frère. Même s'il faisait beau et chaud dehors, c'était comme si mon cœur était resté en janvier. Le soleil m'agressait. Je ne voulais que le vent et la neige. L'automne s'est finalement pointé. Mon frère aurait eu trente ans le 17 octobre. Le premier anniversaire est vraiment difficile, parce que ça nous rappelle que la personne ne vieillira plus. Que son souvenir restera figé.

La neige est revenue. Sans lui. Ça faisait un an qu'il était parti et j'étais encore debout, malgré tout. On dit souvent que la première année est la plus difficile et ça s'est avéré plus qu'exact dans mon cas.

Ce fut sans contredit la plus grosse épreuve de mon existence. Un an et demi plus tard, je peux par contre dire que celle-ci m'a forgée. Cet événement m'a transformée, m'a améliorée. Je ne vois plus la vie du même œil, j'ai vieilli énormément au cours de cette année.

Cette épreuve m'a aussi appris que j'étais mon meilleur allié. J'ai su aller chercher de l'aide et des ressources. J'ai découvert une force que je ne soupçonnais pas chez moi. Certes, j'aurais préféré ne jamais vivre cette épreuve, mais je suis fière de la façon dont j'ai réussi à la transformer en levier pour me propulser vers l'avant.

Il me manque encore terriblement et certaines journées sont plus difficiles que d'autres. Mais j'ai appris beaucoup sur moi et sur la vie et je crois fermement que c'est le meilleur hommage que je puisse rendre à mon frère. ■

Vivre avec une personne qui a une maladie mentale

PAR JOSIANE STRATIS

Je peux séparer ma vie en deux parties. La première, c'est quand je pensais que les maladies mentales, c'était pour les faibles ou ceux qui ne sont pas capables de *dealer* avec leurs sentiments. La deuxième m'est arrivée comme un coup de pelle dans la face. C'est quand je me suis rendu compte que ça touchait tout le monde, même les personnes les plus proches de moi, ma sœur jumelle entre autres.

Vivre au quotidien avec une personne qui a une maladie mentale, ce n'est pas de tout repos. Il y a des jours où ça va bien. Il y a des jours où ça ne va pas bien. Il y a des jours où la personne n'est pas capable de se lever de son lit et c'est vraiment fâchant. Ce n'est pas fâchant parce que la personne ne se lève pas, mais parce que c'est plus facile quand tout le monde va relativement bien.

Il faut apprendre à respecter ses limites et apprendre à respecter les limites de l'autre. C'est sûrement le truc le plus difficile de tout ce processus-là. Par chance, ma sœur est *oversharing*, alors on peut facilement parler de nos sentiments. Je ne dis pas que c'est de la façon la plus optimale toutes les fois, mais je crois que l'amour qu'on se porte est plus fort que les bitcheries connes qu'on peut se dire à cause de cette maladie-là.

Je lui montre aussi que je suis là pour elle. Ça peut aussi se traduire par aller faire la vaisselle et laver la cuisine. Ça peut être de garder sa fille aussi. Je ne peux pas toujours être là chez elle, mais je suis toujours disponible au bout de mon téléphone. Je prends des nouvelles aussi. Souvent. Je lui dis que je tiens à elle. Que je suis contente de la voir. J'essaie de lui faire sentir qu'elle est importante.

Il faut aussi se rappeler dans tout ça qu'accompagner une personne dans la dépression, ce n'est pas être là pour la sauver non plus. J'ai choisi le mot *accompagner* parce que c'est ça qu'il faut faire. Si la personne veut parler, laissez-la vous parler. Si elle ne veut pas, respectez ça aussi.

Finalement, si la situation vous affecte, allez chercher de l'aide. Allez voir un psychologue ou une travailleuse sociale. Ça permet de prendre du recul et de pouvoir parler à une personne qui ne porte pas de jugement sur ce que vous vivez. Ce n'est pas votre dépression à vous, mais un professionnel peut vous aider à développer des outils pour aller mieux.

La plus belle chose que vous pouvez faire, c'est apprendre au travers de tout ça à mieux vous connaître et à mieux connaître l'autre. ■

Je ne suis pas un résultat

PAR MARIE-ÈVE SAUCIER

Je m'appelle Marie-Ève et j'ai trente-cinq ans. J'ai peur des écrasements d'avion, des clowns et des autruches.

À part ça (et la peur de perdre mes enfants), je n'ai peur de rien. Même pendant les six mois que j'ai passés avec un conjoint violent, je n'ai pas eu peur.

Je n'entrerai pas dans les détails sordides, car ce n'est pas la violence conjugale que je veux mettre de l'avant. Ce qui, selon moi, devrait ressortir de mon expérience, c'est ma force. Ma résilience. Ce que j'ai appris. Comment j'ai utilisé tout ça pour devenir la femme que je suis aujourd'hui.

Mais je n'arrive pas à trouver de grande conclusion, de lien entre l'épreuve et l'issue. Je ne suis pas un résultat. Longtemps, j'ai cherché de grandes phrases toutes belles et bien pensées. Des *punchlines* songés qui transforment la vie en *hashtags*.

Souvent, on me félicite de m'en être sortie. Chaque fois, ça me surprend, car pour moi, ne pas m'en sortir n'était pas une option. C'est arrivé, et depuis, je vis autre chose. Je ne sais pas si c'est sain. Probablement pas, car si j'avais pris le temps de faire le point sur la situation, sur moi, si j'avais tout arrêté pour vérifier si tout allait bien dans ma tête, je n'aurais pas besoin d'en parler encore aujourd'hui. Mais est-ce mieux d'arrêter d'en parler ? Je ne crois pas.

J'ai partagé mon histoire sur le blogue *TPL Moms* « L'histoire de Joe Tannant » et ça a semblé faire du bien à plusieurs lectrices. À moi aussi, en fait. La vague d'amour et de solidarité qui a suivi est venue valider mes souffrances, me valider moi. J'ai eu peur de passer pour l'ex-vengeresse qui veut à tout prix se faire justice sur Internet. J'ai douté, encore, de la légitimité de mon statut de victime. Dix ans après les faits, la partie de moi qui se sent coupable de s'être fait battre (même enceinte) existe encore. Je ne peux expliquer pourquoi. Je ne sais pas pourquoi.

Les séquelles que j'ai gardées de l'expérience sont étranges. J'ai du mal à être bien avec des gens que je ne connais pas beaucoup. Je me reproche des gestes, je m'accuse des mots que j'ai prononcés. Je me noircis, car je veux bien paraître. Être appréciée de tous. Ne pas être « cette fille-là ». Je n'étais pas comme ça, avant Joe. Je ne suis pas psychologue, mais je ne pense pas que ce soit bon pour ma tête, tout ça. Car je me mets de la pression et je crée une illusion de moi. Pour moi et pour les autres, pour les autres donc pour moi.

J'ai peur de réfléchir sur mes victoires, car ça les rend lourdes et compliquées. Je ne veux pas avoir peur de mes victoires. Je les vis, je suis là, j'ai gagné, je suis bien.

J'ai arrêté de perdre du temps à chercher des conclusions. À trop vouloir faire le point, tout devient compliqué et absurde. Mais ça, c'est moi. À chacun sa façon de vivre après la violence conjugale.

Me lever et rire : voilà comment je m'en suis sortie. Voilà comment j'ai choisi de vivre.

Je m'appelle Marie-Ève, j'ai trente-cinq ans et je suis heureuse. ■

Dix ans après les faits, la partie de moi qui se sent coupable de s'être fait battre (même enceinte) existe encore.

Couper les ponts avec ses parents

PAR ANNIE NONYME

J'ai toujours su au fond de moi que mes parents n'étaient pas comme les autres. Mon père parle fort. Il est colérique. On avait des règlements pas le *fun* à la maison, comme des couvre-feux jusqu'à très tard dans mon adolescence. Mon père me faisait honte, la plupart du temps. Ma mère, elle, buvait.

Au début, je ne m'en rendais pas vraiment compte parce que je ne connaissais pas vraiment l'allure de l'alcool ni ses effets. Un jour, j'ai compris. Ça s'est aussi aggravé avec le temps. C'est fou le nombre de fois où j'ai rêvé que mon père disparaissait. J'aurais voulu qu'il meure. Des centaines de fois. Comme la fois où il a frappé ma sœur au souper parce qu'elle mangeait ses artichauts trop fort. Comme la fois où il nous avait fait sentir que nous avions gâché Noël à cause de notre existence.

Une fois, mon père a dû aller à l'hôpital parce qu'il avait fait de l'angine de poitrine et j'étais vraiment contente. J'étais la seule de ma famille qui ne pleurait pas. Si seulement ça avait été la bonne.

Vivre dans un environnement violent, ce n'est pas facile. Surtout quand c'est de la violence psychologique. C'est difficile de sortir du cercle de la violence, parce que tu penses toujours que tu es de la marde. Que tu ne peux pas vivre sans ça ! En fait, quand ça fait partie de ta vie familiale, c'est encore plus dur parce que tu penses que c'est comme ça dans toutes les familles.

Mais non, ce n'est pas comme ça dans toutes les familles.

Le premier parent que j'ai décidé d'enlever de ma vie a donc été mon père. Comme toute bonne personne violente, il a décidé de sortir des stratégies loufoques pour essayer de garder le contrôle sur moi. Ça n'a pas marché. Je l'ai bloqué de ma vie comme on bloque un *spam* ou les maudits appels pour dire qu'on a gagné un voyage. Ça va faire deux ans.

Pour ma mère, ça a été plus long. Elle est malade et je l'ai souvent vue en victime. J'ai souvent pensé qu'elle était du côté de ses enfants. Mais non. Elle était du côté de la bouteille. L'alcoolisme, c'est pernicieux. C'est présent, tu le sais, mais tu essaies de ne pas le voir parce que c'est laid.

Elle a commencé à être méchante avec moi, donc j'ai arrêté de l'appeler le soir. C'est quand elle m'a traitée d'épaisse parce que j'étais stressée de me faire avorter que j'ai compris que l'alcool lui montait à la tête. J'ai aussi compris que ma mère n'était pas la personne que je croyais. Avec l'alcool, elle n'était plus une mère.

Quand j'ai vu comment la maladie (ou *whatever* ce que l'alcoolisme est selon vous) a pris toute la place, surtout celle de l'amour pour ses enfants, j'ai pris la décision de ne plus lui parler. Cette journée-là, elle a écrit à mon chum sur Facebook pour parler dans mon dos dans un accès de colère. Elle a voulu encaisser un chèque à mon nom en imitant ma signature. C'est la goutte qui a fait déborder le vase.

Arrêter de parler à ses parents, c'est vraiment difficile parce que si tes parents ne sont pas morts, tout le monde suppose qu'ils sont corrects avec toi. Des fois, ce n'est pas le cas.

Les différentes fêtes sont difficiles. Genre, vraiment. Parce que tout le monde fête avec sa famille. La mienne n'est pas le *fun*. J'essaie de ramasser toutes les petites parcelles de famille que je trouve. Quand ma boss me félicite, je me dis qu'elle est un peu comme ma mère.

J'aimerais encore ça qu'ils changent. J'aimerais croire à un tel changement. Ma tête espère, mais mon cœur sait que c'est presque impossible. Je fais tranquillement mon deuil d'une famille normale. Je fais le deuil de mes parents avant leur mort. ■

Perdre un parent à l'adolescence: devenir adulte avant l'temps

PAR CAMILLE PERREAULT

Le deuil, personne ne vit ça de la même manière. Encore moins lorsqu'il s'agit du deuil d'un proche. Oui, y a les étapes du deuil – choc, colère, déni, marchandage, dépression et acceptation – par lesquelles les spécialises, cliniquement, cherchent à quantifier/qualifier/universaliser le phénomène, mais bon, c'est pas parce que des psychologues et des thérapeutes se sont entendus sur cinq étapes à franchir avant d'être « guéri » d'un deuil que ça se passe comme ça pour tout le monde. Avant tout, c'est une expérience personnelle à chacun.

Je vous parle donc de mon deuil, de la mort de mon père, de mon expérience. Pour vous dire que ça finit toujours par aller, malgré tout.

J'avais dix-huit ans quand mon père est décédé. Seize, quand il est tombé malade pour la première fois. Simultanément, mon seul grand-père, le père de ma mère, est tombé malade aussi.

Le vendredi 13 mars 2009, le cancer a fini par détruire mon père. Quarante-cinq jours plus tard, le 27 avril, mon grand-père mourait à son tour. Dans la même chambre des soins palliatifs que mon père avait occupée à la fin de sa vie. Six mois plus tard, le chien de mon père, mon chien, mourait du cancer, et l'été suivant, ma grand-mère mourait des conséquences de l'alzheimer.

Cet intervalle de deux ans lorsque mon père a été malade – et les trois années suivantes – a été source de grandes angoisses, de grandes tristesses, et de grandes colères. Ces années formatrices, où mes amis et collègues de classe découvraient les plaisirs de la vie de presque jeune adulte, je les ai vécues dans un univers parallèle.

J'essayais de concilier performance académique, performance professionnelle et performance sportive ; vie sociale et vie privée ; relations familiales et relation amoureuse.

J'essayais d'être normale, quand tout ce que je vivais à la maison était loin d'être la norme.

J'essayais de *dealer* du mieux que je pouvais avec des responsabilités et des problèmes de grandes personnes.

J'essayais de cacher ma peine, parce que celle de ma mère était si grande et celle de mon petit frère si destructrice. Fallait que je sois forte pour eux, non ?

En *burnout* à presque dix-neuf ans et avec un diagnostic de trouble anxieux généralisé, j'ai fait mon entrée dans le monde des adultes par la crisse de grande porte.

Ça a pris beaucoup de temps pour que j'accepte de l'aide. Que j'accepte que de ne pas être tout le temps la plus forte, la plus présente, la meilleure à l'école, ce n'était pas un échec.

Avec l'aide d'une psychologue, j'ai appris à gérer mon angoisse, mes crises. J'ai appris que je devais imposer mes limites aux autres, même si c'était des membres de ma famille. J'ai appris que si je me reléguais au second plan, je ne m'en sortirais jamais.

Au travers de tout ça, j'ai rencontré un garçon. Un garçon néfaste, mais ça, je ne pouvais pas le voir. Il faisait grandir mon angoisse, mais je me disais que c'était simplement le deuil qui me faisait ça. Je n'arrivais pas à comprendre qu'une grande part de ma détresse lui était attribuable. La violence psychologique (et physique, je dois l'admettre) isole comme pas une. Dissocier la source de mes angoisses était si difficile, j'avais tout de même juste vingt ans.

Quand j'ai finalement mis un terme à cette relation toxique, après trop longtemps, j'ai eu une épiphanie.

Par rapport à la mort de mon père, et à celle de mes autres proches.

En mettant fin à cette vilaine relation, j'ai pris du mieux. J'ai pu y voir plus clair. Je me suis rappelé ce que j'avais appris en thérapie quelques années plus tôt.

J'ai repris ma vie en main et je me suis fait une promesse : mon bien-être psychologique sera plus important que toute chose.

Un ex m'a reproché d'être intransigeante, je lui ai répondu que si être intransigeante était la clé de mon bonheur, *so be it*.

À maintenant vingt-cinq ans, je sais ce que je veux, je sais que je mérite d'être bien. J'ai encore de la peine quand je pense à mon père, quand je me rappelle qu'il ne sera jamais là dans les étapes importantes de ma vie. Je vais toujours en avoir de la peine. On n'oublie pas.

Mais à vingt-cinq ans, je suis heureuse, enfin. Je n'ai pas de regret, malgré les mauvaises décisions par rapport à cette ancienne relation toxique et à mon adolescence manquée.

À vingt-cinq ans, je sais qui je suis et je m'accepte, avec mes forces et mes faiblesses.

Mon père m'a causé la plus grande peine de ma vie, mais il m'a aussi fait le plus beau des cadeaux : il a fait de moi une personne forte, sensible et indépendante. *Hang in there*, ça va finir par aller. ■

La fois où mon corps a décidé que je n'étais pas prête à être maman

PAR VALÉRIE D'AUTEUIL

Février 2015, j'ai un retard d'une semaine de mes règles et je suis dans ma chambre à coucher avec mon amie Alexandra. Je veux lui montrer la couleur de mes mamelons, parce qu'ils sont plus foncés que d'habitude. Elle pense que je suis enceinte. Au fond de moi, je sais qu'elle a raison. Je suis terrorisée.

Quand je pense à subir un avortement, j'ai la nausée. J'ai peur de la réaction des gens, de ma famille, de mes amies qui peinent à tomber enceintes.

Quelques jours plus tard, je passe un test de grossesse. Il est positif. Je tremble, je pleure, mon chum est muet. Je ne suis pas heureuse. Je sais que les femmes ne réagissent pas toutes de la même façon à l'annonce d'une grossesse, mais je sens qu'il y a quelque chose qui cloche avec moi. Je fais une crise d'anxiété dans les bras de mon chum sur le divan de notre salon. J'ai perdu le contrôle de ce qui m'arrive.

Je ne vais pas travailler le lundi suivant.

Je sens que je sombre. Je n'ai que de vagues souvenirs de cette période pendant laquelle je n'arrive plus à me concentrer, à parler sans entendre ma voix vaciller ou à simplement lire un livre. J'apprends que je fais partie de l'équipe de *Ton Petit Look* la même fin de semaine où j'apprends que je suis enceinte. Je ne saute pas de joie. Je suis incapable d'être heureuse.

J'ai toujours su que je voulais des enfants. J'ai toujours eu cette envie viscérale, ce désir enfoui au fond de moi. Je demande conseil à des amies. On me dit que c'est normal d'avoir peur, d'appréhender la chose, mais que j'ai tout ce qu'il faut pour être une bonne mère et que malgré mes craintes, tout ira bien. J'en parle aussi avec des femmes ayant subi un avortement, parce que même si la procédure me terrorise autant que l'idée de poursuivre ma grossesse, cette option habite toujours mes pensées. J'ai l'impression de vivre dans un rêve. Je ne veux rien savoir de la réalité.

Quand je pense à subir un avortement, j'ai la nausée. J'ai peur de la réaction des gens, de ma famille, de mes amies qui peinent à tomber enceintes. J'ai un chum merveilleux, nous nous aimons, nous avons des emplois de grandes personnes, pourquoi est-ce que dans ma tête, à mon âge et dans ma situation actuelle, ça ne marche pas ? J'arrête toutefois de boire de l'alcool et de manger du poisson cru. Je n'ai pas l'intention de mettre le petit bout qui grandit en moi en danger, même si je ne sais toujours pas ce qui en adviendra. Allez comprendre.

Je n'ai toujours pas pris de décision quand je commence à avoir des saignements et des crampes, au bureau, un jeudi après-midi. Je ne vais pas travailler le vendredi. Je fais une autre crise d'anxiété au téléphone avec une infirmière d'Info-Santé, qui semble plus s'inquiéter de ma santé mentale que de ma santé physique. Le vendredi, je cherche une clinique où un médecin pourrait m'aider dans mon quartier, sans succès. Je suis méconnaissable. Je tremble sans raison et je pleure constamment. Le samedi, c'est la Saint-Valentin. Mon chum et moi soupons ensemble et j'oublie presque la peine qui me ronge depuis une semaine et me rend si misérable.

Par contre, je me réveille le lundi matin en saignant abondamment. J'ai mal à ne plus pouvoir respirer. Mon chum m'accompagne à l'hôpital. Je perds le bébé dans les toilettes, entre une prise de sang et la sonde intra-utérine dans le département de radiologie. Je vois des choses qu'aucune femme ne devrait voir. Les infirmières me donnent des ativans. Ça endort un peu ma peine. Je suis sous le choc. Je passe la journée à l'hôpital. Mon corps en a eu assez et a pris la décision fatidique à ma place.

De retour à la maison, je suis soulagée et triste à la fois. Les hormones descendent. Je ne suis plus enceinte et je dois m'y faire. Je ne travaille pas pendant une semaine. Je pleure beaucoup.

J'ai longtemps pensé que l'annonce d'une grossesse était synonyme de bonheur et que quand mon tour viendrait, après celui de mes amies, de ma famille et des gens dont j'avais l'occasion de voir les enfants naître et grandir par le biais des réseaux sociaux, je serais prête, épanouie et heureuse.

Or, la pression sociale et l'anxiété ont fait en sorte que ma grossesse et sa fin abrupte m'ont laissée avec un immense sentiment de culpabilité.

Quand est-ce qu'on est prête ? Est-ce que le bon moment existe vraiment ? Les femmes de mon âge sont mères, ont une famille, un condo, un chien. Aujourd'hui, je comprends que la normalité autour de moi m'a étouffée et écrasée. Elle m'a fait douter de moi-même. Je n'avais pas l'impression d'être normale.

Pourquoi n'étais-je pas prête ? Si je l'avais été, aurais-je été aussi anxieuse ? Est-ce que l'anxiété avait fait du mal au petit être qui poussait en moi ?

Mon corps m'a abandonnée, trahie, et je l'ai détesté. Il a décidé pour moi, a préféré me faire souffrir plutôt que de me rendre radieuse comme mes amies mamans.

***

Au moment d'écrire ces mots, quatre mois plus tard, je n'ai presque plus mal lorsque je croise des bébés sur ma route, mais mon cœur se serre encore quand je pense que je serais peut-être à six mois de grossesse. Je ne sais toujours pas si j'avais finalement pris une décision, et si celle-ci aurait été la bonne. Je fais mon deuil progressivement, mais je me sens encore vide parfois. Je n'ai pas pu choisir de mettre un terme à ma grossesse ni de devenir maman.

Un jour, je vais devenir maman, j'espère même être heureuse du résultat positif de mon test de grossesse. Le temps arrange les choses, je crois. Tout ira bien. ■

J'ai longtemps pensé que l'annonce d'une grossesse était synonyme de bonheur [...]

9

TON PETIT LOOK
Guide pour une vie adulte (genre) épanouie

LA VRAIE VIE VIRTUELLE

« Ça n'est pas difficile de passer pour fort, va; le tout est de ne pas se faire pincer en flagrant délit d'ignorance. »

— Guy de Maupassant, *Bel-Ami*

La vraie vie vs les réseaux sociaux

Bref, la vraie vie et les réseaux sociaux, c'est un peu la même chose. C'est juste que c'est transposé dans un médium que vous ne pouvez pas vraiment toucher avec vos mains, mais qui peut réellement toucher une personne, ou même vous.

PAR JOSIANE STRATIS

Quand j'étais étudiante à la maîtrise en communication, un de mes passe-temps était de me chicaner avec mes collègues de classe pour dire que je ne croyais pas à ça, le côté seulement « virtuel » des réseaux sociaux. C'est sûrement parce que ceux-ci avaient déjà eu un gros impact sur ma vie personnelle.

C'est quand même vrai. Quand j'argumentais à propos des réseaux sociaux, après coup, je ne me sentais pas toujours bien dans ma vie réelle. Quand je vois quelque chose qui me fait de la peine, ma peine est tangible. Je la sens dans mon corps. Les larmes sont là pour vrai.

Ce qui me gosse avec cette dichotomie présentée entre le monde virtuel et le monde réel, c'est que les conséquences des actions existent pour vrai. Parlez-en aux dizaines de milliers de personnes qui se font harceler sur Internet et qui vivent mal avec ça. Parlez-en aux personnes qui perdent leur emploi parce qu'elles ont écrit de la marde sur leur job sur Facebook. Ou à une fille qui a surpris son chum à « sexter » avec une autre fille.

Je crois que c'est important d'en prendre conscience assez tôt. De faire attention à ce que vous faites sur les réseaux sociaux. De ne pas dire n'importe quoi sous le prétexte de la liberté d'expression. En passant, la liberté d'expression, c'est vraiment complexe ; oui, ça veut dire que le gouvernement ne peut pas t'arrêter pour tes opinions, mais c'est pas une formule magique pour avoir le droit d'inciter à la haine… et de dire n'importe quoi.

Bref, la vraie vie et les réseaux sociaux, c'est un peu la même chose. C'est juste que c'est transposé dans un médium que vous ne pouvez pas vraiment toucher avec vos mains, mais qui peut réellement toucher une personne, ou même vous.

Et si vous pouvez apprendre des erreurs des autres, c'est déjà bon. Comme ça, votre vie à vous sera meilleure. Et plus douce aussi. ■

Gérer ses informations personnelles sur Internet

PAR CAROLANE STRATIS

Il y a deux ans, j'ai pris une soirée de ma vie pour enlever toutes les photos de moi à l'époque peu glorieuse de mon cégep. J'ai fait ça parce que j'étais tannée de les voir et de me remémorer que mon activité principale était de sortir dans les bars pis je voulais aussi être en contrôle de l'image que je projetais sur Internet. J'ai l'air anal, mais c'est comme ça que je me sens bien.

Il est venu un temps ou je me suis mise en couple avec un gars qui ne voulait pas partager sa vie sur le Web. Drôle d'adon qu'il sorte avec une fille un peu trop *oversharing*, vous allez me dire. L'affaire qui est poche, c'est que c'est la personne qui dit non et qui met ses limites plus serrées qui a le mot final. En même temps, si vous êtes dans ce genre de situation, vous n'êtes pas obligé de ne plus mettre de photo ou de statut sur votre couple. Vous pouvez soit demander la permission à l'autre ou bedon user de votre créativité pour surfer sur la limite. Je fais ça sur Instagram avec les photos de ma fille. Je ne montre jamais son visage (je montre toujours un maximum du tiers de son visage) et ça m'oblige à tourner autour d'elle pour prendre des photos d'un angle différent. Du gros *fun*.

En ce qui vous concerne en tant qu'individu, c'est à vous de mettre vos propres limites sur ce que vous êtes à l'aise de mettre sur les réseaux sociaux (avec comme balise les règlements du site *#FreeTheNipple*). Si vous aimez parler de sexe, montrer vos seins, mettre des photos de vous en culotte, vous avez tout à fait le droit de le faire. Si vous voulez citer vos enfants, *go for it*! Dans le fond, faites-vous votre propre ligne éditoriale.

Ceci étant dit, voici les informations que vous ne devriez jamais partager sur le net :

- Numéro d'assurance sociale
- Adresse physique (surtout si vous ouvrez vos réseaux aux quidams)
- Numéro de téléphone
- Numéro de carte de crédit
- Mots de passe ■

Comment survivre aux commentaires négatifs sur les réseaux sociaux

PAR JOSIANE STRATIS

Une fois, j'ai mis une photo de moi sur Instagram. Je me sentais bien dans mon kit de feu, qui était à la fine pointe de tout ce que mes blogueuses mode préfs' portaient sur Pinterest: une robe sans forme noire, un chandail blanc contrastant et une paire d'espadrilles. Comme il faisait frais, mais pas assez chaud pour enlever mon chandail, j'ai remonté les manches. J'ai décidé de faire un article sur *Ton Petit Look* pour parler de mon ensemble. Ma photo a eu pas mal de *likes*.

Je mets beaucoup de détails, parce que c'est important. Quand je suis allée voir les commentaires sur le billet en question, j'ai fait le saut. Les gens me traitaient de grosse, me disaient que je ne devrais pas porter de blanc, que j'avais de grosses chevilles et que je mangeais mal, vu que je mettais aussi mes poutines sur Instagram. Ils disaient que je méritais de me faire traiter de grosse, parce que je le cherchais, en tant que fille *plus size* (!). On m'a même dit que ce n'était pas flatteur d'avoir d'aussi gros bras, à cause des plis que les manches faisaient en étant remontées.

J'ai vraiment eu de la peine. Pas parce qu'on m'associait à une forme de corps que je n'avais pas, mais parce que les gens me disaient ce que j'avais « le droit » ou « pas le droit » de porter et de manger.

La stratégie que j'ai utilisée pour répondre à la méchanceté dont j'étais victime a été de l'exposer au grand public. De la mettre en évidence. Je vous le dis tout de suite, ce n'est pas facile à faire. Certaines personnes ne comprennent pas à quel point ça fait mal de se faire attaquer sur les médias sociaux. Mon but, ce n'était pas d'envoyer une armée pour attaquer mes détracteurs non plus, mais certaines personnes ont fini par enlever leur commentaire méchant, parce qu'elles ont compris que c'était *out of the line*.

En passant, vous pouvez vous aussi supprimer les commentaires méchants. Rien ne vous force à garder dans vos propres publications les propos qui vous font de la peine. Vous pouvez aussi bloquer les personnes méchantes et mesquines. Ce sont vos réseaux à vous.
À personne d'autre. Le but, c'est de vous sentir bien et de ne pas accepter la marde des autres sous prétexte que vous vous exposez sur Internet. Jamais. Personne ne mérite de se faire traiter de façon pas gentille. Personne. ■

Médias sociaux

L'étiquette de la parfaite utilisatrice

PAR JESSICA GARNEAU

Les médias sociaux sont un tourbillon. Jour et nuit, de nouvelles informations nous sont envoyées en rafale. INTERNET NE DORT JAMAIS ! Ça peut être aussi varié que votre amie du secondaire qui n'est plus avec son copain, votre chanteur préféré qui sort un extrait inédit de son dernier album, le chat de votre amie qui fait les petites faces les plus *cutes*, etc. Rapidement, on tombe dans une spirale de laquelle il est difficile de sortir. Toujours en savoir plus, toujours en partager plus.

Combien sommes-nous à aller plus de cinq fois par jour sur Facebook, Instagram, Twitter et compagnie ? Personnellement, je suis complètement accro à cette « drogue sociale ». Comme il n'y a pas de manuel d'instructions pour gérer sa consommation avec modération et intelligence, voici quelques petits conseils d'une utilisatrice aguerrie, afin d'avoir une relation plus saine et réfléchie avec les médias sociaux.

Règle d'or : ne mettez jamais quelque chose sur Internet que vous ne voudriez pas voir sur la couverture d'un journal. Tout ce qui est publié sur Internet a un potentiel viral, que ce soit à votre avantage… ou pas. Souhaitez-vous vraiment que la vidéo de vous en train de hurler du Whitney Houston en pleurant, un verre trop rempli à la main, vous propulse au sommet du Web ? Warhol l'a dit : « *In the future, everyone will be world-famous for 15 minutes.* » Je suis certaine que votre prestation est touchante, mais il y a fort à parier que vous préféreriez devenir célèbre pour vos autres talents.

Avant d'identifier (de *tagger*, pour les initiés) des amis ou des membres de votre famille, assurez-vous que ces gens sont d'accord et que ça ne les met pas dans une situation délicate. C'est un petit geste qui témoigne d'un grand respect. De votre côté, demandez la même chose de leur part. Pour contrôler le fait que certains de vos amis (ou votre mère) sont peut-être moins sensibles à cette demande, vous pouvez toujours ajuster vos *settings* en conséquence. Ainsi, Facebook (LOL) vous demandera votre autorisation avant d'afficher les mentions ou identifications. C'est tout à votre honneur de vouloir contrôler votre image.

Faites « un ménage » de vos amis et des gens que vous suivez de temps à autre. Votre valeur sociale n'est pas définie par le nombre d'interactions que vous avez ni par votre nombre d'amis virtuels. C'est correct de réaliser que vous avez évolué différemment de quelqu'un et que ça ne vous intéresse pas de savoir ce que cette personne devient. Si vous vous sentez mal de supprimer quelqu'un, vous pouvez simplement le *unfollow*. Aussi, ce n'est pas parce que quelqu'un vous suit que vous devez absolument lui rendre la pareille (ex. : votre tante). Vos interactions n'en seront que plus vraies et vous éviterez de vous censurer par peur d'insulter quelqu'un que vous ne connaissez pas vraiment. Tout le monde est gagnant !

La vie sur les Internets, ce n'est pas toujours rose! Malheureusement, les attaques personnelles sont vite arrivées avec l'illusion d'anonymat que procure un écran d'ordinateur. Si vous n'avez pas envie de vous lancer dans une guerre de commentaires sans fin, embarquant au passage vos amis qui vous soutiennent à grands coups de *likes*, c'est correct. Personne ne vous jugera parce que vous décidez d'ignorer quelqu'un, ou même de supprimer le commentaire. Si vous tenez à mettre certains points au clair, faites-le en privé, directement avec la personne concernée.

Finalement, voici quelques petits trucs pour vous aider à limiter votre consommation :

- La photo de votre déjeuner peut attendre...
- ... la dernière publication de votre ex, encore plus.
- Laissez votre cellulaire à la maison. Ne le sortez pas au restaurant.
- Résistez à la tentation de mettre une photo là, tout de suite, sur Instagram lorsque vous passez du bon temps.
- En vous abstenant, vous verrez que vous profiterez encore plus de ces moments. Si votre iPhone vous brûle les doigts, prenez une photo et partagez-la plus tard!

Essayez aussi de limiter vos visites quotidiennes à des moments précis. Faites le tour de vos médias en revenant de travailler, par exemple, ou en dînant, pour vous changer les idées. Vous gagnerez tellement plus de temps pour faire autre chose. *#ByeByeProcrastination.* ■

Les choses que Marie-Hélène aime partager sur Instagram

PAR MARIE-HÉLÈNE GOULET

De façon tout à fait arbitraire:

1. Son chat.

2. De beaux objets tenus de la main droite devant un fond blanc (ou visuellement intéressant).

3. La moitié de son visage (une théorie dit que le cerveau de la personne qui voit la photo reconstruit une version plus symétrique, donc plus attrayante, du visage en question).

4. Des tasses de café avec du café dedans.

5. De la poutine.

6. Ses jambes.

7. Des robes de mariée.

8. L'océan Pacifique. ■

10

TON PETIT LOOK
Guide pour une vie adulte (genre) épanouie

ÇA VA BEN À' SHOP

« On est tous pareils, tous des gens d'argent. Il suffit de commencer à en gagner. »

— Marguerite Duras, *Des journées entières dans les arbres*

Rédiger un bon curriculum vitæ

PAR ALEX VIENS

Dans la liste des choses les plus plates à faire de l'univers, on peut trouver « rédiger son CV » juste au-dessus de « devoir se lever du bol pour changer le rouleau de papier de toilette ». J'ai vérifié.

Mais aussi plate que ça puisse être, un bon CV peut faire toute la différence dans l'obtention de votre poste de rêve. C'est aussi important si, comme moi, vous essayez de vous prouver chaque jour que vous êtes quelque chose qui ressemble à un adulte.

Afin d'accompagner cette pénible rédaction, voici mes cinq commandements pour vous assurer que votre curriculum vitae soit de la bombe atomique :

1. ÊTRE IDENTIFIABLE

Un bon CV vous identifie dès le début. La base : votre nom complet, votre numéro de téléphone (spécifiant s'il s'agit d'un cellulaire ou d'un numéro à domicile), votre adresse postale ainsi que votre adresse courriel.

Attention...

Prenez soin de vous protéger. Un CV, ça peut passer dans les mains de beaucoup de gens. Et ça peut même terminer à la poubelle ! N'incluez pas votre numéro d'assurance sociale ou toute autre information pouvant vous être volée.

Je vous conseille également de ne pas fournir votre date de naissance, à moins qu'elle ne vous soit demandée. Vous n'avez pas besoin qu'on vous fasse de l'âgisme avant même d'avoir pu faire vos preuves en entrevue.

2. ÊTRE CLAIR

Gardez la présentation de votre CV nette, épurée et professionnelle. Le but d'un CV est qu'on puisse le lire aisément. Utilisez des polices standards et faciles à lire comme Times New Roman ou Arial – ma préf'.

Attention...

Résistez à l'envie de personnaliser votre présentation. Les dessins, le papier qui sent les fleurs ou les polices sympathiques (désolée, Comic Sans MS), c'est une autre belle façon d'inciter l'employeur à n'utiliser rien d'autre que son opinion et son sens du goût. Misez simplement sur votre potentiel – exceptionnel – de futur employé ou de future employée.

3. ÊTRE PERTINENT

Faites le tri de vos expériences : mettez de l'avant ce qu'il est pertinent de savoir pour l'employeur. En organisant vos expériences et vos études de la plus récente à la plus ancienne, vous vous assurez que les informations les plus intéressantes sont visibles au premier coup d'œil.

N'ayez pas peur de faire plusieurs versions de votre CV afin de l'adapter au poste convoité. Une version pour un travail dans le service à la clientèle, par exemple, ou une autre version pour un poste dans le domaine de la restauration. *Capiche*? Oui, c'est plus de travail, mais ça porte fruit.

Attention...
Évitez de tout mettre simplement pour prouver que vous avez eu plusieurs emplois. Deux ou trois expériences pertinentes, ça vaut plus que n'importe quelle fois où vous avez été rémunéré pour distribuer des coupons pour un p'tit pain dans un souper spaghetti.

4. ÊTRE CONCIS

Dans la description de vos tâches dans chaque expérience de travail, limitez-vous à cinq points principaux. Parlez à l'impératif plutôt qu'au « je » et laissez vos actions parler d'elles-mêmes.

Attention...
Un CV contenant une ou deux pages, ça a beaucoup plus de valeur qu'une mini-autobiographie en quatre volumes mentionnant votre diplôme d'études primaires (sérieux, non). Un employeur ne passera généralement pas plus d'une minute sur votre CV. Soyez donc certain qu'il est court et efficace !

5. ÊTRE IRRÉPROCHABLE

Un nombre effarant de gens voient leur CV jeté à la poubelle parce qu'ils ont fait une faute dans les mots « curriculum vitæ ». C'est chien, mais c'est ça : les fautes d'orthographe vont parler plus fort que votre potentiel. Assurez-vous de relire votre CV plutôt que de vous fier uniquement au correcteur automatique.

Mettez toutes les chances de votre côté : ne mettez pas de photo. La pire chose serait qu'on décide de ne pas vous recevoir en entrevue parce qu'on vous a discriminé selon des critères physiques. Ça ne devrait pas exister, mais malheureusement, certains employeurs font encore ça. *Ugh*.

BREF...

Rédigez votre CV honnêtement, en mettant de l'avant vos qualités selon le contexte. Démarquez-vous par la pertinence de votre candidature plutôt que par la liste interminable de vos *hobbies* et de vos expériences douteuses. Et assurez-vous de remettre un curriculum vitæ béton qui vous donnera la chance de pouvoir faire vos preuves en entrevue.

Le monde est à vous ! ■

Comment bien gérer son horaire de travail

pour qu'il ne prenne pas toute la place

PAR GÉRALDINE ZACCARDELLI

Il n'y a pas de secret ! Pour ne pas se laisser envahir par son horaire et ses multiples activités, il faut de l'O-R-G-A-N-I-S-A-T-I-O-N. À chacun sa méthode et ses outils, mais il faut savoir bien gérer son temps.

Perso, je suis une grande fan de l'agenda papier. C'est comme un deuxième cerveau ! J'adore écrire au stylo, mettre du Liquid Paper ou du surligneur fluo, encadrer et rien ne me satisfait plus au monde que de rayer un truc fait dans mon agenda et de ressentir la fierté de l'accomplissement. Jouissance ! Un agenda est un premier pas vers une meilleure gestion, mais encore faut-il savoir comment bien l'utiliser.

En rafale, voici quelques trucs concrets pour vous aider à bien profiter de votre agenda et donc à ne pas vous laisser envahir par votre *TO DO* quotidienne !

CHOISIR UN AGENDA

Peu importe l'agenda, je privilégie toujours l'achat d'un modèle où je peux voir ma semaine de travail en un seul regard. Ainsi, ça me donne un aperçu rapide et global de ce qui m'attend. Je complète ma planification avec un calendrier mensuel qui m'aide (vous l'aurez compris !) à voir l'ensemble du mois.

AVOIR UN MOMENT POUR PLANIFIER

En général, le dimanche, je regarde ce qui arrive dans la semaine, et je place mes activités dans les cases horaires de mon agenda. Je fais le même exercice dès mon arrivée au bureau le lundi matin.

ÉTABLIR DES CATÉGORIES ET LES RÉPARTIR ÉQUITABLEMENT DANS LE TEMPS

Travail, sport, vie sociale, vie culturelle, etc. Faire preuve d'originalité et de diversité ! Pour les salariés, c'est plus simple que pour les pigistes, car l'horaire de travail est généralement établi. Ne reste plus qu'à jongler avec les catégories sport, vies sociale et culturelle, etc. En contrepartie, les horaires des salariés sont parfois plus contraignants que ceux des pigistes, qui sont plus à même de construire un horaire mieux adapté à leurs besoins.

DRESSER DES LISTES DE PRIORITÉS

On ne peut pas tout faire d'un coup et les tâches ne sont pas toutes urgentes. Établissez un code de priorité selon les délais, dates de remise, temps d'exécution, etc. Et notez ! Je trouve que le fait d'écrire libère de la place dans notre cerveau et qu'on peut ainsi mieux se concentrer sur ce qui est à faire dans l'immédiat.

ÊTRE CONSCIENT DU RYTHME DE TRAVAIL

C'est essentiel ! Vous êtes le mieux placé pour savoir si vous êtes plutôt du type nonchalant procrastinateur quand le délai est trop large (resserrez vos *deadlines* alors !) ou plutôt une bibitte à exécution rapide (qui gagnerait à se détendre !). Trouvez votre juste milieu, votre équilibre dans votre rythme de travail. Tentez d'évaluer le temps que chaque tâche prendra à exécuter. Et soyez réaliste, car c'est vous-même que vous pénaliserez.

SE LAISSER DES *BUFFERS*

Même si vous êtes devenu un pro de la « *TO DO* » selon votre temps d'exécution, laissez place à des cases horaires libres entre vos activités. Ainsi, vous ne serez pas désarmé et retardé si un imprévu survient.

NE PAS JOUER À L'AUTRUCHE

Une tâche vous déplaît et vous la remettez sans cesse à demain ? Attaquez de front le problème sans plus tarder. Vous en serez soulagé et votre énergie perdue à repousser et à penser constamment dans un coin de votre tête à ce dossier dérangeant sera mieux mise à profit.

S'ACCORDER DES MOMENTS SANS HORAIRE

Où l'agenda est vierge et où la vie prend le dessus. J'irais jusqu'à dire que de se laisser un soir libre entre chaque activité, c'est l'idéal. En semaine, comme pendant le week-end. Car surcharger un agenda, c'est épuisant et étouffant. Comme dirait mon illustre patronne : « On ne lance pas de fusée » (bon, à part si vous êtes astronaute !).

Bonus, pour les fous dans mon genre : Prendre du temps pour relire son agenda, se refaire le film des dernières semaines et rayer ce qu'on a oublié de rayer, mais qui a été accompli entre-temps ! Ahhhhh, ça fait du bien ! ■

On ne peut pas tout faire d'un coup et les tâches ne sont pas toutes urgentes. Établissez un code de priorité selon les délais, dates de remise, temps d'exécution, etc.

Quoi faire (et ne pas faire) quand on est travailleur autonome

PAR CAROLANE STRATIS

J'ai longtemps travaillé pour des entreprises et fait faire mes impôts avec ceux de mes parents. *#PasSeCasserLeBicyk*. La première fois que j'ai fait mes impôts en tant que travailleuse autonome, j'ai comme omis de déclarer mes dépenses. C'était probablement un mélange d'oubli et d'anxiété à faire de la paperasse. Résultat : je me suis retrouvée avec presque 1200 $ d'impôt à payer. Ce que j'ai fait, en retard. Comme première expérience, j'ai vu mieux.

L'année suivante, je me suis fait une grosse boîte et j'y ai mis toutes mes factures (épiceries, restos, etc.). Lorsqu'est venu le temps de faire le tri, je voulais pleurer tellement la tâche était grande. Ça m'a pris plus qu'une soirée pour démêler le tout, mais j'ai tout de même payé beaucoup moins d'impôts que l'année précédente, même si j'avais fait un plus gros salaire.

Morale de l'histoire, il vaut mieux se préparer parce qu'une tâche plate l'est encore plus quand vous devez payer cher après l'avoir faite. HA!

Depuis quelque temps, je me trouve très bonne avec mon classement que voici :

1. Je note mes déplacements dans un fichier Excel (bon, j'adore Excel, allez savoir pourquoi), ça m'évite de retranscrire le tout ou de perdre mon petit carnet dans la voiture.

2. J'ai un fichier dans mes courriels qui s'appelle « impôts 20XX » et j'y mets toutes les factures relatives à mes dépenses de travail : achat de logiciels, taxi, factures de sous-traitance, etc.

3. J'ai toujours une boîte, mais je fais le tri tous les trois ou quatre mois. Je transfère le tout dans des enveloppes en indiquant la somme des factures que j'y ai mises. À la fin de l'année, j'additionne le tout.

4. Je fais affaire avec un comptable. Rien de pire que de faire une erreur et de devoir payer un *shitload* d'argent des années plus tard.

5. Je garde mes dossiers dans un cartable qui se zippe (houuuu, glamour !), comme ça, s'il y a des vérifications à faire, je n'ai pas à refaire le classement.

En tant que travailleurs autonomes, c'est important de se rappeler que nos impôts ne sont pas prélevés à la source comme c'est le cas avec les salariés. Mon comptable dit toujours de prioriser de se nourrir avant toute chose. Alors, si vous avez les moyens, vous pouvez mettre des sous dans un REER pour les vieux jours (ou vous acheter une maison) ou vous garder de l'argent à chacun de vos contrats pour ne pas avoir à vivre un stress inutile en voyant le montant d'argent à devoir à la fin de l'année. Dans le cas où vous n'avez pas eu la chance de le faire, vous pouvez toujours demander de fractionner votre montant dû pour le payer en quelques fois (au mois ou aux trois mois), mais il va y avoir des pénalités. Elles seront toutefois moins grandes que si vous jouez à l'autruche avec le montant à payer. ■

Être obligée de travailler durant ses études pis ne pas en faire un plat

(mais en faire un texte)

PAR JOSIANE STRATIS

J'ai toujours travaillé pendant mes études. Ça part de loin, et ça part d'un désir d'être indépendante financièrement de mes parents. Je viens d'une famille de quatre enfants, et nous étions assez aisés. Par contre, les cordons de la bourse ne se déliaient pas à tout vent. Si je voulais quelque chose, je devais travailler. J'ai donc commencé à travailler quand j'avais douze ans. Et je n'ai jamais arrêté, même quand j'ai fait des études de deuxième cycle.

Je ne dis pas ça pour faire pitié, mais parce que ça marche bien avec ma personnalité. Je n'ai même pas arrêté de travailler quand j'ai eu mon bébé – mais ça, on s'en reparle. Ça marche bien aussi avec le fait que je n'avais souvent pas le choix.

De l'extérieur, comme ma famille avait une grosse maison pis toutte le kit, *#LesGens* pensaient que j'étais une fille gâtée pourrie qui avait tout ce qu'elle voulait en claquant des doigts. Pour certaines choses, je dois avouer que c'était vrai. Mais à l'intérieur de la maison, les priorités de mes parents n'étaient pas les mêmes que les miennes et les cadeaux avaient des conséquences. Exemple, quand j'ai eu mon premier condo, avec l'aide de mes parents, c'était dit que je devais leur redonner l'argent qu'ils m'avaient prêté. En plus, je n'avais plus le droit de dormir chez mes parents, sous aucun prétexte.

Bon, il n'y a rien qui dit que j'aurais eu de meilleures ou de moins bonnes notes si je n'avais pas travaillé une moyenne de 21 heures par semaine de la fin de mon secondaire à maintenant (ben là, je fais du plus que temps plein). J'ai réussi à *manage* mon horaire pour avoir une vie, avoir du *fun*, voir mes chums, me payer mes choses, me payer des extras aussi, faire des cadeaux.

Même que je vois ça du côté positif. J'ai toujours appris à travailler pour avoir mes affaires. À un moment de ma vie, j'ai dû vendre du Tupperware parce que je devais trop d'argent à l'impôt. C'est vraiment glamour. Il y a plusieurs personnes qui ont ri de moi. Mais comme j'étais maman, je n'avais pas envie de faire des heures dans un bar ou de redevenir serveuse. Je voulais juste ne plus avoir de dettes.

On dirait que pour moi, ça m'a permis de devenir efficace. C'est sûr qu'en fin de session, ça hypothéquait mon sommeil, mais j'aime penser que ça m'a permis de me préparer à avoir des p'tits. Haha. ■

11

TON PETIT LOOK
Guide pour une vie adulte (genre) épanouie

SEINS, VULVE, VAGIN, PÉNIS, C'EST ICI QUE ÇA SE PASSE

« Le sexe n'est pas l'amour,
ce n'est qu'un territoire que l'amour s'approprie. »

— Milan Kundera, *Le livre du rire et de l'oubli*

Bien vivre sa sexualité

PAR CAROLANE STRATIS

Un matin, je me suis levée et je me suis dit que mon corps et ma sexualité ne devaient plus me gêner. J'avais envie de me faire dire que j'étais belle toute nue. Alors je me suis mise toute nue. Pas tout le temps, là, mais quand je couchais avec un gars, ça ne prenait pas longtemps avant que mes vêtements soient dans un petit tas sur le plancher.

C'était aussi plus facile de ramasser mes affaires après, mais ça, c'est l'affaire d'un autre billet. Je regardais les gars dans les yeux quand je couchais avec eux et j'exigeais qu'on ouvre la lumière.

C'était un peu draconien, j'en conviens, mais je n'avais pas trop le choix. Vu que j'ai dormi pendant quinze ans dans la même chambre que ma sœur, disons que la découverte de ma sexualité s'est faite sur le tard. Je voulais entrer par la grande porte et me sentir bien tout de suite.

Il faut dire aussi que je ne suis pas l'archétype de la fille sexu. En fait, je peux sûrement compter sur une main les fois où je me suis fait dire que j'étais sexy. Je pourrais (et je l'ai souvent fait) mettre un chandail transparent pas de brassière et on me dirait encore que je suis *cute*. Imaginez un peu la face du monde quand je me mettais toute nue de même, sans attendre. Tudumsti!

J'ai toujours dit ce que je voulais à mes amants. Si je n'aimais pas une position, si j'avais mal ou si je n'avais plus envie, je le disais tout de suite. « Lève mes jambes (svp?) » ; « Ne tape pas ma fesse » ; « Arrête, je n'ai plus envie ». Dire les choses, ça a fait en sorte que j'ai toujours été en pleine possession de mes moyens. Ça m'a aussi donné l'occasion d'essayer des trucs un peu *outside the box*. De ma *box*, en tout cas. J'ai réalisé quelques-uns de mes fantasmes avec des gens de confiance. Je n'ai jamais eu honte de mes expériences et je pense que ça a aidé à enrichir ma sexualité et la connaissance de mon corps.

Avec la naissance de mon enfant, j'ai dû réapprendre à me trouver belle, à me mettre toute nue et à accepter les transformations sur mon corps. Plusieurs filles trouvent que la sexualité post-partum a quelque chose de mieux, mais je pense surtout que c'est parce que la maternité nous permet de prendre conscience de tellement de choses de notre corps.

Ça fait que bien vivre sa sexualité, c'est un amalgame entre se connaître, avoir conscience de son corps et exprimer clairement ses limites. Pas celles qu'on nous a enseignées, les nôtres. C'est tout! ■

La masturbation ou prendre son plaisir en main

PAR THÉO DUPUIS-CARBONNEAU

OK, c'est le temps de mettre une chose au clair. Tout le monde se masturbe ou, du moins, s'est déjà masturbé. Et vous savez quoi ? Personne est devenu sourd ou aveugle à cause de ça.

Au contraire. La masturbation, c'est une façon de prendre le contrôle de votre sexualité et de découvrir votre corps. Que ce soit avec votre (ou vos) main(s), avec un vibrateur, un coussin, OU *WHATEVER*, l'important est de découvrir ce qui vous fait plaisir.

Des petits trucs pour rendre l'expérience agréable :

- Faites-vous une *playlist* aguichante.
- Trouvez de la porno qui vous convient. Il y a des affaires vraiment *soft* et artistiques disponibles sur les Internets, même de la porno féministe...
- Créez-vous une ambiance le *fun*. *Let's go* les chandelles pis toutte.
- Essayez la douche **wink wink**.
- Développez votre imaginaire érotique.
- Vous pouvez utiliser un vibrateur si ça vous tente.
- Ne vous mettez pas de pression. Vous êtes avec vous-même, personne ne va vous juger.
- AMUSEZ-VOUS !

Finalement, n'hésitez pas à incorporer la masturbation quand vous faites l'amour avec votre partenaire. Ça peut vraiment changer la *game* de vos ébats. Il n'y a pas de limite au plaisir ! ■

L'orgasme féminin ou apprendre à se crisser de la performance

PAR THÉO DUPUIS-CARBONNEAU

Du plus loin que je me souvienne, j'ai toujours été intriguée par le sexe. J'avais hâte de faire l'amour. D'enfin connaître ce *feeling*-là. D'accéder à cet univers intrigant et si particulier.

L'affaire, c'est que j'avais tellement hâte de faire l'amour que j'ai laissé quelqu'un d'autre me découvrir avant de le faire moi-même, pis ça, ce n'est pas la formule gagnante pour avoir un orgasme. Dans ma tête d'adolescente, je pensais que c'était SÛR que j'allais jouir. Que ce serait automatique, genre.

Laissez-moi vous dire que je suis restée pas pire bête quand ce n'est pas arrivé. Ni la première fois ni la deuxième fois. Ni les cinq premières années de ma vie

Pendant longtemps, j'ai pensé que j'étais brisée. J'avais honte. J'étais active sexuellement, je m'amusais, j'aimais ça, faire l'amour. Mais je n'avais pas d'orgasme.

sexuelle. Pendant longtemps, j'ai pensé que j'étais brisée. J'avais honte. J'étais active sexuellement, je m'amusais, j'aimais ça, faire l'amour. Mais je n'avais pas d'orgasme. Que ce soit par moi-même ou avec un partenaire, je n'y arrivais pas.

Dans notre société, il y a une grosse pression qui est exercée sur la femme, sexuellement parlant. On doit être désirée, désirable, cochonne, mais pas trop. On devrait pouvoir jouir en quelques coups de pénis, en même temps que notre partenaire. On devrait jouir CHAQUE fois qu'on fait l'amour. Ça, c'est sans parler de la pression de jouir « vaginalement ». Comme si un orgasme clitoridien n'en était pas un vrai. Et la pression n'arrête pas là. C'est un cercle vicieux (ha !). Mettons qu'anticiper son non-orgasme avant même de commencer une relation sexuelle, ça ne te met pas dans le meilleur *mood*.

Quand j'en parlais avec mes partenaires, ils se faisaient une mission de me faire jouir, et ça, ce n'était pas mieux. Encore là, je ressentais la maudite pression d'avoir un orgasme pour LEUR plaisir à eux. Pour leur satisfaction. Pour qu'ils sentent qu'ils avaient réussi. Parce qu'on pense trop souvent qu'une relation sexuelle n'est réussie que si orgasme il y a.

Mais la réalité, ce n'est pas ça. L'orgasme n'est pas une fin en soi. Heureusement, au cours des années, j'ai réussi à réaliser ça. À avoir du plaisir avec les caresses, les baisers. Dans les moments doux, comme dans les moments plus intenses. Plus le temps avançait, plus j'ai décidé de m'en foutre. J'ai enfin réussi à me concentrer sur mon plaisir, sur mon corps et mes sensations. À me concentrer sur le moment présent et à arrêter d'anticiper un orgasme à tout prix. J'ai arrêté de me mettre de la pression, parce que j'étais tannée.

Et comme de fait, j'ai commencé à avoir des orgasmes. Mais pas CHAQUE fois, et c'est correct comme ça ! La sexualité ne devrait pas être une affaire de performance. Tout le monde vit sa sexualité différemment pis c'est bien correct. Un orgasme, c'est vraiment le *fun*. Mais être bien dans sa sexualité, c'est encore mieux ! ■

Faire l'amour avec une fille

Petit guide pour optimiser votre plaisir

PAR THÉO DUPUIS-CARBONNEAU

Sexuellement parlant, j'ai toujours été attirée par les hommes ET les femmes. C'était donc tout naturel pour moi d'expérimenter ce côté-là de ma sexualité.

J'ai toujours été très ouverte par rapport à ma fluidité sexuelle et en parlant avec d'autres filles autour de moi, je me suis rendu compte que plusieurs souhaitaient également explorer cette dimension de leurs désirs. On m'a souvent demandé comment j'avais fait pour « initier » la chose, alors j'ai préparé un petit guide pour celles qui voudraient tenter l'expérience.

1. ÊTRE CAPABLE D'EN PARLER OUVERTEMENT

Discuter ouvertement de ses désirs et de ses fantasmes, c'est pas mal la meilleure façon pour qu'ils se réalisent. Demandez et vous recevrez, qu'ils disent !

2. CHOISIR QUELQU'UN AVEC QUI VOUS ÊTES À L'AISE

C'est primordial. En fait, on ne devrait jamais faire l'amour sans être à l'aise, que ce soit avec une fille ou avec un gars. Choisissez quelqu'un avec qui vous vous sentez bien. Pour ma part, ça s'est souvent produit avec de bonnes amies et il n'y a eu aucun malaise par la suite. C'est parfait comme ça. Mais d'autres seraient plus à l'aise si c'était avec une inconnue et c'est ben correct aussi.

3. POSER DES QUESTIONS, EXPRIMER VOS DÉSIRS

On va se le dire, un pénis et une ploune, ça ne se manipule pas de la même façon. En plus, chaque vagin est différent. Exprimez ce que vous ressentez. Posez des questions. L'expérience n'en sera que bonifiée, promis, juré !

4. PRENDRE LE TEMPS DE VOUS METTRE DANS L'AMBIANCE

La nouveauté, c'est toujours intimidant. Une bonne discussion et quelques fous rires aident toujours à détendre l'atmosphère. C'est ben plus le *fun* et ludique quand ça arrive naturellement.

Personnellement, j'ai toujours vécu ma sexualité avec les filles différemment d'avec les garçons. Chaque fois, j'ai apprécié le côté très doux et sensuel de la chose. Amusez-vous ! ■

Marie in love with Julie

PAR MARIE DARSIGNY

J'ai eu ma première blonde à l'âge de quinze ans ; j'étais en secondaire 4. Ce qui est sans doute surprenant, c'est que c'est arrivé soudainement. Je n'avais jamais eu de questionnements par rapport à mon orientation sexuelle : seulement une ouverture d'esprit qui a fait qu'un soir, j'ai embrassé une fille. *And I liked it.*

On peut dire que l'ennui cinématographique a donné lieu à mon premier baiser.

Julie et moi étions devenues amies très rapidement. Je l'avais rencontrée par l'entremise d'une autre amie. À partir de ce moment, nous avons passé nos week-ends ensemble : marches au dépanneur, films dans le sous-sol, partys chez des parents plus cléments. Un soir où nous minouchions devant *La planète des singes* (quel choix !), c'est arrivé : nous nous sommes embrassées. On peut dire que l'ennui cinématographique a donné lieu à mon premier baiser.

Mon histoire n'est pas une histoire de tourment intérieur. J'étais à l'aise avec qui j'étais : j'étais Marie, en amour avec Julie. Cette phrase, je me la répétais sans cesse. Elle était tirée du film de Léa Pool *Lost and Delirious* (« *I'm Paulie in love with Tori* »), un film que j'écoutais d'ailleurs à répétition. C'était la vérité et c'était aussi simple que ça. Est-ce que ça faisait de moi une lesbienne ? Une bisexuelle ? Peu importe. Là où c'était plus difficile, c'était aux yeux des autres. Les gens aiment bien tout catégoriser et j'étais parmi eux une *alien*. J'ai vite compris que j'allais devoir des explications, que même mes amis les plus proches me regardaient avec des points d'interrogation dans les yeux.

Puisque Julie et moi n'allions pas à la même école secondaire, j'ai décidé de cacher notre fréquentation à mes amies d'école. En rétrospective, je trouve cette décision très triste et surtout assez nuisible. Je me suis enfoncée dans une toile de mensonges, j'ai effacé mon identité et ça m'a causé plus de tort que de bien. J'ai même continué ces cachotteries au cégep, où j'aurais pourtant pu partir à neuf et annoncer ma relation avec ma copine, avec qui j'étais maintenant depuis deux ans. Il faut croire que je n'étais pas encore prête à m'identifier comme lesbienne. Par ailleurs, j'étais déjà lasse de répéter mon histoire de Marie *in love with* Julie.

Mon inconfort avec l'annonce de ma relation est peut-être aussi attribuable au fait que mes parents ont très mal pris la nouvelle. Je crois qu'ils auraient aimé être témoins d'un *coming out* en bonne et due forme, comme dans les films, où je me serais assise avec eux pour leur annoncer que j'étais lesbienne. Or, les choses se sont passées différemment : ma mère a découvert ma relation avec Julie en nous surprenant enlacées. Mes parents, choqués par ma relation et par mes mensonges, m'ont interdit de continuer à voir Julie. Je dois dire que ce geste m'a profondément marquée et que j'ai vécu beaucoup de honte et de colère par rapport à ce que, dans mon exagération typiquement adolescente, je voyais comme l'empêchement de vivre l'amour de ma vie.

Dans tout mon refus initial du mot, j'avais oublié à quel point les étiquettes peuvent parfois être synonymes de communauté.

Le temps a passé et Julie et moi avons rompu. J'ai découvert les sorties dans les bars et en parallèle, les hommes et la séduction. Un jour, j'ai eu un déclic : quand je disais que j'étais lesbienne, les hommes me laissaient tranquille ! Cette illumination divine est venue sur le tard, soit dans le début de la vingtaine. J'ai donc officiellement commencé à dire que j'étais lesbienne vers l'âge de vingt-deux ans. L'équation était simple : si, pour rencontrer des filles, je devais me décrire comme étant lesbienne, c'est ce que j'allais faire, peu importe si c'était l'étiquette que je désirais vraiment porter. Avec le temps, le mot est néanmoins entré dans mon vocabulaire pour de bon.

Même si les histoires de *coming out* sont toutes différentes, je les trouve toujours un peu quétaines. Mon moment quétaine à moi, c'est celui-ci : un gros poids s'est levé de mes épaules lorsque j'ai découvert que je pouvais m'identifier comme étant lesbienne, que je pouvais nommer les choses telles qu'elles étaient. Dans tout mon refus initial du mot, j'avais oublié à quel point les étiquettes peuvent parfois être synonymes de communauté. Le sentiment d'appartenance est souvent essentiel au développement humain, et c'est en gueulant « JE SUIS LESBIENNE », vodka-soda du Salon officiel à la main, que je le découvrais.

J'ai beaucoup changé depuis. Je me suis impliquée auprès de différents groupes LGBTQ. Et bien que je sois une personne assez pudique, j'adore quand on me pose des questions sur mon identité sexuelle... à condition que ces questions soient bien intentionnées, évidemment ! Je crois qu'on ne parle pas encore assez des enjeux LGBTQ dans les médias grand public. Je me dis toujours que si je peux aider en partageant mon expérience ne serait-ce qu'une personne, ce sera un accomplissement.

D'ailleurs, une jeune fille m'a récemment approchée afin de me poser des questions sur mon *coming out* et sur la façon dont j'ai vécu le début de mon attirance pour les femmes. C'est avec plaisir que je lui ai répondu, et je crois que l'échange a été enrichissant pour les deux parties. Je ne cache pas mon orientation sexuelle sur les réseaux sociaux. Pas que j'en parle tous les jours, mais je crois qu'on peut sainement parler de relations homosexuelles, tout comme on parle de relations hétérosexuelles.

Aujourd'hui, je ne suis peut-être plus Marie *in love with* Julie, mais je serai toujours prête à crier que je suis lesbienne, surtout si ça peut bien aider quelques personnes dans leur quête. ■

Petit guide pratique pour un *one-night stand* réussi

PAR JOSIANE STRATIS

Il y a quelque chose de vraiment le *fun* avec les *one-night stands*. Le fait que vous avez le droit d'en faire parce que vous faites ce que vous voulez de votre corps, le fait que, ben, c'est du sexe et le fait qu'il n'y a pas d'engagement. Une aventure d'une nuit peut être bien préparée, comme elle peut arriver par surprise. Bref, dans les deux cas, il ne faut pas se sentir mal de partir le lendemain matin ou tout de suite après. Voici des trucs pour un *one-night stand* réussi !

1. De l'importance d'avoir un bon baise-en-ville : dans votre sac à main, vous pouvez mettre une ou deux lingettes démaquillantes, une paire de culottes propres, des collants ou des bas de nylon supplémentaires et une brosse à dents de voyage. Le truc pour ne pas sortir ses culottes dans un bar ou en voulant payer au restaurant, c'est de mettre le tout dans une petite pochette de voyage.

2. De l'importance de respecter l'autre et de se faire respecter : il faut que la relation soit consentante. Pour les deux personnes. Si, dans votre tête, vous voulez seulement une histoire d'un soir, vous pouvez le dire franchement à l'autre personne. Il n'y a rien de mal là-dedans.

3. De l'importance de demander à l'autre s'il a une blonde ou un chum : disons que ça évite certains quiproquos. L'apprendre par hasard n'est juste vraiment jamais le *fun* pour personne. Surtout pas lendemain de brosse, le lendemain de ses dix-huit ans.

4. De l'importance de se protéger : une ITSS, c'est si vite arrivé. Même si c'est juste pour faire du frotti-frotta, traînez-vous toujours des condoms, juste au cas. Ça vous évitera de d'interrompre une relation sexuelle parce que l'autre n'était pas bien équipé.

5. De l'importance de partir quand vous voulez : une fois, je suis partie comme cinq minutes après avoir fait des trucs avec un gars. Je ne me sentais pas bien et je voulais être chez moi, même si la soirée s'était vraiment bien passée. Savez-vous quoi ? Même si ça peut paraître *rude*, c'est mon droit ! *#SorryNotSorry*. Vous pouvez toujours expliquer rapidement pourquoi vous partez vite (exemple : « Je travaille demain matin et j'ai le goût d'être chez moi »).

En résumé, les passions d'une seule nuit sont vraiment le *fun* et avec un peu de préparation, c'est toujours mieux. Et si vous partez à la pêche, mais que vous revenez bredouille, je vous conseille de revenir à la page 167. On peut aussi bien être servi par soi-même ! ■

Les règles d'or du consentement

PAR ROXANNE GUÉRIN

On sait tous que *no means no*. Le problème avec le consentement, c'est que ce n'est pas toujours aussi clair que ça. Depuis que je m'implique dans *Je suis indestructible* (JSI), une plateforme Web permettant de redonner la parole aux survivants et survivantes d'agressions sexuelles lancée par mon amie Tanya St-Jean et moi il y a un peu plus d'un an, je me suis rendu compte que beaucoup de gens, filles et garçons confondus, avaient vécu des relations sexuelles où la notion de consentement avait été plus que floue.

Alors, comment s'assurer que notre partenaire est consentant ? Ce n'est pas vraiment sorcier, c'est la même règle d'or que pour avoir une relation épanouie : il suffit de bien COM-MU-NI-QUER !

Et une relation sexuelle où le consentement est flou, eh bien il y a beaucoup de chances que ce soit considéré comme une agression sexuelle.

En faisant des conférences dans les écoles et en étant très présentes sur Internet, on a pu constater que plusieurs filles (oui, majoritairement des filles) qui nous approchaient avaient bel et bien été agressées, mais l'ignoraient, alors qu'en écoutant leurs récits, on pouvait s'apercevoir rapidement qu'elles n'étaient pas consentantes à tout ce qui s'était produit. Et la culture du viol étant ce qu'elle est, une fois qu'elles en prenaient conscience, ces filles se sentaient coupables, ne voulaient pas admettre qu'elles avaient été agressées, avaient peur d'être blâmées pour ce qui s'était passé.

L'affaire Ghomeshi – Jian Ghomeshi, animateur populaire du Canada anglophone qui a été accusé d'agressions sexuelles sur de multiples partenaires – a engendré un mouvement (*#BeenRapedNeverReported*, ou en français *#AgressionNonDénoncée*) sur les réseaux sociaux qui a permis de constater l'ampleur du problème des agressions sexuelles, qui, rappelons-le, fera une victime sur trois femmes au Canada. Combien de ces agressions ont eu lieu dans une ruelle sombre entre les mains d'un sadique inconnu ? Assez peu. Par contre, on a pu lire parmi les témoignages sur les réseaux sociaux pas mal d'histoires de consentement flou : « J'avais bu... on a commencé à s'embrasser, mais j'ai changé d'idée et il a continué... je voulais, mais finalement, il m'a forcée à lui faire quelque chose que je ne voulais pas... »

Quant à lui, Ghomeshi s'est défendu en disant que ses partenaires étaient consentantes lors de leurs relations sexuelles. Oui, certaines de ces femmes fréquentaient Ghomeshi et étaient partantes pour des relations intimes, mais consentir à avoir une relation sexuelle ne signifie pas consentir à tout ce que notre partenaire a en tête.

Alors, comment s'assurer que notre partenaire est consentant ? Ce n'est pas vraiment sorcier, c'est la même règle d'or que pour avoir une relation épanouie : il suffit de bien COM-MU-NI-QUER !

Il faut communiquer avant la relation, en s'assurant :

- Que la personne désirée nous désire bien en retour (et oui, ça se demande. Et non, ça ne brise pas la « magie ». Tout le monde connaît le *dirty talk*, non ? Y a moyen de rendre un petit « ça te tente-tu ? » sexy) ;
- Qu'elle est en état de signifier qu'elle est consentante. Ça, ça veut dire que si vous ramenez chez vous une personne tellement saoule qu'elle a de la difficulté à se souvenir de son nom, elle n'est clairement pas en mesure de vous dire si elle veut avoir une relation sexuelle ou pas ;
- Que si vous devez convaincre la personne (« Enweye donc ! Ça te tente ! J'te veux vraiment, moi, fais-moi plaisir... »), eh bien, je vous annonce qu'on s'éloigne d'un vrai consentement. En fait, un consentement donné sous pression n'en est pas un.

Il faut communiquer pendant la relation :

- EN TOUT TEMPS, on peut changer d'idée. Ce n'est pas parce que les baisers sont passionnés que vous êtes obligée d'aller *all the way*. Ce n'est pas parce que vous avez envie de faire l'amour que vous avez nécessairement envie de sodomie. Alors même pendant les moments chauds, c'est important d'être à l'aise de dire ce que vous aimez, ce que vous n'aimez pas et où vous refusez catégoriquement d'aller. Et si votre partenaire ne respecte pas ça, c'est une agression.
- Un « non » n'est pas toujours clair. Si votre partenaire devient tout raide, semble absent, n'a pas l'air d'avoir du plaisir, est silencieux, posez-vous des questions. Est-ce que tout le monde prend son pied en ce moment ? Il y a de fortes chances que la réponse soit non. Et à ce moment-là, on ARRÊTE. On revérifie « Est-ce que ça va ? Tu veux que je continue ? Aimes-tu ce que je fais ? ». C'est si simple.

Le consentement, ce n'est pas compliqué. Si la personne avec qui vous êtes est aussi enthousiaste que vous à l'idée de jouer à touche-pipi, elle devrait être capable de l'exprimer clairement, et sans contrainte. Et vaut toujours mieux s'en assurer avant de passer à l'action ! ■

Tout ce que vous avez toujours voulu savoir sur les menstruations

PAR THÉO DUPUIS-CARBONNEAU

Je vais vous dire juste une affaire : connaître son cycle menstruel, c'est primordial pour vivre ses règles de la façon la plus harmonieuse possible.

LE CYCLE MENSTRUEL

En général, le cycle menstruel dure environ vingt-huit jours, mais ça varie d'une femme à l'autre. Je me suis dit que j'allais vous résumer tout ça de façon simple et efficace, pour que vous compreniez au moins la base.

ÉTAPE 1 MATURATION

En gros, c'est le moment où un ovule mûrit dans les ovaires et que l'œstrogène épaissit l'endomètre, *aka* une bonne partie de vos futures menstruations. Habituellement, cette phase-là dure quatorze jours, mais à chaque femme son cycle, la gang !

ÉTAPE 2 PHASE PRÉMENSTRUELLE

C'EST L'OVULATION ! Yeah ! Quand l'ovule est assez mature, il quitte l'ovaire pour faire son bout de chemin dans une des trompes de Fallope. Le corps étant bien fait (pour celles qui veulent des bébés), la progestérone donne un coup de main à l'œstrogène pour garder l'endomètre bien épais et douillet, au cas où fécondation il y aurait. Si l'ovule ne rencontre pas un sexy spermatozoïde et n'est pas fécondé, les hormones abandonnent l'endomètre à lui-même. *AIN'T GOT TIME FOR THAT.*

Cette période-là se situe entre le septième et le vingt-deuxième jour du cycle menstruel. J'aimerais rappeler ici que les spermatozoïdes peuvent rester actifs jusqu'à cinq jours, donc si vous faites l'amour sans protection un peu avant d'ovuler, il y a des chances que vous fassiez un bébé pareil. Personnellement, c'est comme ça que j'ai été conçue. *#AlloMamanEtPapa.*

ÉTAPE 3 MENSTRUATIONS

Lorsqu'il ne sert à rien, l'endomètre se détache de la paroi utérine et déclenche vos menstruations. Techniquement, c'est le premier jour de votre cycle, parce que c'est beaucoup plus simple de le calculer ainsi.

Dealer avec les menstruations

Même si la pensée populaire qui vous a sûrement donné droit à des commentaires édifiants tel « Coudonc, t'es ben frue, t'es-tu dans ta semaine ? *rire gras* », les symptômes prémenstruels ont habituellement lieu AVANT vos règles. En fait, le nom le dit, mais ce n'est pas tout le monde qui est vite vite avec ces affaires-là. Si vous connaissez bien votre cycle, ça peut vous aider à cibler pourquoi vous vous sentez comme de la marde à ce moment-là, et à relativiser les choses. Si vos SPM sont hors de contrôle, allez voir un médecin. Il y a des solutions. Les crampes et la douleur dans le bas du dos que vous pouvez ressentir pendant vos menstruations sont causées par votre utérus qui se contracte pour se débarrasser de l'endomètre. N'hésitez pas à prendre des analgésiques ou une tisane à la camomille pour calmer le jeu. Encore là, si la situation est hors de contrôle, allez à la clinique. Vous n'avez pas à endurer ça.

Démocratiser les menstruations

On va se dire de quoi d'important, là : les menstruations, ce n'est pas dégueulasse. Toutes les femmes vivent ça.

Vous avez envie de faire l'amour même si vous êtes menstruée et votre partenaire est assez brillant pour comprendre que ce n'est pas la fin du monde ? *Do it.* Il n'y a rien qui résiste à une bonne douche. Si vous ne voulez pas tacher vos draps, mettez une serviette. Sinon, vous n'avez qu'à faire une brassée de lavage à l'eau froide avec un bon détergent.

Pour ma part, le fait de porter une coupe menstruelle m'a permis de mieux comprendre mon flux menstruel et de dédramatiser le tout. Ça permet de mieux voir (genre, littéralement) où j'en suis dans ma semaine, contrairement aux tampons et aux serviettes hygiéniques. ■

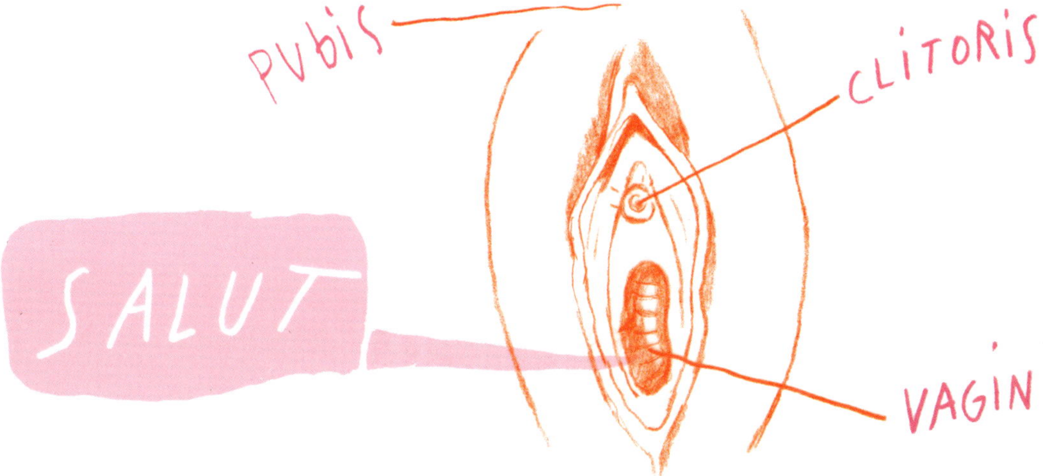

Le petit guide des ITSS

PAR THÉO DUPUIS-CARBONNEAU

J'ai pour mon dire que d'être actif sexuellement, ça vient avec de grandes responsabilités, que ce soit par rapport à soi ou aux autres.

Outre vous protéger chaque fois (à part si vous êtes en couple et que vous voulez faire un bébé, mettons), vous devriez faire un *check-up* gynécologique au moins une fois par année, MÊME si vous avez l'impression de ne rien avoir. Par contre, il y a quand même des signes et symptômes à surveiller :

- Pertes vaginales anormales
- Démangeaisons ou sensation de brûlure dans la région génitale
- Éruptions ou lésions dans la région génitale
- Douleur pelvienne ou douleur quand vous faites l'amour
- Saignements anormaux (entre vos menstruations ou post-coïtaux)
- Sensation de brûlure en urinant
- Écoulement urétral

Si vous vivez ça, ne tardez pas et allez voir un médecin. Par contre, les ITSS (infections transmissibles sexuellement et par le sang) peuvent être vraiment pernicieuses et *chiller* dans votre corps sans signes ni symptômes. Si vous avez eu un comportement à risque, vous DEVEZ aller à la clinique pour vous faire dépister. Même si vous vous y êtes rendue la semaine passée pour votre examen annuel.

Mais attention ! Entre la contagion et le moment où les tests seront en mesure de détecter l'agent infectieux, il y a un délai qui s'appelle « période fenêtre » et qui varie d'une ITSS à l'autre. C'est super important de le respecter, car sinon, ça peut donner de faux résultats.

Sachez qu'il y a les ITSS bactériennes (gonorrhée, chlamydia, syphilis, etc.) et les ITSS virales (herpès, VPH, etc.). Habituellement, quand elles sont détectées à temps, les ITSS bactériennes sont facilement traitables avec des antibios et un suivi chez le médecin. Par contre, les virus restent dans votre système pour la vie. Avec un suivi à la clinique et la médication appropriée selon le cas, ça se contrôle et vous allez pouvoir vivre une très belle vie pareil.

Dans tous les cas, pour réduire les risques de transmission, il faut enrayer les comportements à risque. Utilisez un condom. TOUJOURS. Aussi, si vous avez contracté une ITSS et que vous êtes au courant, ayez la décence d'avertir votre ou vos partenaires sexuels. Ça va aussi empêcher que ça se propage.

N'oubliez pas que votre santé sexuelle fait partie intégrante de votre santé globale. Traitez vos organes génitaux avec le respect et la délicatesse qu'ils méritent ! ■

Ta petite ploune

Le pourquoi du comment des (*fucking*) vaginites

PAR THÉO DUPUIS-CARBONNEAU

Dans une autre vie, j'ai étudié au bac en sexologie à l'UQAM. Je ne l'ai pas terminé, parce que je suis tombée (avec plaisir) dans le monde des communications, mais je me suis tout de même greyée de belles connaissances pendant ces deux années-là.

Je pense que reconnaître les signes que notre corps envoie, c'est un grand atout et c'est pour ça que j'ai voulu jeter une lumière sur le ˜mystérieux˜ monde des vaginites. Il en existe plusieurs types et il y a donc plusieurs façons de *dealer* avec tout ça.

LA CANDIDOSE

La candidose, c'est la fameuse infection à levure. En gros, elle est causée par un champignon appelé *candida albicans* et est assez simple à traiter.

Symptômes : la plupart du temps, ça va enfler, piquer et chauffer. Souvent, les pertes deviennent aussi plus blanches, épaisses et grumeleuses. Menoum menoum, je sais. Évidemment, ça varie d'une fille à l'autre, mais c'est ce qui est le plus courant!

Habituellement, ce type d'infection résulte d'une hypersensibilité (à certains savons, au latex, au spermicide, etc.), de certaines affections dermatologiques (eczéma, psoriasis, etc.) ou d'une mauvaise lubrification vaginale pendant les rapports sexuels. C'est vraiment l'affaire la plus simple à traiter, il suffit d'aller vous acheter un traitement antifongique à la pharmacie, style Canesten ou Monistat, et le tour est joué. Essayez tout de même de cibler ce qui cause vos infections, histoire de les éviter. Si vous en faites de façon chronique, allez voir un médecin!

Ça ne se transmet que RAREMENT sexuellement, mais mettons que vous *feelez* pour faire l'amour quand même, utilisez un condom.

LA VAGINOSE BACTÉRIENNE

Si vous avez une vaginose, vous ne réagirez pas du tout de la même façon que si vous avez une vaginite.

Symptômes : pertes vaginales plus claires et liquides, odeur de « poisson ».

Il n'y a pas vraiment de cause connue à la vaginose, mais elle est plus fréquente si vous êtes active sexuellement. Dites-vous que chaque fois que vous faites l'amour, c'est comme si un univers de microbes en rencontrait un autre. *Cute*, han? Si vous avez une vaginose bactérienne, pas le choix d'aller chez le doc. Le nom le dit: il faut des antibiotiques. C'est SUPER important de ne pas boire d'alcool pendant ce traitement-là, parce que sinon, vous allez vraiment *feeler* tout croche.

LA TRICHOMONASE

La trichomonase est causée par un protozoaire (au secours) et c'est le seul agent sexuellement transmissible connu à pouvoir causer des vulvo-vaginites.

Symptômes : pertes vaginales d'un blanc jaunâtre, abondantes et spumeuses.

C'est super important de notifier vos partenaires, puisque ça se transmet sexuellement. Allez chez le médecin, car ça se traite aussi avec des antibiotiques. N'attendez pas, si votre trichomonase se complique, elle peut causer une urétrite ou une cervicite, entre autres.

Dans tous les cas, si vous sentez qu'il y a de quoi de *weird* qui se passe dans votre *down there*, ne niaisez pas et allez chez le médecin. Ça ne sert à rien d'être inconfortable et il y a toujours une solution! ■

Se faire avorter

Toute la vérité

PAR JOSIANE STRATIS

Au secondaire, il fallait faire des débats dans nos cours de morale. Quand on a fait le débat de l'avortement, j'ai décidé de me positionner contre, parce que les trois filles protestantes de ma classe faisaient un peu pitié, toutes seules contre le reste de la classe. Sérieusement, à ce moment-là, je ne pensais même pas perdre ma virginité un jour, alors j'étais vraiment loin de penser à tomber enceinte sans que ce soit planifié.

Le temps a passé, j'ai *obviously* perdu ma virginité et, un jour, je suis tombée enceinte. Je l'ai su à six semaines de grossesse. Quand j'ai pissé sur mon test, un après-midi chez ma petite sœur, je me suis imaginé que la nouvelle n'était pas si pire que ça. Sauf que ça n'est pas passé au conseil avec mon trésor. Il ne voulait pas de bébé. Moi, je voulais prendre le temps d'y penser. J'ai arrêté de boire et de fumer.

J'ai attendu trois semaines en m'imaginant que ça pourrait marcher. Puis, un jour, ça m'a frappée. Je ne prendrais pas la décision d'avoir un enfant toute seule. Dans le fond, ce n'était pas le temps pour moi d'avoir un enfant.
J'ai appelé au 8-1-1 et la madame m'a gentiment recommandé une clinique. Qui était pleine. À ce qu'il paraît, il y a comme des *peaks* au début de l'été. J'ai appelé à une autre clinique et j'ai eu un rendez-vous. J'ai su plus tard que c'était la clinique d'Henry Morgentaler, le gars à qui on doit en partie la décriminalisation de l'avortement.

Je savais que ma décision était sans équivoque, mais j'avais vraiment peur. Quand j'ai demandé à mes amies comment ça se passait, un avortement, personne ne voulait me répondre. On ne voulait pas me faire peur.

Voici comment ça se passe, un avortement. Vous êtes à jeun. Vous rencontrez une psychologue qui s'assure que le choix est le vôtre. Elle explique les possibles conséquences, la *drop* d'hormones, le fait que ce n'est pas de votre faute, que vous allez être capable de retomber enceinte. Si elle est satisfaite de vos réponses, vous pouvez aller passer une échographie de datation. Si le fœtus a moins de quatorze semaines, on procède à un avortement « normal ». S'il est plus vieux, c'est un avortement en deux étapes, il faut reprendre rendez-vous (je ne vous le souhaite pas). Ensuite, vous allez dans une salle pour attendre. On vous fait mettre une jaquette et vous gardez vos petites culottes. Vous rentrez dans une salle qui ressemble un peu à une salle d'accouchement. Vous vous installez sur le dos. Vous enlevez votre culotte. On vous donne du gaz hilarant. On dilate votre col. Ça pince. On aspire le contenu pendant qu'on vous parle et que le gaz hilarant vous fait perdre la carte (ça ressemble à l'effet du *mush* et du pot en même temps). On vous fait un curetage final, histoire d'être sûr qu'il n'y a plus rien. On vous parle de la pluie et du beau temps. C'est un peu irréel. On vous donne deux antidouleurs. Vous allez vous reposer deux heures. On vous donne une collation, d'autres antidouleurs, puis vous allez à la maison. Ça peut varier d'une clinique à l'autre, mais en gros, c'est ça. C'est tout.

Après, c'est important d'en parler. Parce que ça peut être difficile. Personnellement, j'ai passé mon été à boire. Je me suis torchée. J'ai bu tous les soirs. Toutes les occasions étaient bonnes. Je voyais une psychologue une fois par semaine pour parler de tout et de rien. J'avais de la peine. Pas que je regrettais mon geste, mais concrètement, quand ta fertilité te frappe en pleine face même si tu prends la pilule, mettons que cette pilule-là passe de travers.

C'est facile de penser que la pilule contraceptive, c'est magique. Mais non. Mis à part l'abstinence, il n'y a rien qui protège à 100 % contre une grossesse surprise. Après, la décision est difficile à prendre, même si elle est réfléchie. Des fois, les personnes pensent que leur avortement ne leur a rien fait, mais la plupart des filles que je connais qui ont fait ce choix-là s'en souviennent toute leur vie. C'est juste un geste tellement *weird*. Mais c'est aussi une décision qui demande tellement de maturité.

Quand je suis retombée enceinte (alors que je portais un anneau contraceptif), j'ai failli prendre le même chemin que la première fois, mais la nature a décidé que ce bébé-là allait naître. Et même si j'ai trouvé ça dur, que je ne dors pas beaucoup et que ça m'a *pitchée* dans le monde des adultes pour de vrai, le résultat est fantastique. J'ai joué avec les dés de la vie et j'ai été chanceuse.

N'empêche que je repense quelquefois à cet avortement. À comment j'ai eu de la peine. Et si j'ai un conseil à vous donner, c'est de prendre le temps de vivre les émotions qui viennent avec un avortement. Sur le coup, vous allez vous trouver forte, mais la plus grande force, c'est d'accepter ses faiblesses et d'accepter de tomber. Ça fait mal, mais que ça permet d'apprendre où sont les trous. ■

Cinq positions sexuelles à essayer

(entre personnes consentantes, on s'entend)

PAR JOSIANE STRATIS

Si un jour on m'avait dit que je parlerais de positions sexuelles dans un livre, je crois que je me serais étouffée avec l'air qui m'entoure. Ça, c'était avant. Avant que je remarque que se faire plaisir, c'est quelque chose qui s'apprend et se négocie.

Et comme il ne faut pas avoir peur de parler de sexe, eh bien, j'ai décidé d'en parler. *#SuchConfiance.*

Voici cinq positions à essayer à deux. C'est des positions gars-fille parce que je ne connais que ça, alors *sorry* pour les autres.

1. SUR LE TOP

Joke à ne pas faire pendant: « *Check*, je suis virée sur le top lololol. » Certaines personnes ont peur d'être sur le dessus parce qu'elles n'aiment pas leur corps. Si vous vous êtes rendue aussi loin dans une relation, c'est le temps de vous dire que la personne doit, d'une certaine manière, aimer assez ce que vous êtes. Fait que «chut» la petite voix pas gentille. Et appréciez le *power* de cette position.

2. *DOGGY STYLE*

C'est un classique. Ça se peut que vous vous fassiez *poker* le col de l'utérus par mégarde, mais c'est vraiment une position le *fun* à essayer.

3. LE BON CUNNILINGUS

Il y a deux sortes de gars, ceux qui font des cunnis et ceux qui n'en font pas. Je vous laisse deviner lesquels sont mes préfs' ! Il ne faut pas avoir peur d'avoir du plaisir autrement qu'avec un contact pénis-vagin. Testez des affaires et dites ce que vous aimez aussi.

4. DANS LE C**

Pour une bonne relation anale, il faut le consentement des deux personnes, du lubrifiant et de la préparation. Sinon, ça peut faire mal et blesser les muscles de votre anus. Et disons que cet orifice-là, il sert tous les jours. Vous pouvez vous faire stimuler l'anus durant d'autres positions pour vous préparer. Allez-y lentement et lubrifiez le tout. Mettez vos limites tout au long et n'oubliez pas que c'est une TRÈS mauvaise idée de faire anus-vagin, surtout si vous êtes sensible aux vaginites.

5. OBJET VIBRANT INVITÉ

On (je ne sais pas qui, peut-être vous ?) pense souvent que les vibrateurs sont seulement pour la masturbation. *Que nenni* ! Si je sors mon latin, c'est pour souligner à quel point expérimenter, ça peut vous faire découvrir un océan (héhé) de plaisir. Votre partenaire peut stimuler votre clitoris dans une autre position (genre la cuillère inversée). Laissez-vous aller.

Et n'oubliez pas, les positions sexuelles, c'est comme la sauce : il faut les essayer souvent. Des fois, les combinaisons ne sont pas gagnantes et ce n'est pas nécessairement de la faute de la sauce, mais peut-être de son accompagnement… Si vous voyez ce que je veux dire ! ■

12

TON PETIT LOOK
Guide pour une vie adulte (genre) épanouie

LOVE: POUR LE LOL ET POUR LE PIRE

« Half of it is innocent, the other half is wise, the whole damn thing makes no sense, I wish I could tell you a lie. »

— Cat Power, *Hate*

Le comment du pourquoi derrière le flirt

PAR MARIE-HÉLÈNE GOULET

S'il y a quelque chose que j'ai appris durant ma vingtaine, outre comment boire sur la job ou faire des choix de vie douteux (les deux ont tendance à venir ensemble), c'est que flirter, ça peut être le *fun*. Flirter, ça fait du bien, c'est libérateur et c'est un baume pour l'estime de soi, à condition de se foutre du résultat final.

Trop souvent, j'ai vu mes amies être paralysées par les jeux de l'amour. Elles paniquent à l'idée d'en faire trop ou pas assez, d'intimider la personne de leurs rêves ou de passer pour une *slut* qui regarde un peu trop intensément les passants devant la terrasse du café. La peur du jugement d'autrui, mêlée à l'espèce de construction sociale qui fait des femmes des actrices passives de leur propre vie amoureuse, tue le plaisir qui se cache derrière le flirt, peu importe l'orientation sexuelle.

Tant qu'à moi, il n'y a rien de mal à reconnaître le pouvoir qu'on peut avoir sur l'autre, ni à cultiver le désir que l'autre a pour nous... à condition que tout le monde soit consentant! N'allez pas briser des cœurs pour rien.

C'est une leçon que j'ai apprise en deux volets. Premièrement, et d'une façon assez ridicule, en déménageant au Canada anglais. Mes amies et amis canadiens m'ont attribué une étiquette de « *sultry* québécoise » plus ou moins consciemment. Pour une raison ou une autre, j'ai décidé de jouer le jeu. Je suis devenue la fille qui a toujours une réplique un peu *sassy* dans sa poche et pour qui les garçons traversent la ville en bicycle, en pleine nuit lors de l'Halloween, vêtus d'un costume de Dracula en *spandex cheap*. J'ai recommencé à mettre du *eye-liner* tous les jours. J'ai acheté un parfum luxueux. J'ai raffiné mon style vestimentaire. J'ai commencé à être exigeante et à exprimer à voix haute mes désirs et mes attentes, tout en sachant battre des cils au bon moment. Et vous savez quoi ? J'ai aimé ça. Je me suis prise au jeu. J'ai compris que j'avais la *game* en moi. J'ai pris plaisir en l'acte de flirter, à avoir un *crush*, sans trop me soucier du résultat final.

Je me sentais paradoxalement forte et féminine – un constat qui, au fond, ne devrait pas être un paradoxe. On peut se sentir en pleine possession de ses moyens... féminins. Ha!

Le deuxième volet de cette importante réalisation est venu en parlant avec une connaissance qui a eu un gros béguin pour moi. Sa raison ? Quelque chose comme « t'as pas l'air d'avoir besoin de rien ou de personne pis c'est vraiment sexy ».

J'ai trouvé ça révélateur et c'est maintenant une attitude que j'essaie de cultiver. J'aime plaire à ceux que j'aime, et qu'on me plaise en retour, mais parce que le désir me suffit en tant que tel. S'aimer avant d'aimer quelqu'un d'autre, ça me semble être un bon point de départ.

En gros, flirter, ça devient intéressant lorsqu'on fait fi du jugement des autres et qu'on projette une attitude de femme qui sait où elle s'en va (parce qu'on le sait, du moins un peu). Évidemment, ça effrayera plus d'un épais (ou d'une épaisse), mais voyez ça comme un filtre.

De toute façon, les idiots ne valent pas que vous gaspillez votre temps ni votre côté givré. ■

a
b
c

Première date

Conseils de matante Gab

PAR GABRIELLE-LISA COLLARD

SOIS À L'AISE

Pouvoir prendre une longue marche dans le Vieux-Port en fin de soirée, t'amuser, danser et en profiter, c'est beaucoup plus sexy et mémorable que de marcher comme Bambi sur la glace avec des *straps* de plastique qui te rentrent dans les chevilles, des orteils en sang et des boules coincées dans une *push-up* qui pince. Sois toi-même, porte quelque chose qui te fait te sentir bien. Parce que quand on est bien, on est belle.

SOIS HONNÊTE

Il arrive, parfois sans s'en rendre compte, que l'on modifie un peu la réalité (ou que l'on mente carrément) pour avoir l'air plus cool face à quelqu'un qu'on ne connaît pas et qu'on veut impressionner. Mais ça survit mal au test du temps. Si ça clique entre vous, tes mensonges vont revenir te mordre les fesses tôt ou tard. Ne commence pas une relation comme ça. Sois sincère : tu es toi, et c'est suffisant.

SI C'EST POCHE, VA-T'EN

On a toutes eu une ou plusieurs *dates* pendant lesquelles on mourait d'ennui, où on est restées pour la plus longue soirée de notre vie pour ne pas froisser quelqu'un pour qui on a su, sans l'ombre d'un doute, qu'on n'avait aucun intérêt au bout de dix minutes. Oui, c'est embarrassant. Mais ça dure trente secondes. Si tu files mal, si tu t'ennuies ou pire, si t'as peur, va-t'en. Remercie ta *date*, dis-lui que tu réalises que ça ne clique pas, pis c'est tout. Au final, faire semblant, c'est manquer de respect à soi et à l'autre.

DEMANDE-TOI SI L'AUTRE TE PLAÎT

Ça a l'air niaiseux dit comme ça, mais à force de vouloir plaire, à travers la nervosité, l'égo et l'envie d'être en couple, on en oublie parfois de se demander si la personne nous plaît vraiment. Oui, l'affection d'un autre, c'est cool. Mais laisser entre les mains d'une personne qu'on connaît depuis trois jours l'entièreté de notre amour-propre, ça l'est pas. L'avis d'un quasi-inconnu n'importe pas tant, pis tu ne voudrais pas te sentir épaisse en réalisant, dans deux mois, que tu t'es torturée des semaines de temps pour quelqu'un d'insignifiant. Essaie moins de te prouver et pose-toi plutôt la question : « Moi, est-ce que je suis intéressée ? » T'es pas la seule qui doit prouver qu'elle en vaut la peine, t'sais, c'est une première *date* pour vous deux !

FAIS RIEN QUE TU N'AS PAS ENVIE DE FAIRE

Basic stuff. T'as pas envie, tu dis non. Tu dois rien à personne, t'es pas responsable du désir que tu provoques chez quelqu'un que tu ne désires pas autant ou pas du tout.

AIE TOUJOURS UN PLAN B

Dis à une amie ou deux où tu seras, avec qui, et quels sont vos plans. Texte-les quand vous changez d'endroit, si tu ne te sens pas en sécurité, si t'es trop mal à l'aise ou si ça clique tellement que tu prévois découcher.

APPORTE DE LA PROTECTION

La seule règle qui tienne concernant la première fois où deux personnes couchent ensemble, c'est que les deux doivent être prêtes et en avoir envie. C'est tout. Rendu là, tant mieux si le désir est super fort et que vous avez une bonne chimie, mais il faut arriver préparée. Passer à la pharmacie avec sa *date*, ce n'est pas tellement sexy, et prendre le risque d'attraper quelque chose ou de tomber enceinte l'est encore moins. Amène tes propres condoms. Et juge un peu ta *date* s'elle n'en a pas, parce que c'est signe qu'elle n'est pas très assidue et ça, c'est un gros *turn-off*.

SI TA *DATE* NE TE RAPPELLE PAS, RELAXE

Non, ce n'était pas ton âme sœur. Ton âme sœur te rappellerait, t'sais. C'est vrai que le rejet est difficile, surtout si t'avais senti le courant passer. Se faire rejeter, ça peut rendre obsessif, mais essaie de te raisonner!
1. Tu ne veux pas de quelqu'un qui ne veut pas de toi, *right*?
2. T'as vu cette personne-là une seule fois. Tu peux vivre sans.
3. Moins de temps tu perds à *stalker* le Facebook de quelqu'un qui ne veut pas te *dater*, plus vite tu peux trouver le bon ou la bonne. *Next!* ■

La différence entre l'amour et l'attirance

PAR CAROLANE STRATIS

Bon. Je ne vous mentirai pas, ce n'est pas quelque chose de facile à comprendre. C'est possible que vous ne compreniez jamais la différence entre les deux. C'est aussi possible que vous les mélangiez et que ça fasse votre affaire *ever after*. J'ai même demandé du renfort à d'autres filles et tout le monde était un peu mélangé. J'ai de la misère à le savoir moi-même, mais après un gros *brainstorm*, nous sommes arrivées à identifier quelques différences:

- L'amour contient beaucoup d'attirance pure, contrairement à l'attirance qui ne contient presque pas d'amour. C'est donc très possible de ne pas *care* autant quand il y a juste de l'attirance. Ça peut paraître dur, mais c'est comme ça.
- Les deux ne sont pas tout le temps réciproques. *Dah!* C'est très possible de développer un sentiment amoureux envers une personne qui est seulement attirée par vous. Comme l'amour et l'attirance ne se commandent pas, mieux vaut essayer de ne pas se voiler la face si vous vous rendez compte que ce n'est pas égal. Ça fait tout le temps de la peine quand vient le temps de mettre cartes sur table.
- L'attirance, c'est principalement physique. Il y a donc peu de chances que vous regardiez les conversations écrites que vous avez eues avec la personne. Vous allez plus regarder ses albums photo Facebook. Mettons.
- Dans les deux cas, c'est possible que le sentiment reste longtemps. C'est donc presque impossible de qualifier les deux en fonction de la durée.
- Même si je connais beaucoup de gens qui tombent amoureux rapidement, il est quand même intéressant de dire que l'amour se bâtit, tandis que l'attirance se subit. Dans le sens que vous ne contrôlez pas par qui vous êtes attirées.

Dans le fond, c'est simple comme bonjour, ou presque! ■

Le terrain vague des affinités #JokePasJoke

PAR MARIE-HÉLÈNE GOULET

Certains couples vivent ensemble comme des colocataires et certains amoureux qui se fréquentent vivent une relation plus que fusionnelle aux yeux de leur entourage. Certains aiment apposer une étiquette sur leur situation amoureuse, et d'autres non. Et vous savez quoi ? C'est parfait comme ça.

Grosse nouvelle : au moment d'écrire ces lignes, nous sommes en 2015. La conception traditionnelle du couple a été jetée avec le bébé, l'eau, le bain et la tuyauterie. Aujourd'hui, dans notre société, la plupart d'entre nous peuvent vivre leur amour à leur façon – une liberté que nous devrions protéger, universaliser et célébrer.

Toutefois, la liberté est souvent source d'anxiété. Tout autour de moi, j'ai vu mes amis se ramasser à se poser des questions existentielles sur l'amour et l'engagement. « On sort-tu ensemble ? On sort-tu pas ensemble ? ON FAIT QUOI AVEC NOTRE *RELATIONSHIP STATUS* SUR FACEBOOK ? »

Heureusement ou malheureusement, la seule solution est la communication. Peu importe ce que vous vivez, la nature de vos sentiments pour la personne qui fait vibrer vos bobettes doit éventuellement être claire, autant pour vous-même que pour l'autre. Vice-versa.

Je m'y connais personnellement en relation bizarre qui ne *fitte* pas avec l'idée qu'on se fait d'un couple, mais où les sentiments sont tout aussi forts, et chaque fois, le stress s'est réduit considérablement lorsque j'ai été capable de mettre des mots sur la situation, même si ça ressemblait à « je t'aime pis tu m'aimes pis on est pas ensemble, mais c'est correct pour le moment en tout cas on frenche-tu ? ». J'étais à l'aise avec l'idée d'avoir des sentiments pour quelqu'un, et que les sentiments soient réciproques, même si ça ne voulait rien dire de concret pour le moment en question, et ce, pour des raisons que je comprenais entièrement.

La vie n'est pas toujours noire ou blanche. De la même manière que vous pouvez compter sur le retour de la saison des impôts, vous retomberez certainement amoureux ou en pleine face dans une situation bouetteuse au courant de votre vie. Soyez francs et exigez l'honnêteté en retour. Parce que surfer sur la vague entre la fréquentation et le couple ne veut pas dire vivre dans le déni de la réalité. ■

Comment je me suis, à mon insu, casée à l'âge de seize ans

PAR VANESSA GIGUÈRE

J'ai vingt-huit ans. Mon chum et moi avons commencé à nous fréquenter à l'aube de mes seize ans. Je vous laisse faire le calcul.

À l'époque, si on m'avait dit qu'une douzaine d'années plus tard, je partagerais toujours ma vie avec ce gars-là, et qu'il serait en plus le père de mes enfants, je me serais possiblement étouffée. Parce qu'à seize ans, tu es jeune, tu prends ça au jour le jour, tu as la vie devant toi et une tonne d'expériences à vivre. Sauf que...

La vie avait des plans plus précis pour nous. Un jour, la réalité m'a frappée de plein fouet. Je n'arrive pas exactement à mettre le doigt sur le moment exact où ça s'est produit, mais depuis, c'est presque une claque hebdomadaire. Je n'en reviens juste pas. Ça me semble si surréaliste par moments. En éternelle inquiète, j'ai souvent été surprise de voir qu'année après année, il était toujours à mes côtés, il voulait encore de moi.

Quand on a passé autant d'années avec la même personne, l'expression «douce moitié» prend tout son sens.

Avoir le même amoureux depuis l'âge de seize ans, ça implique de n'avoir aucune anecdote de *dating* à raconter. Aucune. Un gros rien pantoute. Quand je discute avec des amies, je peux rapidement me sentir imposteur parce que je n'ai pas le même bagage qu'elles. Alors je me ferme la trappe et j'écoute, ce qui est habituellement très divertissant.

Quand on a passé autant d'années avec la même personne, l'expression «douce moitié» prend tout son sens. Toute ma vie d'adulte, je l'ai vécue avec lui. Mon chum est devenu ma moitié, une sorte d'extension de ma propre personne. Bien sûr, nous avons chacun nos identités, mais je me définis beaucoup comme étant sa blonde. C'est comme si ça allait de soi, nous sommes ensemble depuis toujours et m'imaginer autre chose me semble tout simplement inconcevable. Dans nos périodes plus difficiles, quand j'ose penser à ça, je paralyse. Me retrouver sans lui demain matin me ferait assurément la même sensation qu'une amputation. Sans anesthésie.

Qu'on le veuille ou non, notre situation de couple suscite toujours les mêmes réactions. Provenant de la bouche de certains, le terme *high school sweethearts* a parfois une connotation plutôt péjorative. Du genre «vous êtes adorables, mais aussi un brin pathétiques, admettons-le». Je ne vous cacherai pas que j'appréhende souvent ce genre de jugement. J'ai beau me dire que je me sacre de l'opinion des autres, ce n'est jamais évident d'en faire totalement fi. Mais je travaille là-dessus, j'apprends même à en rire.

Des questionnements à savoir si nous n'étions pas mutuellement en train de passer à côté de quelque chose m'ont déjà effleuré l'esprit, mais finalement, si nous sommes bien dans cette union qui est la nôtre, c'est pas mal tout ce qui compte! ■

Couple ouvert ou couple fermé: les règles de base

PAR CAROLANE STRATIS

Au chapitre du savoir-vivre en couple, un élément important, question de ne pas faire de la peine à l'autre, est de savoir si vous voulez former un couple ouvert ou fermé. Le concept du couple fermé semble assez simple, mais il est recèle tout de même plein de règles qui ne sont pas toujours comprises par les deux parties. Je vais me faire un plaisir de vous énoncer le principe le plus important:

Ne pas flirter ni coucher avec quelqu'un en dehors des entités formant le couple, à moins de faire un *trip* à trois incluant les deux moitiés du couple.

C'est tout.

Je sais que ça semble facile, mais la vie m'a appris et montré que ce n'est pas si *easy* pour tout le monde de comprendre les subtilités qui entourent cette question. Les partenaires infidèles le sont pour une multitude de raisons, mais reste qu'au final, il y a des chances que ça fasse mal à celui qui subit.

Certains couples, pour éviter de se retrouver dans une situation semblable, décident d'ouvrir des barrières et de se permettre d'aller voir ailleurs. Dans ce cas-ci, les règles sont plus complexes, car il y a autant de subtilités dans le code d'éthique qu'il y a de couples. La règle primordiale à suivre pour être un couple ouvert, ça reste d'en parler avec son partenaire.

Mettons que vous êtes la personne qui aimerait avoir plus de liberté dans votre couple, je vous avertis que c'est assurément une discussion qui peut avoir du mal à débuter. Il faut rester respectueux de l'autre et ne jamais oublier que ce n'est pas de sa faute si vous voulez aller ailleurs. La personne est en droit de refuser et ça pourrait créer une certaine méfiance et même de la jalousie par la suite.

Jouons le jeu au complet et disons-nous que votre partenaire est content et qu'il est ouvert à former un couple... ouvert. La discussion ne se termine malheureusement pas après le: «OK! Oui, bonne idée.» Pour éviter tout drame et toute insatisfaction, je vous conseille d'établir les balises suivantes:

- Le cadre où les affaires se passent: est-ce que vous voulez que votre partenaire fasse ses affaires chez vous (si vous habitez ensemble) ou chez l'autre? Est-ce qu'il y a des endroits interdits?
- Le cadre des rencontres: pour décider si c'est simplement avec des inconnus ou si un ou une amie du couple peut aussi faire l'affaire. Certaines personnes sont plus réticentes avec des gens proches pour une multitude de raisons... qui sont assez *obvious*.
- La fréquence: est-ce que vous avez le droit de revoir une personne extérieure plus d'une fois? Le cas échéant, après combien de fois faut-il mettre un terme à la relation? Il se peut que l'un des deux partenaires ne veuille pas de fréquentation à l'extérieur du couple pour ne pas créer de *mixed feelings*.
- *Kiss and tell* ou pas: est-ce que vous êtes à l'aise de vous parler des aventures (aussi minimalement que de dire qu'une relation s'est passée, ou plus si vous êtes vraiment *open*).
- Protégez-vous! Ici, ce n'est même pas une question. C'est juste du gros bon sens.

Un couple ouvert n'est donc pas un *free-for-all* ni une preuve que l'amour que vous portez à l'autre n'est pas assez grand. Pour certains couples, ça fonctionne très bien. Reste qu'il faut savoir vous écouter et rester alerte pour voir si votre niveau de «je-suis-à-l'aise» tient toujours la route. J'ai déjà été dans une situation où je croyais être capable de contrôler mon niveau de malaise, mais j'ai craqué et j'ai eu beaucoup de peine. Ne répétez pas mes erreurs.

Dans tous les cas, comme dans presque n'importe quoi qui figure dans la grande catégorie des relations humaines (et pas juste amoureuses), la communication est la clé! Aussi peu original que ce soit. ■

Conjoints de fait ou mariés

Quelle différence? HA!

PAR MARIE-EVE JARRY

À vos yeux et à ceux de votre conjoint ou conjointe, ça ne change peut-être rien d'habiter ensemble, de faire des projets de vie et d'avoir des enfants sans être mariés. Mais aux yeux de la loi, ça change tout, particulièrement en cas de rupture, puisque l'un de vous pourrait se voir complètement démuni financièrement.

Tout d'abord, on va mettre quelque chose au clair. Les mariages religieux et les mariages civils : même valeur aux yeux de la loi. Et des conjoints de fait, c'est deux personnes qui habitent ensemble depuis au moins douze mois. Cela dit, quelles sont les différences entre être mariés et conjoints de fait ?

LE CODE CIVIL

Avant toute chose, selon le Code civil, l'union de fait n'a aucune valeur (sauf avec un contrat notarié), alors que le mariage (civil ou religieux), oui. Le Code civil, c'est un ensemble de règles qui régissent les droits de chacun. Alors si vous n'êtes pas mariés, ben d'après celui-ci, vous êtes célibataires. *#Logique.*

Si vous et votre (maintenant ex) conjoint vous séparez, aucune loi ne vient régir la division du patrimoine familial, soit l'ensemble des biens achetés pendant la période de l'union. Et tout peut devenir très compliqué, risqué et difficile. T'sais, la frustration de se faire domper, ça change une personne.

En revanche, si vous étiez mariés, vous êtes protégés par le Code civil, qui exige que tout bien utilisé par les deux époux soit divisé également. Et quand je dis utilisé, ça peut être très large.

CHARGES DU MÉNAGE

Les charges du ménage doivent être assumées par les deux époux, proportionnellement à leur capacité de payer. Aussi, en cas de divorce, des prestations peuvent être versées au conjoint le moins fortuné pour assurer ses besoins.

Pour les conjoints de fait, aucune obligation n'est établie dans ces situations, mais vous pouvez faire rédiger un contrat de vie commune pour vous assurer de ne pas vous faire fourrer.

Un contrat de vie commune, c'est ce qui pourrait vous sauver la vie en cas de rupture houleuse. C'est tout simplement un document sur lequel est inscrit chaque bien, sa valeur et son propriétaire. En cas de rupture, le contrat de vie commune détermine qui garde quoi. Vous pouvez aussi y préciser les charges financières de chacun, la procuration (votre conjoint est responsable de quoi si vous tombez gravement malade ?), ou les donations (votre conjoint promet de vous laisser la maison si vous vous séparez, par exemple).

PAYER LES DETTES

En mariage, les époux se soutiennent pour payer les dettes contractées pour soutenir la famille. Toutefois, un des deux époux a le droit de manifester son désir de ne pas être impliqué dans cette dette avant de la contracter. Les conjoints de fait n'ont aucune obligation d'aider l'autre à payer une dette, sauf en cas d'endossement.

Aussi, si vous prétendez être mariés au moment de l'achat d'un bien, alors que vous ne l'êtes pas, la solidarité de paiement de la dette s'applique. Bref, prenez-vous pas pour d'autres.

EXÉCUTEUR TESTAMENTAIRE

L'époux survivant compte automatiquement parmi les successeurs. Dans une situation de conjoints de fait, il faut que le défunt ait (avant sa mort) inscrit son conjoint dans son testament pour qu'il en bénéficie. Autrement, si rien n'est précisé dans le testament, celui qui reste n'hérite de rien du tout.

TOUTEFOIS, il y a exception si le décès du conjoint de fait relève de l'une des lois suivantes :

- Loi sur les accidents du travail et les maladies professionnelles
- Loi sur l'assurance automobile
- Loi visant à favoriser le civisme
- Loi sur l'indemnisation des victimes d'actes criminels
- Loi sur le régime des rentes du Québec

Dans ce cas, le conjoint survivant bénéficie des mêmes lois que les couples mariés à condition :

- Qu'un enfant soit né de leur union ; ou
- Qu'ils cohabitent depuis un minimum de trois ans, documents et preuves publiques (par exemple un titre de propriété) à l'appui.

Vous ne saviez pas ça, hein ?

PRÊTS ET BOURSES SCOLAIRES ET AIDE FINANCIÈRE OU JURIDIQUE

Si vous êtes mariés, le gouvernement tient compte du revenu de votre conjoint pour évaluer votre admissibilité à ces divers programmes.

Pour une union de fait, on considère le revenu de votre conjoint si vous demandez l'aide juridique ou financière. Pour les prêts et bourses, si vous n'avez jamais été mariés, on tiendra compte des revenus de vos parents (!!!). Si vous avez la garde d'un enfant, issu de votre union ou pas, vous êtes considéré comme marié et on tiendra compte du revenu de votre conjoint.

FINALEMENT, LES IMPÔTS

Avouez que vous aviez hâte que j'en arrive là ! Les couples mariés peuvent bénéficier d'une exemption d'impôts s'ils déclarent l'un des conjoints comme personne à charge.

Pour les conjoints de fait, on peut bénéficier de cette même exemption d'impôts à condition d'habiter ensemble depuis plus d'un an ou d'avoir un enfant ensemble.

Dommage que ce genre d'information ne fasse pas partie intégrante de notre cursus scolaire ; ça aurait peut-être évité à plusieurs conjoints de fait de se retrouver dans le caca en se séparant. ■

Conseils pour bien vivre une

relation à distance

PAR GÉRALDINE ZACCARDELLI

On ne choisit pas qui on aime, ni dans quelles circonstances. Ça vient d'un coup, ça nous happe, puis on est dedans. C'est d'ailleurs ce qui m'arrive depuis quelques beaux mois !

Je suis en amouuuurrrrr avec un homme qui vit à six mille kilomètres de moi. On ne décide pas quand ça arrive, avec qui, où, et pour combien de temps. Ça arrive souvent comme ça. Et on ne se pose pas les questions : d'où vient-il ? Que fait-il ? Est-il de passage ici ? En voyage ? Repartira-t-il ? Allons-nous être séparés ? On ne pense pas à ça ni à demain. On pense à ici, maintenant, et on le vit. Mais la vie est remplie de surprises, de rebondissements et de tragédies. Il faut savoir braver la tempête !

J'ai eu la chance d'aimer passionnément dans ma vie. Et j'ai le bonheur d'aimer encore aujourd'hui. Passionnément. Un amour authentique et unique, mais atypique, car à distance. Mon amoureux a dû quitter Montréal d'urgence pour se rendre auprès de sa famille en France. Départ inattendu il y a huit mois.

À deux reprises dans mon historique amoureux, j'ai été confrontée à des relations à distance. À vingt ans, puis à trente et un. Pendant plus d'une année la première fois. (Il fallait bien finir mon baccalauréat ; les études avant tout !) La relation a duré trois ans encore par la suite. C'est donc que ça marche! Au moment d'écrire ces lignes, je célèbre mon huitième mois de «couple à distance» avec le chéri de mon cœur. Je touche du bois, mais ça dure toujours!

Qu'est-ce qu'on fait quand ça arrive? On se lance et on essaie. Un jour à la fois.

Voici neuf conseils en vrac (très subjectifs, je le conçois!) pour vous aider à vivre une relation à distance «sereine», joyeuse et équilibrée:

1. DE L'AMOUR, DE L'AMOUR, DE L'AMOUR (ET BEAUCOUP DE VOLONTÉ)!

On ne va pas se leurrer! Une relation à distance requiert son lot de volonté et de foi. Il faut aimer, oui, mais y croire beaucoup aussi et s'en donner les moyens.

2. UNE GRANDE CONFIANCE

Je crois qu'il est impossible de vivre une relation à distance sans confiance. Sinon on est trop malheureux, car constamment en train de se demander ce que l'autre est en train de faire et avec qui. Il faut croire en l'autre, sinon on ne vit que dans le tourment, la peur et l'inquiétude.

3. DE LA CONCILIATION

Toujours se souvenir que «mes attentes ne sont pas nécessairement et exactement les siennes». Ce n'est pas parce que là, moi je suis disponible et que j'ai envie de lui parler qu'il est dans la même situation. Et d'ailleurs, cela ne veut pas dire qu'il ne souhaite pas me parler! Se rendre conciliant et flexible. Respecter le rythme et la réalité de l'autre. Et savoir jongler avec le décalage horaire. Se trouver un moment opportun à tous les deux.

4. UNE DATE DE RETROUVAILLES

Rien de tel que de pouvoir faire un décompte, des X au gros marqueur noir sur un calendrier et d'avoir un objectif! On sent qu'on avance vers un but. Que tout cela n'est pas qu'abstraction.

5. SE TENIR OCCUPÉ!

Avoir un agenda rempli permet de passer le temps plus rapidement et de changer le mal de place en masquant l'ennui. Avoir des projets à soi, continuer de s'investir dans son propre milieu et préserver son autonomie. La vie ne s'arrête pas quand on aime quelqu'un qui ne vit pas dans la même ville ou le même pays que soi.

6. UN *MODUS OPERANDI*

Trouvez une façon de communiquer propre à vous. (Ah oui, l'ai-je dit? COM-MU-NI-QUER.) Skype? Texto? *Email*? Téléphone? Lettres? Pigeons voyageurs? À chacun sa manière. Les moyens de communication sont nombreux et différents pour tous. Si vous n'aimez pas Skype (comme nous!), ne vous forcez pas. Si vous êtes plutôt une jaseuse au téléphone, oubliez les courriels! Je pense aussi que l'important est une communication quotidienne. Un petit mot, une pensée, un court coup de fil, un colis surprise envoyé par la poste, etc. Peu importe. Mais sentir l'autre, le savoir là présent. C'est super important au quotidien et ces attentions font si plaisir.

7. TOUT DIRE! NE RIEN GARDER SUR LE CŒUR!

La distance laisse libre cours à beaucoup d'interprétations, car on n'a pas l'autre devant soi pour saisir un regard ou ressentir une émotion, un câlin, un baiser. Ne faites pas fausse route inutilement en interprétant de la mauvaise manière! Questionnez, demandez, dites! Ne rien remâcher intérieurement en silence, car cela s'envenime et une bagatelle se transforme en tsunami. L'expression «une tempête dans un verre d'eau» n'aura jamais été aussi exacte.

8. UN AVENIR COMMUN: LA SUITE DES CHOSES

Une fois que le *modus operandi* est établi, tentez de faire des plans d'avenir communs. Quelle ville serait la mieux pour vous deux? Comment envisagez-vous la suite des choses? Qui rejoindra qui et où? Il vous faut un plan de match pour le futur! Et n'ayez pas peur d'en parler. Il faut croire en soi et foncer!

9. PROFITEZ-EN; VOUS ÊTES AMOUREUX!

Évidemment, je porte un regard très différent sur la façon de vivre ces deux histoires à distance, à vingt et trente ans. Je me sens beaucoup moins émotive aujourd'hui, plus stable, plus sûre de moi. En somme, plus mature et équilibrée. C'est l'expérience qui rentre, faut croire! J'essaie d'appliquer ces conseils au quotidien le mieux possible, mais rien n'est infaillible lorsqu'il s'agit de sentiments amoureux et ce n'est pas tout le monde qui est fait pour vivre de façon harmonieuse une relation à distance, car cela nécessite beaucoup de don de soi, d'indépendance et de volonté. Mais l'avantage à considérer dans ce type de relation, c'est que les retrouvailles sont toujours passionnées et délicieuses et la flamme constamment ravivée! C'est un pensez-y-bien! ■

Résister à la tentation à l'ère des technologies

PAR ANNIE NONYME

En *#JokePasJoke*, j'ai souvent dit que j'étais une sorcière. Pas parce que je fais des drôles de recettes (quoique), mais plus parce que j'ai les sens aiguisés. Je suis sensible. Je devine les choses assez rapidement. J'ai un bon flair pour les affaires qui se passent dans mon dos. Ce petit don m'a permis de déjouer plusieurs fois des trucs pas le *fun* qui se passaient sur les Internets, dans les messages Facebook (et sur MSN Chat... LOL).

Dans un couple, il peut y avoir des tentations des deux côtés. Chez vous et votre copain ou votre copine. Des deux côtés, les stratégies sont souvent les mêmes.

De votre côté

- Assurez-vous que c'est clair que vous êtes en relation. Même si ça peut titiller du monde, que c'est comme un défi (*come on* la gang, ce n'en est pas un, *GTFO*).
- Si vous voyez qu'une personne vous colle (sur Internet), vous n'êtes pas obligé de lui parler. Mettez vos limites. Ne répondez pas. Vous ne lui devez rien.
- Si vous êtes attiré, demandez-vous pourquoi. Est-ce que c'est l'idée de cette personne-là ? Est-ce qu'il vous manque quelque chose dans votre relation ? Est-ce que vous êtes encore bien ? Posez-vous ces questions-là sérieusement.
- Qu'est-ce que ça valide en vous si vous aimez ça, vous faire *cruiser* ? Est-ce que vous avez besoin de vous faire valider et de faire valider votre existence ? Pourquoi ?

Du côté de votre partenaire, si une personne lui tourne autour et que ça vous dérange

- Dites-lui rapidement. Souvent, les personnes qui draguent en ligne, ce ne sont pas les crayons les plus aiguisés. Alors, elles laissent des commentaires sous toutes les photos et vont *liker* toutte. Même si vous n'êtes pas sur le profil de votre chum tout le temps, vous allez le remarquer. Si ça vous dérange, dites-le-lui.
- Si votre partenaire semble prendre ça avec un grain de sel et que les discussions ne mènent nulle part, vous pouvez vous amuser un peu. Allez *liker* les commentaires que l'indésirable laisse, faites-lui comprendre que l'autre est en couple. Ce n'est pas l'idéal, mais tout dans cette situation-là n'est pas idéal. Aussi ben rendre ça drôle.
- Finalement, posez-vous aussi les mêmes questions. Il ne faut pas que votre raisonnement vous mène à penser que c'est votre faute. Qu'est-ce que votre partenaire recherche dans ça ? Est-ce que ça va bien ? Est-ce que votre relation manque de *challenge* ? Est-ce que c'est une situation qui arrive souvent ? Est-ce que votre copain (ou votre copine) a besoin d'aide ?
- Si vous devez mettre votre pied à terre à un moment parce que la situation n'est pas vivable, *go*. Sérieusement. C'est un moment difficile à passer, mais après, vous allez vous sentir mieux. ■

Survivre à
l'infidélité

PAR ANNIE NONYME

Je suis partie. Je suis partie deux mois dans un autre pays. Mon copain était resté ici. Je suis partie et quand je suis revenue, une amie m'a dit qu'il m'avait trompée.

La fille l'avait dit à un gars qui tripait sur une amie. En gros, l'ami d'une amie de la fille. J'espérais donc bien que ce soit une histoire de téléphone arabe. Pas mon chum. Un gars qui lui ressemble. Dans sa gang, tout le monde était grand. C'est des choses qui se pouvaient. On peut se tromper. Se faire tromper aussi.

J'ai fait ce que je croyais être le mieux et je l'ai texté: « Est-ce que tu m'as trompée ? » Il devait y avoir plus de points d'interrogation, mais en vieillissant, on en met moins. Le soir, il m'a dit: « Non, je ne t'ai pas trompée. Tes amies sont connes, elles veulent juste foutre la marde. » J'ai fait ce que je croyais être le mieux et je l'ai cru.

On ne me parlait plus de mes vacances.

On ne me parlait plus du tout.

C'était le jour de l'An et j'avais fait de la drogue. Toutes mes amies aussi. Chaque personne avait sa drogue, tout le monde était saoul aussi. Une amie (une autre, pas celle du début) m'a dit que toutes les personnes présentes au party savaient que mon copain m'avait trompée. De ma meilleure amie à ma sœur. Si ma cousine germaine avait été là, elle l'aurait su aussi. Tout le monde le savait.

J'ai pété un câble. J'ai littéralement perdu la raison. C'est souvent romancé de perdre la carte, mais la vérité c'est que je ne me souviens plus de ce que j'ai fait, sauf que ça faisait dur.

J'ai crié, j'ai pleuré, j'ai frappé. J'ai tout fait.

J'ai arrêté de faire confiance à toutes mes amies. J'ai laissé mon chum. J'ai coupé progressivement les ponts avec tout le monde qui m'avait trahie. Tout le monde qui savait.

J'avais des comportements crissement dangereux. Je buvais jusqu'à ce que je ne me souvienne plus de rien. Je me réveillais le lendemain, je ne savais plus où j'étais. Je haïssais tous les gars avec qui je couchais.

Finalement, après un certain temps, je suis allée chercher de l'aide.

Je ne sais plus ce qui était le pire : m'être fait tromper, avoir été humiliée parce que tout le monde le savait sauf moi et n'avoir jamais eu mon mot à dire, ou le fait qu'au fond de moi, je savais pertinemment qu'il avait triché. Peut-être un mélange des trois.

J'ai commencé à voir un psychologue. J'ai compris que ce n'était pas de ma faute, même si sous le coup de l'émotion, mon ex m'avait dit que j'aurais dû mettre les choses au clair avant de partir, ou que c'était parce qu'il ne pensait pas m'aimer assez quand c'était arrivé. J'ai compris que ce n'était pas de ma faute, mais je n'y croyais toujours pas.

Ça a pris trois mois.

J'ai recommencé à parler à quelques personnes et j'ai arrêté de boire. J'ai même repris contact avec mon ex. Nous avons parlé longtemps. Pendant des semaines au téléphone. Je lui ai dit je ne sais pas combien de fois comment ça m'avait brisée. Que c'était de sa faute.

J'ai recommencé à le voir en cachette, puis au grand jour. Puis, j'ai *setté* les nouvelles bases :

- Le fait de m'être fait tromper ne me donne pas de droit acquis sur tout (pas de chantage).
- J'ai le droit de lui demander des comptes, mais je travaille à lui faire confiance (pas de crise inutile).
- Il doit me rassurer parce que c'est à cause de lui si je n'ai pas confiance (pas d'excuse).
- Le fait qu'on soit ensemble ne veut pas dire que la tromperie est effacée de ma mémoire (pas d'embellissement du passé).
- Nous devons travailler tous les deux sur notre couple pour que ça fonctionne (faire une équipe).

Si ça arrive à nouveau, c'est fini (le *dealbreaker*). Il y a une expression en anglais qui dit : *forgive but don't forget*. C'est exactement ce que j'essaie de faire. ■

Je ne sais plus ce qui était le pire : m'être fait tromper, avoir été humiliée parce que tout le monde le savait sauf moi et n'avoir jamais eu mon mot à dire, ou le fait qu'au fond de moi, je savais pertinemment qu'il avait triché.

Se séparer
c'est pas comme faire une balade au parc Belmont

PAR MARIE-HÉLÈNE GOULET

Il n'existe pas de *breakup* parfait. Fondamentalement, nous sommes tous de bonnes personnes (la plupart d'entre nous en tous cas) et il est rare que nous voulions faire du mal de façon intentionnelle. Par contre, le contexte/la vie/l'imbécilité de l'un ou de l'autre font que les choses déboulent vite, comme une *undergraduate* de McGill un peu chaude qui marche sur Docteur-Penfield en janvier.

Alors au nom de tous les *breakups* de marde que vous avez vécus ou engendrés : c'est correct. On s'en remet.

Maintenant que c'est dit, ce n'est pas une raison pour passer sa vie à se séparer tout croche. Même que la vingtaine est le moment idéal, voire le passage obligé pour apprendre à vivre la fin d'une relation comme une personne civilisée.

COMMENT EST-CE QU'ON FAIT ÇA?

Tout d'abord, ne laissez pas une situation s'envenimer au point où la rupture semble inévitable. Une relation de couple où la communication ne coule pas de source n'est pas une bonne relation de couple. Essayez donc de régler les conflits sainement lorsqu'ils se présentent.

Le *breakup* s'en vient à pleine allure? Tentez de l'aborder de façon calme et rationnelle. Ne faites SURTOUT pas comme moi et n'officialisez pas votre *breakup* avec un message vocal sur un répondeur après une soirée de boisson aux Foufounes Électriques. Ça, c'était poche. Le plus important, encore une fois, est de ne pas attendre sans rien dire. Imaginez que votre situation est une amputation. Des fois, c'est mieux de se faire couper un membre que de laisser la gangrène prendre le mors aux dents.

Vous avez un bail signé de vos deux noms entourés de petits cœurs? Une maison? Un chien? Un chalet? Des enfants? Les choses se corsent, désolée. Faites preuve d'empathie et de calme dans la mesure du possible, surtout si vous et votre ex tournez la page sur une bonne note. Prenez vos décisions à tête reposée et consultez des ressources externes (avocat, psychologue, médiateur, etc.), si nécessaire.

La clé pour rester calme lorsque vous parlez de « qui ramasse le beau chesterfield bleu royal » avec votre ex? Offrez-vous du temps pour pleurer et faire le deuil, seule ou entre amies. Mangez de la crème glacée, buvez une bouteille de rouge, écoutez de la musique triste ou devenez blonde. Peu importe la méthode, tant que c'est un moment pour vous.

P.-S. – Il n'y en aura pas de facile, mais ça va aller. ■

13

TON PETIT LOOK
Guide pour une vie adulte (genre) épanouie

ÇA VA BEN ALLER

« Le ridicule ne tue pas mais il met mal à l'aise. »

— Louis Gauthier, Les grands légumes célestes vous parlent

La lanterne

PAR CAROLINE SCOTT

C'était un soir de février glacé, je ne me souviens plus si le vent soufflait très fort ou s'il neigeait, mais je sais aujourd'hui que le froid qui m'envahissait n'appartenait pas à l'hiver.

Immergée dans l'eau chaude, je cherchais un semblant de chaleur, mais je n'arrivais qu'à entendre le bruit des gouttes qui fuyaient du robinet et troublaient la surface lisse de l'eau. Ça faisait le son de l'aiguille d'une horloge, imitait le doux battement d'un cœur : je manquais d'air.

Je me suis redressée d'un coup et la morsure du froid m'a brutalement accueillie. Peut-être est-ce dans ce grand frisson que j'ai trouvé le courage de sortir du bain, ruisselante et transie, pour me diriger complètement nue vers le salon. Le corridor de l'appartement que je partageais avec ma mère ressemblait à un couloir de la mort, chaque pas me rapprochant de la pièce me condamnait, mais j'avais pris ma décision. J'ai croisé le regard de ma mère, qui s'était détourné de la télévision à mon arrivée :

— Maman, j'ai quelque chose à te dire.

Ses yeux ont suivi le trajet des gouttes qui tombaient de mes cheveux, ma nudité, l'eau à mes pieds. Elle a vu tout de suite, comme toujours.

— T'es pas enceinte ?

— Oui.

— Et tu vas le garder ?

— Oui.

— T'es certaine de ta décision, tu y as bien réfléchi ?

— Oui.

— Ça va ? Tu te sens bien ?

— Oui.

— Bien, alors, puisque tu sembles si certaine de ton choix et que tu vas bien, je vais juste pleurer un peu.

J'avais dix-sept ans, j'étais une adolescente troublée et j'attendais un bébé.

Je ne sais pas pourquoi je me souviens si bien de ce moment, peut-être est-ce parce qu'il a un aspect prophétique. L'aventure qui m'attendait serait mêlée de larmes et d'un amour indéfectible.

Les mois qui ont suivi l'annonce de ma grossesse ont été franchement terribles : la panique dans la voix des amies, les regards méprisants, les commentaires abjects de certaines personnes de mon entourage. Force est d'admettre que rien n'augurait de bon pour moi : j'avais raté la plupart des cours de la fin de mon secondaire, je n'arrivais pas à garder un travail, je dormais beaucoup trop. J'étais angoissée et incapable de fonctionner correctement dans un environnement qui demandait le moindre investissement personnel. J'ai trouvé presque normal qu'autant de gens tentent de me convaincre d'avorter. Certains essayaient encore tandis que j'entamais mon cinquième mois de grossesse et malgré mon désir évident de mettre mon enfant au monde. Tout autour, on me posait des questions, on demandait des comptes.

Je n'arrivais pas à justifier ma décision autrement que par mon incapacité physique et mentale d'envisager une interruption de grossesse. Je respecte totalement celles qui y ont recours, chaque femme sait ce qui est le mieux pour elle. Le mieux, pour moi, c'était le bébé. On m'a demandé comment ça se pouvait : je ne connaissais pas le condom ? J'allais faire quoi pour mes études ? Est-ce que je savais que je gâchais ma vie ?

Je n'arrivais pas à justifier ma décision autrement que par mon incapacité physique et mentale d'envisager une interruption de grossesse.

Je ne savais jamais quoi répondre, ma silhouette s'arrondissait de questions, les yeux des passants aussi. Je n'avais plus envie de voir personne excepté ma mère et mon amie Elyzabeth. Avec elles, mon ventre n'était pas rond d'un monstre qui allait dévorer mon existence, ni une maladie incurable, il n'y avait pas de sourcils froncés ou de regard de pitié : c'était simplement un bébé dans sa maison.

J'aurais voulu savoir à quel point la vie allait être belle pour nous, au terme du futur sombre qui s'annonçait, que je verrais toujours les gens calculer mentalement notre différence d'âge ou nous prendre pour des sœurs et que je finirais par m'en foutre.

J'aurais voulu savoir tout ça parce qu'être enceinte à dix-sept ans est rarement un synonyme de joie dans notre société. Malgré les encouragements de ceux sur qui je pouvais encore compter, je me suis noyée dans la peur, dans le mépris qui me bombardaient de toute part : personnel infirmier, commerçants, certains membres de ma famille, des amis. J'hésitais, je pleurais beaucoup, je ne savais pas encore que je plongeais lentement dans la dépression. Ma décision était sans cesse remise en question, mon corps et mes angoisses étalés aux yeux de tous, froidement jugés et stigmatisés. Le temps a tourné les pages du calendrier et finalement, par un après-midi très froid d'octobre, malgré l'impression de m'être mise à dos destin et univers, j'ai fait don au monde d'une petite fille. Je ne savais même pas comment la tenir et l'infirmière a soupiré quand elle a dû placer correctement mes bras pour l'y déposer. Mes yeux dans les siens, j'ai pleuré de joie et aussi de tristesse.

J'aurais voulu savoir les premières années peintes en noir apocalypse, les deuils à traverser, nécessaires à ma survie, toutes les larmes que je pleurerais, assez longtemps pour guérir. Que la maternité, précoce ou non, allait exiger des morceaux de moi, mais que ce serait pour laisser ma fille m'en fabriquer d'autres. Que j'apprendrais à me battre sans violence et réussirais à sortir de la dépression et autres problèmes de santé mentale, que j'irais faire des études supérieures et réaliserais mes rêves avec la main de mon enfant dans la mienne. Que je deviendrais mère et femme en même temps et que j'allais en être heureuse.

Ce soir de février là, immergée dans l'eau chaude, j'ai accroché sans le savoir l'espoir dans mon ventre comme une lanterne éclatante.

Je venais de choisir la vie, avec sa cruauté et son ineffable douceur, la vie de tous les possibles. ■

Comment savoir si on veut des enfants ou pas

PAR MARIE-HÉLÈNE GOULET

Il vient un âge où nos amies commencent à se marier, à acheter un condo et à faire des enfants. Ce changement s'opère en douce, mais il finit par devenir incontournable, amenant tout un lot de questions très personnelles.

Vous avez un copain dit « sérieux » ? Vous êtes donc probablement déjà familiarisée avec l'avalanche de « à quand les bébés ? », gracieuseté de toutes vos matantes et de tous vos mononcles.

Alors, comment fait-on pour savoir si on veut se reproduire ou pas ? Quant à moi, c'est bien simple ; il suffit de se poser la question.

OK, JE M'EXPLIQUE.

Personnellement, du haut de mes presque vingt-sept-ans, je suis convaincue que je ne veux pas d'enfants. D'aussi longtemps que je me souvienne, je n'ai jamais eu la fibre maternelle. Enfant, je n'aimais pas me tenir avec les plus jeunes. Je n'étais pas *down* pour jouer avec les poupées ou à la maman. J'ai dû garder ma petite voisine trois fois, et ce, sans grand succès.

Je n'ai jamais rêvé d'avoir une famille. Je n'ai jamais ressenti le besoin d'avoir une famille. Les bébés ne m'émeuvent pas, au contraire. (Demandez à Josiane de décrire la face que je fais quand je tiens un bébé.) Je n'envie pas mes amies qui ont des minis. En gros, je n'ai jamais ressenti le *call* de mes ovaires, que ce soit en tant que femme célibataire ou dans un couple *steady*.

Donc, devant cette preuve assez évidente, je déclare que je ne veux pas me reproduire. Pis c'est tout. Là réside la réponse à ma question.

Est-ce que je vais changer d'avis un jour ? Peut-être, car comme avec l'existence de Dieu et mon amour des asperges, rien n'est coulé dans le béton. C'est quelque chose que je peux évaluer en temps et lieu, mais qui ne m'empêche pas d'être très certaine de ma décision *dans l'instant présent.*

Est-ce que c'est parce que « je vais changer d'idée lorsque je vais avoir les miens » ? Peut-être, mais probablement pas, considérant mon absence d'horloge biologique (quel cliché), et ce n'est pas un risque que je veux faire courir à mon hypothétique progéniture.

Est-ce que j'ai l'impression qu'il manque un gros bout à mon identité féminine ? Non, je ne pense pas, même si c'est à l'opposé du discours populaire sur la maternité. Être femme est une expérience unique à celle qui le vit, et on ne devrait pas laisser ce genre de message influencer notre propre parcours identitaire. Acheter des billets pour un *show* au cas où on manquerait quelque chose de *big*, c'est une chose, mais faire des enfants pour la même raison, ça me semble un peu fou.

Et vous savez quoi ? J'aime mieux *feeler* à contre-courant que de donner la vie sans l'avoir trop voulu. Ça sonne mieux. ■

Trente et un ans

et toujours pas maman

PAR GÉRALDINE ZACCARDELLI

À dix-neuf ans, les enfants nous semblent encore loin! À vingt-cinq un peu moins et à trente, on a l'impression de commencer à être en retard. Moi, j'ai trente et un ans et je ne suis pas maman. Le serai-je un jour? Je le souhaite de tout mon cœur!

Mais un bébé, ça ne tombe pas du ciel ni du bec d'une cigogne. Au cours des quatre dernières années, mes grandes amies sont tombées enceintes les unes après les autres. À l'annonce de la première grossesse de toutes, ce fut une véritable onde de joie dans le groupe! Et un peu de peur aussi; allions-nous perdre notre amie?! Ce fut aussi un choc de réaliser que la vie avançait; nous commencions sérieusement à «vieillir» ! Nous allions devenir parents à notre tour. Cette première grossesse fut également une découverte pour nous toutes. Chaque étape de cette aventure magique de la vie s'avérait nouvelle et exaltante. La première échographie, les suivis médicaux et surtout cette si belle bedaine qui grossissait chaque jour pour devenir la plus pleine des lunes. Sans parler de la naissance du premier petit enfant divin! Quel événement heureux!

Petite, on se fait souvent des scénarios de «quand on sera grande». Mais la vie va souvent plus vite qu'on l'imagine. Dans ma tête d'enfant, j'allais avoir un enfant à trente et un ans «comme ma mère». Force est de constater que ce scénario de princesse imaginé par la gamine que j'étais ne reflète pas exactement ce qui se passe dans ma vie. Et à dix ans, j'avais peut-être omis un élément-clé: le papa! Mon parcours est le mien, unique, éclaté, coloré, bien ou mal, je n'en sais rien, mais c'est le mien. Et je ne peux pas le changer. À l'annonce des nombreuses grossesses qui se sont succédé, j'avais un grand sentiment de joie pour mes copines, mais aussi une petite pointe de tristesse qui germait dans mon cœur. Je ne pouvais m'empêcher chaque fois de me demander (un brin égoïstement, peut-être) quand mon tour allait venir... Effet miroir.

FAIRE UN ENFANT À TOUT PRIX ? PAS POUR MOI !

Au moment où trois de mes plus proches amies m'annonçaient la venue d'un enfant dans leur vie, je me suis séparée et j'ai pris un appartement en solo. J'avais trente ans. Retour à la case départ. Merci, monsieur Serpent! Dans mon cœur de femme, ce fut une période difficile. J'avais tellement le sentiment d'aller à contre-courant et de ne pas être dans le coup. J'aurais pu jouer à l'autruche, refuser de voir la réalité et provoquer l'arrivée de ce petit bébé dans mon ventre, mais faire un enfant à tout prix dans une relation nocive et me retrouver un an plus tard en pleine séparation, non merci. Et c'est le conseil que j'ai envie de partager avec vous, mesdemoiselles. Faites la paix avec votre route personnelle et affranchissez-vous des autres!

RIEN NE PRESSE

Pour moi, avoir un enfant, c'est l'ultime acte d'amour entre deux personnes. C'est la suite logique des choses; une envie, un désir d'être encore plus grand, plus fort, de ne former qu'un! La chair de nos chairs. J'en parle et j'en ai des frissons! Et cela, on ne le commande pas. On le vit. Graduellement. Sans le forcer. Sans le presser. Je me suis toujours dit que si je ne trouvais pas le papa idéal avec qui faire un enfant et devenir à mon tour maman, et au pluriel « parents », je n'aurais pas de progéniture. L'envie d'être maman : absolument et sans doute. Mais un enfant à tout prix, non. Et surtout, débarrassons-nous de cette pression sociale et personnelle.

UNE PLUS GRANDE SENSIBILITÉ DES MAMANS-AMIES

J'ai toujours été partante pour vivre tout ce qui englobait la nouvelle maternité de mes amies. J'ai participé et je continue à participer aux discussions qui ont trait à l'allaitement, aux couches lavables, au rôle de mère, à la conciliation travail-maternité, au choix de la garderie, à l'âge où il parle, mange des céréales, de la viande... et je connais même les propriétés des couvertures en bambou! Je suis dans les groupes d'envois de photos des petits et je m'exclame de plaisir à chaque nouveau maquillage de pomme, à chaque dessin et à chaque spectacle de garderie. À un point tel que j'ai parfois l'impression d'avoir finalement déjà eu un bébé, ha! Ces enfants dernièrement arrivés dans le groupe, je les aime d'amour et ils font dorénavant partie de ma vie. Les anniversaires, les repas, les week-ends, etc. Ils sont là et j'y suis. Ensemble.

Je ne vous cacherai pas cependant que j'en ai parfois arraché. À me retrouver autour d'une table de mamans, dans une fête d'enfants, à un *shower* ou même dans un BBQ du samedi soir, et à me sentir si déconnectée en les écoutant, et tellement isolée et malheureuse. Je veux bien faire ma part et me montrer intéressée (et ce, sincèrement), et je me doute bien combien la maternité doit occuper tout l'espace dans une vie, mais j'aurais aimé parfois qu'on soit plus sensible à ma situation. Plus à l'écoute de ce que je peux ressentir ou vivre. Parfois c'est très difficile de ne pas être mère quand on le souhaite et que nous sommes entourées de nouvelles mamans. On a souvent « jalousé » gentiment ma liberté, celle d'une femme de trente et un ans, sans enfant, avec son appart et assez de sous pour en profiter. Ce n'est pas faux. Ma vie, je l'aime. Et je suis bien contente de pouvoir recevoir à l'improviste des amis sur ma terrasse un vendredi soir, avec un verre de vin et des chandelles, sans me soucier du repas, du boire ou du coucher des enfants, ou encore de pouvoir partir sur un coup de tête avec ma brosse à dents et mon maillot à Bora-Bora! Je ne vais pas cracher dans la soupe non plus.

Ce que je souhaite mettre en perspective, c'est la situation des femmes sans enfant dans les groupes de mamans. Mon désir : que les mamans fassent preuve de plus grande empathie, de compréhension, d'écoute et de sensibilité envers leurs amies qui ne sont pas encore mères. Car ce n'est pas nécessairement leur choix ni leur volonté, et elles se battent peut-être pour trouver la paix. Et ce trop-plein de maternité leur renvoie en plein cœur à quel point elles ne le sont pas encore, elles, des mamans. ■

Comment on se prend à finir l'école sur le tard

PAR CAROLANE STRATIS

Disons que mon parcours scolaire est atypique. Je viens d'avoir vingt-neuf ans et il me reste encore un cours à faire pour avoir officiellement mon bac. Je ne suis évidemment pas la seule dans ce cas : j'ai des amies qui, après avoir accumulé quelques années de carrière derrière la cravate, sont retournées sur les bancs d'école pour se retaper un 90 crédits. Certains font un virage à 180 degrés (genre, quitter le domaine des communications pour devenir herboriste) et d'autres, comme moi, ne sont juste vraiment pas chanceuses.

J'ai commencé le cégep tout de suite après le secondaire, en sciences humaines, parce que je pensais vouloir devenir psychologue. Après quelques semaines, j'ai lâché tous mes cours dans le domaine, je me suis inscrite en math 436 et je me suis occupée à finir mes cours de base. Rendue au moment de m'inscrire dans un nouveau programme, j'avais comme idée de devenir designer de mode. Josiane s'inscrivait en commercialisation pour nous ouvrir une boutique plus tard. *Think big!*

Quand j'ai fini ma technique, il n'y avait pas de postes disponibles qui m'intéressaient. J'ai continué de travailler dans la boutique de skate-board où je passais mes fins de semaine. C'est devenu mon emploi à temps plein et mon patron m'a demandé si je voulais faire les achats. J'étais très contente de dire oui. Arrivée au mois de janvier, je commençais à m'ennuyer d'apprendre des choses. Pas que je n'en apprenais pas à mon travail (surtout que je n'avais pas eu de cours d'achat, jamais !), mais j'avais aussi envie de vivre les mêmes péripéties que mes amies qui poursuivaient leurs études. Je me suis inscrite en gestion industrielle de la mode, parce que j'avais envie de rester dans la même lignée.

Entretemps, mon boss et d'autres associés avaient acheté des boutiques de ski et de snowboard. Je commençais l'école en même temps que je faisais mes premiers achats pour les magasins. J'ai trouvé ça très dur. Tellement que j'ai oublié d'annuler mes cours de la session d'hiver, parce que c'était trop exigeant de tout faire en même temps. J'ai travaillé un peu plus d'un an et demi comme acheteuse et mes affaires allaient bien, mais pas celles du magasin. Alors au printemps 2010, les boutiques ont fait faillite. J'ai fait une grosse crise d'anxiété quand je l'ai su et j'ai demandé qu'on me mette à pied.

Je *dealais* mal, alors pour m'occuper l'esprit, j'ai décidé de me réinscrire au programme que j'avais commencé. J'ai suivi trois cours parce que je commençais à aller très mal. J'ai fait un an et demi, puis je suis tombée en dépression. Une session *off* plus tard, je recommençais, puis je tombais enceinte. J'ai dû ralentir le rythme parce qu'un petit bébé qui ne fait pas ses nuits et une maman qui prend des médicaments, ça ne fait pas une étudiante forte forte. J'ai repris un congé d'une session parce que je commençais à sentir les symptômes de la dépression revenir. Puis j'ai fait mon projet de fin d'études avec d'autres filles qui avaient pris leur temps pour faire le bac.

Avec les années, je me rends compte que je suis devenue une étudiante qui *care* dans les cours. J'ai eu un parcours non linéaire, certes, mais je suis capable de faire des liens entre mes apprentissages et l'école de la vie (et celle du travail et celle du blogue). La seule chose qui est un peu poche, c'est que je n'ai jamais vécu la vraie vie estudiantine. Je ne sors pas dans les bars, je ne vais pas aux partys de fin de session. Bon, vous allez me dire que ce n'est pas grand-chose et vous avez raison. Cependant, je vis très bien avec mon choix de ne pas m'être impliquée dans la vie étudiante à l'école et d'avoir mis plus de temps sur mes projets perso comme *TPL* et *TPL Moms*. Je pense aussi que plus le temps a passé, plus j'ai appris à structurer ma vie, entre autres en voulant passer le moins de temps possible à faire mes travaux d'école !

Je suis fière de ne pas avoir lâché le morceau, d'avoir presque fini par finir mon bac en ayant autant de beaux projets qui fonctionnent en plus d'une petite fille. Comme si ma vie n'était pas assez remplie, j'ai lancé un *fashion truck* avec des amies rencontrées en fin de cursus. Prendre son temps pour faire les choses, mais les faire bien, c'est la meilleure façon pour moi de réussir ce que j'entreprends et j'en suis fière. ■

Retour à l'école

PAR MARIE DARSIGNY

Quand j'ai pris la décision de retourner à l'école à l'âge de vingt-six ans, je ne savais pas que cela impliquerait de devoir discuter d'Harry Potter et de Pokémon, moi qui avais des références de jeunesse plutôt du genre *Watatatow* et Spice Girls.

Je me suis retrouvée avec des confrères et consœurs qui avaient jusqu'à sept ans de moins que moi et j'ai été confrontée à des réalités très différentes de la mienne. Parmi mes nouveaux amis, certains avaient dix-neuf ans et habitaient encore chez leurs parents ; d'autres en étaient à leur premier appartement et arrivaient d'aussi loin que des États-Unis ou de l'Australie afin d'étudier à mon université anglophone. Ici, les chandails ornés de mentions telles que « *I'm a 90s bitch* » étaient portés de façon non ironique : j'étais bel et bien entourée de dignes représentants de la génération des *Millennials*.

De prime abord, ma différence d'âge peut sembler minime. Si le choc doit être d'autant plus grand lorsqu'on retourne aux études à un âge encore plus avancé que le mien, je dois dire que dans les yeux de mes jeunes camarades, chaque année comptait.

Si certains amis semblaient plutôt matures pour leur âge, j'étais forcée de constater qu'il y a une certaine maturité que seule l'expérience de vie peut apporter. D'autant plus que, étant dans une université anglophone avec des gens venant de l'extérieur du Québec, plusieurs étudiants de premier cycle n'avaient pas vécu l'expérience du cégep. J'ai compris à quel point ces deux années de niaisage et de folie pouvaient être bénéfiques dans la transition entre l'ado et l'adulte.

Bien qu'étant jeune de corps et d'esprit, j'ai été un peu déstabilisée. Lors de ma première semaine de cours, j'ai porté fièrement la jupe à plis, le *choker-tattoo*, ainsi que les cheveux décolorés en mauve et vert. Je voulais me fondre dans la masse, mais j'ai vite compris que je ne pouvais pas effacer mon expérience de vie. Quand je me présentais et que j'expliquais mon parcours, les gens semblaient impressionnés. Ce qu'ils ne savaient pas, c'est que toutes ces choses, je les avais accomplies parce que j'avais quelques années d'avance sur eux !

Je voulais me fondre dans la masse, mais j'ai vite compris que je ne pouvais pas effacer mon expérience de vie.

Oui, je commençais un baccalauréat, mais j'avais aussi fait un certificat et j'avais de l'expérience sur le marché du travail. En fait, j'avais carrément eu une autre carrière dans un autre domaine. Il était difficile, voire impossible, de ne pas en parler. J'ai donc commencé à pleinement assumer mon parcours. Plus j'en parlais, plus je prenais confiance. Je réalisais que c'était une force plutôt qu'une faiblesse : je savais exactement ce que je voulais retirer de ces études, où je m'en allais avec ce bac.

Quand j'entendais des étudiants dire des choses comme « je fais seulement le bac parce que mes parents me le payent », ou encore « je n'ai pas dormi de la nuit et j'ai fait le travail de douze pages en gobant quatre *speeds* », ma mâchoire touchait le plancher. Puis, je me souvenais que c'est exactement le genre de choses que j'aurais faites ou dites à dix-neuf ans. Je ne dénigrais pas mes camarades : je riais avec eux de leurs erreurs et je les encourageais dans leurs essais. Pas que je voulais jouer à la grande sœur... Mais parfois, je me suis retrouvée dans une situation s'apparentant à celle d'un mentor.

J'ai aussi eux des amitiés d'égale à égale, avec des filles que je n'oublierai jamais. Avec des profs, aussi. En fait, ce retour aux études m'a fait réaliser que les profs sont des êtres humains. Oui, oui ! C'est qu'avant, je voyais les profs un peu comme l'ennemi à abattre : je devais les amadouer, académiquement parlant, à coup de bonnes notes. À vingt-six ans, mon ardeur à l'ouvrage et mon implication dans la vie étudiante étaient admirées par la plupart des profs. Je découvrais donc un sentiment de respect de part et d'autre, comme si je comprenais finalement que oui, l'âge n'est qu'un nombre, mais qu'avec ce nombre vient (ou ne vient pas !) son lot de sagesse.

Mes années passées au premier cycle ont été très formatrices. J'en retiens qu'il ne faut jamais s'empêcher de faire quoi que ce soit à cause de son âge. Chacun est maître de son temps, de sa vie, et chaque expérience vient au bon moment. J'en suis maintenant aux études supérieures, un niveau où l'âge importe bien moins puisque les étudiants viennent de toutes sortes de milieux différents. Si toutes les heures passées à étudier m'ont donné quelques rides ou cheveux blancs, je les prends avec plaisir ! ■

Le jour où je me suis rendu compte que j'étais une adulte

PAR JOSIANE STRATIS

Un jour, je me suis assise dehors, chez moi. J'avais un bébé de huit mois, des dettes par-dessus la tête. J'étais en train de quitter le quadruplex de mes parents qui divorçaient depuis la naissance de mon enfant. J'avais besoin d'un lave-vaisselle. J'ai demandé à mon père de m'aider. Il a dit non. J'ai demandé à ma mère, elle a dit oui. J'étais donc là, à me rendre compte qu'être adulte, ça *suck* des *balls*.

J'ai commencé à vendre du Tupperware pour arrondir mes fins de mois. Pour payer mes comptes, j'ai arrêté de m'acheter des vêtements, *aka* ma passion. J'ai arrêté de sortir. J'ai arrêté de parler à bien des gens, dont plusieurs personnes que j'aimais.

J'ai pris mon courage à deux mains et j'ai *got my shit together.* J'ai commencé à payer mes dettes. J'ai pris des arrangements de paiement pour que ce soit moins lourd. À ce moment-là, je me suis dit que je n'allais pas me laisser abattre par le fait que je devenais une adulte. À la place de me battre contre, j'allais prendre ce qui était bien de ça pour m'améliorer.

Pendant qu'on écrivait le livre, j'ai commencé à parler à des adultes de confiance, des gens pas mal plus établis que moi. Je me suis rendu compte qu'il y avait deux sortes de personnes : celles qui ont fait la paix avec le fait de devenir des adultes responsables et celles qui surfent sur les regrets. Je ne veux pas être de la deuxième sorte. Parce que je crois vraiment qu'on peut être épanouie et avoir du *fun* tout en étant responsable.

Quand je repense à mon adulescence, entre dix-huit et vingt-huit ans, je me rends compte que j'étais tellement fâchée. Jamais capable de m'endormir normalement. J'avais besoin de me saouler pour dormir. Ou d'arriver au bout de mon énergie. Maintenant, quand je pose ma tête sur mon oreiller, je ne pense à rien.

C'est sûr que c'est moins le *fun* de choisir de payer son compte d'Hydro que de s'acheter une nouvelle robe. C'est vrai. Mais il y a moyen d'avoir du plaisir avec ça. De se payer un *trip* à Coachella ou trois nuits à Cuba parce que c'est drôle.

Aussi, depuis que je suis maman, mais même un peu avant, j'ai appris à me crisser un peu de la fameuse FOMO *(fear of missing out)*. T'sais, si je manque une soirée de boisson, habituellement, j'évite pas mal plus de trouble que de *fun*. Et au pire, si je manque du *fun*, qu'est-ce qui va se passer ? Ce n'est pas comme si c'était un truc qui est difficile à avoir.

Ça me fait un peu rire. Parce que chaque jour, j'essaie de combattre la performance, mais je me l'impose quand même en voulant être adulte. Au final, si être adulte ça veut juste dire être plus responsable et penser plus à moi, ben *fuck yeah*, je suis ben contente de le devenir !

Se connaître + s'aimer > toutte ! ■

Remerciements

Premièrement, merci à nos fidèles lecteurs et lectrices. Par vos clics et vos commentaires, vous nous avez montré que nous ne sommes pas seules à vivre un paquet d'affaires, pis ça c'est super rassurant.

Merci aussi à Newad. À Martine en premier parce que d'avoir ta confiance, c'est vraiment précieux. Parce que t'sais, tu es vraiment une boss cool. À Marie-Claude qui a su gérer notre émotivité comme une professionnelle. À Géraldine qui essaie tant bien que mal de nous rendre un peu moins YOLO et Annette, pour tes conseils juridiques, mais surtout pour nos petits fous rires au bureau. Tu es l'avocate la moins plate du monde. Vanda aussi, pour les petites attentions. Tout le reste des gens à l'édition, les gars du Web et les vendeurs et les autres (Martin, Maxime, Fabienne, Kelly-Ann, Olivier, Jessica, Roxanne, Daniel, Daniel, Alexandre, Frank et Alain). *Ton Petit Look*, c'est avant tout un blogue très bien *backé* comme on dit!

Merci à tous les rédacteurs qui sont passés dans notre équipe. Même ceux avec qui ont s'est mal entendues. Vous nous avez quand même appris des affaires *#Positives*. Merci spécialement à Marie Darsigny, pour avoir fait partie de ce beau projet. Merci ÉNORMÉMENT à Marie-Hélène Goulet, même si on s'ennuie de toi chaque jour parce que tu es à Vancouver. Merci à Théo, d'avoir relu tous les textes du livre et d'avoir été une éditrice vraiment cool durant un an et quelque. Merci, Camille, parce que tu es une personne sur qui on peut toujours compter. Merci à Audrey, pour le pas de faute et les capsules linguistiques et merci à Vanessa, même si tu t'occupes de *TPL Moms*, tu fais partie de la famille. *#L'OrdreDuPhénix*.

Merci aux rédactrices de ce livre qui ont permis de faire de quoi de malade en si peu de temps.

Merci aux Éditions Cardinal. À Antoine parce que c'est toi qui es venu nous voir avec ce fou projet. Merci à Emilie Villeneuve pour l'édition, mais aussi d'être toi, une personne sensible qui nous permet de mieux comprendre le monde de l'imprimé. Merci aussi à Noémie Graugnard et Marie Guarnera. Merci à Marie Leviel et Maha Rabiyi pour le graphisme et à Mathilde Corbeil pour les illustrations.

Merci à Marie-Christine Guindon et Michelle Sirois: vous êtes nos plus vieilles amies et malgré tout ce qu'on a vécu ensemble, vous faites partie de ce qui a fait de nous des bonnes personnes... on pense!

Remerciements spéciaux de Carolane: Dolorès: sans toi, je ne sais pas si je serais encore en vie. Merci de me donner la force de vouloir m'en sortir, de devenir une vraie adulte pour te montrer le chemin et espérer être là pour que tu sois bien. Fabien: merci d'avoir confiance en moi et de penser que je vais toujours m'améliorer. Merci de me montrer à mieux parler, de me reprendre quand je dis quelque chose qui n'a pas de sens. (P.-S. – ça ne t'excuse pas de ne pas savoir où ranger les ustensiles!) Merci aussi à Anne-Marie et au Dr Guay pour votre soutien. Pis merci à Josiane, t'sais.

Remerciements spéciaux de Josiane: Merci à Alexandre Fortin, de #BombeTV. Merci à Carolane. C'est vraiment agréable d'avoir une jumelle comme toi (et outre le fait qu'on a le même ADN, on a toutes les deux envie de faire du bien autour de nous, fait que bravo!). Merci à Sébastien Landry. En plus de m'avoir appris où est situé Sept-Îles sur une carte, tu es l'une des personnes avec le plus grand cœur que je connaisse. Ta famille et toi, vous êtes très précieux pour moi. Merci Thérèse et Carol. Merci, Arthur: tu es trop petit pour lire ça, mais tu es le meilleur de ce que moi et ton papa on est, pis c'est le *fun* de te voir grandir. Merci d'avoir fait ton chemin dans mon ventre.

P.-S. - Merci Drake, parce que grâce à toi, on connaît le mantra *started from the bottom now we're here.*

[illegible]

le flirt

[illegible]

Le mot de la boss

Comme la plupart des mères en devenir, j'ai fantasmé un jour sur l'idée d'avoir de belles petites jumelles que je pourrais habiller pareilles ou en des styles complémentaires et que je pourrais affubler de prénoms qui riment. C'est donc dire que quand les sœurs Stratis sont arrivées dans notre vie avec *Ton Petit Look* et leurs prénoms se terminant en « ane », j'étais aux anges ! Évidemment, on avait flairé l'engouement viral de ces deux nouvelles protégées à travers leur façon bien rafraîchissante de parler de la mode et ce, malgré ou à cause de leur vocabulaire adulescent, parsemé de *hashtags* et de liens cliquables, à l'oral comme à l'écrit. Certes, elles maîtrisaient les tendances. Bien sûr, les réseaux sociaux n'avaient pas de secrets pour elles puisqu'elles étaient à toutes fins pratiques nées d'un *post* quelconque. Elles avaient d'ailleurs déjà pu tester leur influence et semer la controverse sur les Internets à coups de mots aussi choquants (!!!) que *vulve*, *poil* ou *diva cup* et de petits kits de Polyvore. Mais, m'inquiétais-je, allaient-elles jamais devenir adultes et pourraient-elles gérer un budget et diriger la « multinationale » TPL que j'envisageais ?

Comme toute bonne mère qui a une fin, je m'inquiétais pour rien. Ces petites *#Yolo* blogueuses entrepreneuriales et pleines d'entrain ont continué à innover et, à travers leurs *posts*, ont développé des points de vue actuels, parfois aussi rassembleurs que déchirants, féministes, mais en tout temps pertinents. Les Stratis ne suivent jamais les *green wagon*, *health wagon* ou autres « bien dans sa peau » *wagon*. Elles sont les locomotives de toute une génération de filles qui ne font que s'assumer.

Depuis notre adoption mutuelle, elles sont passées dans un premier temps par la maternité et en témoignent encore chaque jour sur le site *TPL Moms*. Ensuite, elles sont devenues des adultes des années 10 qui n'ont rien perdu de leur mordant et de leur authenticité. Elles ont, bien évidemment, dû transiter par ce passage obligé de la vingtaine à la vie d'adulte *for real*. Portées par le Web, elles ont même survécu aux commentaires des gens (*#LesGens*) et nous livrent aujourd'hui un guide puissant sur comment devenir de jeunes adultes de façon 100 % originale et québécoise. En le lisant, je me suis rendu compte qu'à 46 ans, j'en avais encore besoin, figurez-vous donc. Imaginez comment c'est un *must* pour vous aussi.

MARTINE DESJARDINS

Vice-présidente exécutive,
édition et contenu chez Newad

Chef de la direction
des affaires juridiques chez Newad

Biographies

CAROLANE STRATIS

Carolane Stratis a étudié en gestion industrielle du vêtement pendant... longtemps. Les péripéties de sa vie l'ont menée à lancer un blogue puis un autre, à mettre sur roues un *fashion truck* et à accoucher d'un humain vraiment cool nommé Dolorès durant ses études. Carolane est une fille occupée, mais elle a toujours le temps de préparer un repas fabuleux qu'elle met ensuite sur Instagram, un jardin fabuleux qu'elle fait dans sa cour ou une *joke* punchée qu'elle publie sur Facebook. Sinon, elle transforme toutes ses idées en textes et parle sans tabou de sa dépression.

JOSIANE STRATIS

Josiane Stratis a toujours pensé qu'elle ne pouvait pas être toute seule. Naître avec une jumelle a beaucoup d'avantages, dont celui d'avoir un *backup* d'organes au cas où, mais aussi un inconvénient, soit celui de toujours se sentir la moitié de quelque chose. Elle a fait ses études en animation et recherche culturelle et en journalisme. Elle a créé *Ton Petit Look* et *TPL Moms* pour être certaine de ne jamais se retrouver toute seule, mais plutôt avec toute une communauté, genre Internet au grand complet. Elle a aussi un humain nommé Arthur et deux chiens, si vous voulez savoir...

ALEX VIENS

Amatrice de fins sarcasmes et de crème glacée pour souper, Alex possède notamment un chat persan ainsi qu'un DEC très utile en création littéraire.

ANNE-SOPHIE BORDELEAU

Anne-Sophie est étudiante en droit et détient une maîtrise en science politique. Elle s'obstine donc sur pas mal n'importe quoi et souhaite en faire une carrière.

AUDREY BUJOLD

Audrey est une introvertie au grand cœur. Les grandes passions de sa vie sont les sushis végé, les films d'horreur et les animaux dans le besoin.

CAMILLE PERREAULT

Artiste, cycliste, végétarienne, tatouée, Camille est un *art school* cliché et elle vit vraiment bien avec ça. Beaucoup de franglais, de chats et de chiens font partie de son quotidien.

CAROLINE SCOTT

Caroline est maman, libraire et rarement aperçue sans un café à la main. Elle étudie (des fois) en littérature et compte bien avoir un BAC d'ici 2030.

CATHERINE THÉROUX

Dompteuse de licornes et de chats à temps partiel, Catherine est une jeune femme passionnée et curieuse. Future bachelière en communication, spécialisation médias et culture, elle aspire à *rocker* l'univers.

CATHERINE LÉTOURNEAU

Laurentienne d'origine, Montréalaise convertie, Catherine est sportive et mordue de plein air, sophistiquée (*wannabe*) et passionnée des affaires. Elle adore : son chien, Instagram et *X-Men*.

GABRIELLE-LISA COLLARD

Rédactrice et traductrice de profession, Gabrielle raffole des framboises, des chiens et des *road trips*. Entre deux cafés, il lui arrive de rédiger 2-3 lignes d'un livre qu'elle écrit beaucoup trop lentement.

GÉRALDINE ZACCARDELLI

Géraldine est rédactrice en chef de NIGHTLIFE.CA. Amoureuse, voyageuse et fière Montréalaise, elle se passionne pour ses amis, ses parents, ses livres et son bain moussant.

JEREMIE ROMAIN

Jeremie est un mordu de culture populaire, amateur de cinéma, fanatique de Kim Kardashian et personnificateur humain. Il habite Montréal avec son homme et son chien.

JESSICA DELORME

Amoureuse des mots et de son chat Paul, Jessica est une passionnée de culture un peu *funny* et pas compliquée, qui aime tout connaître et tout apprendre.

JESSICA GARNEAU

Diplômée en mode, Jessica boit trop de café et parle beaucoup. Elle raffole des magazines, de Jay-Z et de tout ce qui lui permet de bouger.

MARIE DARSIGNY

Marie Darsigny est une rédactrice fan de culture pop et de poésie qui s'intéresse aux petits et gros drames de la vie quotidienne. Sa collaboration à *Ton Petit Look* date de la formation du site Web en 2010.

MARIE-ANGE ZIBI

Marie-Ange travaille comme attachée de presse dans l'industrie de la musique. Éternelle optimiste et bonne vivante, elle ne dit jamais non à la sauce piquante sriracha.

MARIE-EVE JARRY

Marie-Eve Jarry est toujours en train d'essayer quelque chose de nouveau. Elle se nourrit d'un peu tout mais surtout de non conventionnel.

MARIE-ÈVE SAUCIER

Ancienne rappeuse, actuelle chroniqueuse pour *TPL Moms* et future auteure diplômée de l'École nationale de l'humour, Marie-Ève connaît l'alphabet. Au complet.

MARIE-HÉLÈNE GOULET

Éditrice de *Ton Petit Look* depuis 2010 (ou 2011, qui sait !), Marie-Hélène est architecte Web de jour et travaille pour une compagnie de cosmétiques située à Vancouver.

MYRIAM DAIGNEAULT-ROY

Spécialiste des crises existentielles, Myriam aime trouver le beau dans les choses *weird* de la vie. Gourou des courbes, elle aime croire qu'elle est la prochaine Diam's.

ROXANNE GUÉRIN

Féministe assumée, maman émerveillée, militante acharnée et grande amoureuse des mots, Roxanne a toujours un livre à portée de main, mais ne pourrait pas vivre sans internet. Ni sans chocolat.

SONIA GHAYA

Sonia Ghaya est une « pousseuse de crayon » depuis l'âge de cinq ans. Elle accumule les heures passées devant son écran, comme d'autres accumulent des REER.

VALÉRIE D'AUTEUIL

Valérie est diplômée en littérature de langue française. Rat de bibliothèque assumé, elle se passionne aussi pour la bouffe végétarienne, l'Ouest canadien et les cardigans.

VANESSA GIGUÈRE

Placoteuse chevronnée, Vanessa est une femme de *feelings*. Surtout depuis la création de ses deux mini-humains, sorte d'extension sur pattes de sa propre personne.

THÉO DUPUIS-CARBONNEAU

Ancienne étudiante en sexologie, Théo est tombée dans le monde de la rédaction et de l'édition pour ne jamais en sortir. Sa vie est sur Instagram (@theo_dc) pis c'est ben correct comme ça.